安徽经济发展研究（2019 年）

安徽省经济研究院　著

合肥工业大学出版社

编辑委员会

序

2019年是中华人民共和国成立70周年。安徽省委、省政府以习近平新时代中国特色社会主义思想为指导，坚持稳中求进工作总基调，坚持新发展理念，按照高质量发展要求，大力推进供给侧结构性改革，统筹做好稳增长、促改革、调结构、惠民生、防风险、保稳定各项工作，深入实施五大发展行动计划，全省经济运行延续总体平稳、稳中有进、稳中趋好的发展态势。

一年来，面对风险挑战明显增多的复杂局面和艰巨繁重的改革发展任务，省发展改革委发扬观大势、谋大局、抓大事的优良传统，深入调研、统筹谋划，力求认清形势、把握规律、找准路径。安徽省经济研究院紧紧围绕服务省委、省政府科学决策和发展改革中心工作的总要求，围绕"十四五"思路、合肥综合性国家科学中心建设，以及长三角一体化、制造业高质量、乡村振兴等重大发展战略问题，组织专班，集中力量，深入开展研究，取得了一批成果，许多对策建议得到决策部门采纳应用。

2020年是决胜全面建成小康社会、决战脱贫攻坚和"十三五"规划收官之年。面对大疫情叠加大汛情的严峻挑战，我们要进一步发挥好自身作为省委、省政府的智囊和参谋助手作用，围绕统筹疫情防控与经济社会发展、"十四五"规划、合肥都市圈建设、国内国际双循环、"两新一重"等省委、省政府关注的重大问题，开展调查研究，加强战略研判，在科学谋划、服务决策上再续新篇章，在推动发展改革工作上再上新台阶，为加快建设现代化五大发展美好安徽作出新的更大贡献。

编委会

2020 年 8 月 10 日

目　　录

上篇　专题研究

安徽省"十四五"发展环境研究

"十四五"时期是"两个一百年"奋斗目标的历史交汇期，是社会主义现代化建设新征程的开局起步期，也是我省全面深度参与长三角一体化发展国家战略的重要实践期。准确把握经济社会发展环境变化趋势，对于明确"十四五"发展思路和战略任务，推动经济社会高质量发展具有十分重要的现实意义。

一、"十四五"时期国际环境变化趋势

当今世界正处于百年未有之大变局，全球经济重心、科技创新、产业分工、贸易投资以及能源格局都面临前所未有的重大变化。

（一）全球经济重心趋于转移，政治经济格局加速演变

国际金融危机以来，全球经济运行趋势发生了显著变化，低增长、低利率、低通胀、高债务、高泡沫成为重要特征，各国财政政策和货币政策调整的空间日益收窄。全球经济增速上升空间有限，并具有收敛态势。随着发达国家经济增速的进一步下滑和发展中国家的快速追赶，国际经济力量对比呈现"东升西降""南升北降"的大趋势，新兴大国与守成大国的发展竞争与政治博弈进一步加剧。

（二）新技术革命加速突破，成为国际竞争的新焦点

新一轮技术革命正在全球范围内加速突破，创新迭代周期和技术扩散应用周期大为压缩。以人工智能、5G（第五代移动通信技术）、物联网等为代表的新一轮技术革命将陆续进入核心技术突破或商业化时期。信息革命加快了新技术的扩散速度，参与创新的门槛不断降低，后发国家迎来"换道超车"的历史机遇。与此同时，世界各国特别是大国之间围绕抢占数据等新型战略资源和科技产业制高点的争夺愈加激烈。

（三）国际产业分工格局加快变革，实体经济竞争优势有待重塑

在科技变革、贸易摩擦等综合影响下，全球产业链加速调整，打破原有制造模式和生产组织方式，带动价值链、创新链、供应链发生重构。全球分工体系逐

渐演变为以跨国公司主导和引领的跨境产业链，价值链由产业内分工向产品内分工转变。以美国为主的发达经济体重新聚焦实体经济，推进"再工业化"战略，试图吸引跨国公司回流和全球中高端制造业投资；东南亚、南亚等新兴国家凭借低成本优势，积极承接国际制造业转移，国际产业呈现出向技术端和成本端"两头集中"的走势。

（四）全球化与逆全球化相互角力，国际经贸投资规则面临深度调整

经济全球化深入发展的大势和根基不会动摇，但在美国单边主义和保护主义冲击下，速度可能放缓，动力可能削弱，规则或将改变。全球贸易呈现服务贸易增长大幅领先货物贸易，大宗贸易向分散化平台模式转变等新特点，全球投资也出现跨国公司从全球布局转向本土化整合、供应链组织倾向从离岸到近岸等趋势。新一代国际贸易投资规则将更加强调高标准、高水平、对等性的便利化与自由化。现有 WTO 多边贸易规则体系在功能和效率上都无法适应全球经济再平衡和创新全球化的要求，超大型区域贸易协定成为构建国际经贸新体系的重要平台。

（五）全球能源供需发生深刻变化，能源治理体系加速重构

从长周期看，随着全球绿色发展和能源转型，能源总体将呈现供大于求的发展趋势。能源结构调整加快，煤炭、石油等化石能源占比不断下降，可再生能源占比不断上升，分布式能源将成为新的能源供给方式。能源生产和需求呈现供给西移、需求东移的特征，供给方向以美国为首的北美地区西移，需求方向以中国、印度为主的新兴发展中国家东移。能源供需及结构的深刻变化将会为能源定价机制、能源金融体系、能源国际协作、能源地缘博弈带来影响，能源治理体系面临重构。

二、"十四五"时期我国经济社会发展环境

"十四五"时期，我国经济由高速增长阶段转向高质量发展阶段，发展方式转变、经济结构转型、增长动力转换的步伐将明显加快。

（一）供需两端内部结构调整重塑，发展动能加快转化

"十四五"时期，我国进入工业化后期，需求结构、产业结构、要素结构将加速优化调整。一是消费主导经济特征明显，超大规模国内市场成为增长关键动

力。中美贸易摩擦趋于长期化、复杂化，净出口面临越来越大的不确定性，伴随投资边际产出逐步降低，投资增速呈趋势性回落。"十四五"时期，出口和投资对经济增长的拉动作用将进一步减弱。与此同时，最终消费对经济增长的贡献率从 2012 年超过 50%、已经连续 7 年成为拉动经济增长的第一驱动力，发挥着对经济增长的基础性作用。我国拥有全球规模最大、最具成长性的中等收入群体，具有超大规模市场优势。"十四五"期间，随着城镇化加速推进、居民消费升级等，消费总量将进一步扩大，对经济增长的贡献率将会进一步上升。二是战略性新兴产业和服务业成为主要支撑，两业融合趋势明显。近年来，我国加快推进产业转型升级，战略性新兴产业、高技术产业年均增长 10% 以上，服务业比重超过第二产业 10.5 个百分点。当前和今后相当长一段时期，新一轮科技革命将加速产业革命，大数据、云计算、智能制造等新兴产业将快速发展；服务业比重将继续提高，进一步成为经济增长的主要动力。同时，在产业链条的延展上，制造业和服务业将加速融合，制造业服务化和服务业制造化的趋势越来越明显。三是传统要素比较优势弱化，发展动力更多转向创新驱动。第二次全国人才资源统计数据显示，我国拥有人才资源 1.75 亿人，占人力资源总量的 15.5%；人才对经济增长的贡献率达到 33.5%。我国劳动力的比较优势正在由低端廉价劳动力的"体量之大"加速转变为现代化专业化人才的"筋骨之强"。我国科技创新以引进、消化、吸收国外的先进技术为主转变为依靠自主创新为主。党的十九届四中全会提出，加快建设创新型国家，构建社会主义市场经济条件下关键核心技术攻关新型举国体制，科技创新在经济发展中的作用进一步增强。

（二）经济发展空间结构深刻变化，中心城市和城市群集聚效应进一步凸显

"十四五"时期是我国向城镇化后期迈进的关键阶段，都市圈能级提升、城市群协同发展、乡村振兴战略实施将深入推进，城乡区域发展格局面临新一轮调整。一是区域发展战略深刻嬗变，都市圈和城市群发展成为优化空间格局的重要途径。近年来，我国经济区域分化逐步从"东西差距"变成了以黄河为界的"南北差距"，区域分化、板块内部发展不平衡问题凸显。中央财经委员会第五次会议提出要推动形成优势互补高质量发展的区域经济布局。从战略思路上看，新的区域战略不再过度使用行政手段来促成四大区域间的均衡发展，而是重新审视效率和公平的关系，发挥各地区比较优势，促进各类生产要素流动和高效集聚，走合理分工、优化发展的路子。增强京津冀、长三角、粤港澳大湾区等地区以及一些重要城市群等经济发展优势区域的经济和人口承载能力，其他地区主要是完善保障粮食安全、生态安全等方面的功能。从落实方式上看，新型区域发展布局突破了原有的四大板块和省际行政区划，通过缩小区域政策单元提高了区域政策的精准性。同时明确地区和城市的战略定位，实现差异化竞争和优势互补，发挥协同效应。二是城镇化进入稳增提质期，城乡融合发展趋势明显。2018 年全国常住人口城镇化率达到 59.6%，按照城市化发展规律，预计到"十四五"时期，我国城镇化率将继续提高，但推进速度将会放缓，人口流动方向更加多元，城镇化的推进主要靠城市自身迭代。城镇化将进入注重质量的提升期，以城市群为主体形态的城镇体系将加速形成。同时，乡村振兴战略的深入推进和促进城乡融合发展政策措施的落实，将推动城乡在规划布局、要素配置、产业发展、公共服务、生态保护等方面的相互融合和共同发展，城乡关系将进入融合发展的加速期。

（三）生态环境硬约束强化，由被动约束向主动应变转变

"十四五"时期，生态文明建设已到了有条件有能力解决生态环境突出问题的攻坚期，也进入了提供更多优质生态产品以满足人们日益增长的优美生态环境需要的窗口期。党的十八大以来，党和国家对生态文明建设作出了一系列重大决策部署，环境治理取得了明显进步，基本解决了"欠旧账"的问题，但依然滞后于经济社会发展大局，特别是生态产品供给严重不足的问题十分突出。"十四五"时期，国家将把生态文明建设放在更加突出地位，绿色发展理念将融入经济社会发展各方面。同时，随着"绿水青山就是金山银山"理念的深入普及，节能环保、新能源等绿色技术的突破和市场环境的逐步完善，我国绿色经济有望持续较快发展。据估算，到"十四五"时期末，绿色经济产值可达到 12 万亿元，约占 GDP 的 8%。各地要变被动为主动，加快转变发展方式，推进产业转型升级，积极探索生态优先绿色发展的新路子，走深走实"两山论"。

（四）改革开放向深处攻坚，市场化改革和规则制度型开放取向坚定

"十四五"时期，改革开放仍然是我国"重要法宝""必由之路""关键一招"，改革开放将向纵深推进。一是改革进入系统集成、协同高效的关键时期。党的十八届三中全会以来，国家层面改革顶层设计不断加强，全面深化改革取得关键领域的重大突破，但全面深化改革也已经进入攻坚期和深水区。党的十九届四中全会从全面建设社会主义现代化国家的战略需要出发，对"推进国家治理体系和治理能力现代化"这一全面深化改革的总目标作进一步系统部署。"十四五"时期，国家将最大限度调动一切积极因素，坚持问题导向，直击问题要害，行政体制改革、要素市场改革、产权制度改革、国有企业改革等重要领域和关键环节改革有望取得突破。二是对外开放由商品和要素流动型开放向规则制度型开放转变。随着"一带一路"倡议的深入推进，我国对外开放格局和基础条件发生深刻变化，陆海内外联动、东西双向互动的全面开放新格局进一步确立。对外开放潜力依然巨大，据麦肯锡研究院分析，我国进一步扩大开放的潜在经济价值高达 22 万亿 ~37 万亿美元，相当于 12% ~26% 的全球 GDP。同时，近年来我国积极接轨国际开放要求，逐步由国际规则制定的跟跑者和并跑者转变为一些重要领域的领跑者和共同塑造者。在"十四五"时期，我国将加快推进高标准的贸易规则扩展至边境内措施，加快国内法律法规与政策立改废释，营造以制度为保障、以规则为基础的国际化、法治化、市场化、便利化的营商环境，着力推动由商品和要素流动型开放向规则制度型开放转变。

（五）社会结构深刻变革，对公共服务和社会治理提出更高要求

"十四五"时期是开启我国人民全面发展、充分发展的重要时期，人民群众日益增长的美好生活需要不断提高，社会利益诉求更趋多元化。我国人口结构、分布和流动发生改变，对提升公共服务保障水平和社会治理水平将提出更高要求。人口老龄化加速加深，预计到 2025 年，中国 60 岁以上人口占总人口的比例将达到 20% 以上，65 岁以上人口比例将接近 18%。人口深度老龄化将带来劳动力老化、人口抚养比增高、养老保障压力加大、医疗卫生服务负担加重、养老服务需求扩大、社会服务治理难度增加等诸多问题。当前及"十四五"时期，95后、00 后成为重要消费主体，他们对物质"占有"的概念可能越来越淡薄，更倾向于线上消费、共享消费、提前消费，对城镇发展、产业发展、消费方式等方面将带来深刻影响。我国人口仍然向中心城市、都市区、城市群集聚，到"十四五"时期，流动人口将进一步增加，对城市公共服务供给、社会治理等提出严峻挑战。坚持以人民为中心的发展思想，满足人民群众的多层次、个性化、品质化需求，将贯穿于"十四五"时期的各领域、全过程。

三、安徽经济社会发展现状

"十三五"以来，我省坚持新理念引领"五大发展"，全力提升发展质量和效益，创新、协调、绿色、开放、共享取得较多丰硕成果，现代化五大发展美好安徽建设迈入新征程。全省GDP保持了8.4%的平均增速，高于全国1.7个百分点，增速居全国第6位。全省GDP总量2018年首次突破3万亿。

（一）创新发展取得显著实效，以战略新兴产业为先导的现代产业体系更加优化

我省深入实施创新驱动发展战略，大力推进"四个一"创新主平台和"一室一中心"建设，创新能力快速提升，原始创新知名度享誉全球。区域创新能力连续7年跻身全国第一方阵、中部地区首位。研发经费占GDP比重首次突破2%，居全国第9位。统筹推进"三重一创"建设，累计建设完成新型显示、机器人等24个重大新兴产业基地。全省高新技术企业总数居全国第8位、中部第2位。一二三次产业比例为8.8：46.1：45.1，服务业比重创历史新高。基本形成了以战略性新兴产业为先导、先进制造业为主导、现代服务业为支撑的现代产业新体系。

（二）协调发展水平有力提升，区域协同、城乡统筹的发展局面基本形成

合肥都市圈扩容升级，地区生产总值占全省比重接近59%。皖江示范区实际利用外资比"十二五"末增长29.6%。皖北"四化"协调发展加快推动，亳州、阜阳、蚌埠GDP年均增幅分别居全省第1、2和4位。皖南示范区"5个1工程"累计完成投资近900亿元，旅游总收入突破3600亿元，占到全省旅游总收入的50%以上。皖西地区财政收入、固定资产投资等指标年均增速均高于全省平均水平。县域经济实现振兴发展，县域生产总值突破14000亿元，46%的县（市）经济总量突破200亿元。坚持"一尊重、五统筹"，城镇化发展质量和水平明显提高，累计396万农业转移人口落户城镇，户籍人口城镇化率达32.7%，相比"十二五"末提高了5个百分点以上。

（三）绿色发展能力明显增强，江淮新家园面貌更加美好

紧紧围绕生态强省建设，建立环境质量改善和污染物总量控制双重体系，实行最严格的生态环境保护制度。"十三五"以来，我省生态环境质量持续改善，主体功能区布局和生态安全屏障基本形成。皖南9县（区）整体升格为国家重点生态功能区，并实现中央财政转移支付全覆盖。长江干流安徽段非法码头全部拆除，释放岸线30多千米；长江沿线县级以上集中式饮用水水源地水质100%达到或优于Ⅲ类，长江安徽段生态系统质量和稳定性逐步提升。芜湖县、岳西县列入第二批国家生态文明建设示范县；新安江已成为全国水质最好的河流之一，"新安江模式"已在全国推广。

（四）开放发展获得重大成就，内陆开放新高地加快构建

2018年，全省进出口额突破600亿美元，居中部第一位，同比增长6.6%，高于全国8.6个百分点。与"一带一路"沿线国家和地区合作明显加强，"十三五"以来，我省与"一带一路"国家（地区）的外贸额突破150亿美元，增长15%；在"一带一路"沿线设立境外企业64家，新签"一带一路"沿线国家合同额26.5亿美元。长三角一体化发展跃上新平台，合肥、芜湖、宣城纳入G60科创走廊，徐明高速、宿扬高速、泗许高速等跨省高速江苏段建成，实现皖苏两省全线贯通，沪苏浙在皖投资亿元以上项目到位资金占所有到位资金的47.1%。

（五）共享发展取得更多成果，人民群众获得感进一步提升

"十三五"前三年，全省累计投入民生工程资金15500亿元，民生支出占财政支出的比重持续上升。全省城镇累计新增就业205.6万人，比"十二五"同期增长了5个百分点。2018年，城镇、农村常住居民人均可支配收入分别达34393元和13996元，增速均位居中部首位，农村居民收入与全国差距首次实现缩小。全省105个县（市、区）提前三年全部通过义务教育均衡国家认定，成为中西部地区第一个、全国第九个完成义务教育基本均衡县全覆盖的省份。社会保障卡持卡人口覆盖率达81%，芜湖等6市被列为全国社会保障卡综合应用示范基地。

（六）三大攻坚战取得关键进展，全面建成小康社会基础更加扎实

深入贯彻实施防范化解重大风险方案，规范政府债务管理，持续整顿规范金融机构资产管理业务，加强企业债券债务风险和融资成本控制，防范化解重大风险攻坚取得阶段成效。光伏扶贫装机量居全国首位，8.5万人易地扶贫搬迁建设任务提前完成，贫困人口由"十二五"末的308.8万人减少到2018年底的不到50万人。大气污染、水污染、土壤污染防治工作有序开展，2018年全省空气质量优良天数比例达到72.1%，全省225个城市黑臭水体大部分整治，已初见成效。全省加强城乡环境综合整治，完成了1500个建制村的环境综合整治。

"十三五"回头看，我省经济社会发展取得了显著成效，但经济发展水平有待提升，实体经济发展面临较多羁绊，源头创新与产业孵化间的障碍依然存在，长三角生态屏障功能有待巩固，这些问题都对我省发展造成了较大制约。

四、安徽"十四五"时期面临的新形势

"十四五"时期，我省将开启全面建设社会主义现代化新征程，经济发展健康稳定的基本面不会变，但与"十三五"时期相比，经济社会发展呈现系列新的趋势和特征，其中既蕴含着新的机遇，也潜藏着系列趋势性、苗头性问题，值得我们关注。

（一）"十四五"时期我省经济社会发展新趋势

1. 我省将向中高收入迈进，有望冲刺高收入门槛

从我省发展阶段看，2012年，我省人均GDP[①]超4000美元，跨入上中等收入行列；2018年，全省人均GDP达到7210美元；预计"十三五"末可突破8000美元，达到中等偏上收入国家的均值；"十四五"期间GDP如保持7%以上增长，在现有汇率水平下，2025年我省人均GDP将有望达到或接近12235美元[②]的高收入门槛。可以说，"十四五"时期是我省冲刺高收入门槛的关键期，也是突破"中等收入陷阱"的决战期。随着我省经济由高速增长转向高质量发展阶段，工业化、城镇化动力机制面临调整，扩大有效投资与消费升级亟须新动能注入。未来一个时期，我省亟须把破解结构性问题放到更加突出的位置，才有望突破"中等收入陷阱"，加速向现代化迈进。

2. 我省将进入工业化后期，制造业和服务业发展协调性增强

从钱纳里的工业化阶段理论看，当前我省三次产业结构已符合后工业化阶段特征，但2018年城镇化率达54.7%，一产从业人员比重为30.9%，仍为工业化中期特征，属于"压缩式工业化"。过去一个时期特别是"十三五"以来，我省服务业在三次产业中比重不断提升。2019年上半年，服务业增加值首次超过二产，成为三次产业中的首位产业。服务业比重的大幅提高有效改善了我省偏重的产业结构，但要看到，这是低基数水平下的回归（2015年我省服务业占比居全

---

① 近似于人均国民收入。
② 世界银行2016年标准。

国末位），服务业比重继续过快提高不具有可持续性，且可能造成过快过早去工业化。当前及今后一个时期，工业特别是先进制造业仍将是我省经济发展的主要支撑，"十四五"期间我省有望整体进入工业化后期，由高速工业化转向高质量工业化发展。随着新一代信息技术的广泛应用，先进制造业和现代服务业加快渗透融合，我省需紧紧抓住创新这个"牛鼻子"，通过制造业服务化和生产性服务业协同发展，推动产业结构平稳升级和经济可持续增长。

3. 我省全域纳入长三角，与长三角由局部对接向深度一体拓展

长三角地区是我国经济实力最强劲、创新资源最密集、开放发展最便捷、发展活力最旺盛的区域。随着长三角一体化发展上升为国家战略，安徽整体纳入长三角一体规划，完成了由局部对接向深度一体发展的转变。"十四五"时期将是长三角一体化发展的密集施工期，也是我省主动作为、全方位融入长三角的关键期。一体化的区域由皖江向全省域拓展，一体化的领域由专题合作向城乡区域、科创产业、基础设施、生态环境、公共服务、体制机制全方位延伸，这既为我省发挥比较优势、实现整体跃升提供了高水平平台，也对我省有效应对一体化格局下的极化和虹吸效应提出了更高要求。

4. 合肥都市圈成为发展主引擎，与区域中心城市共同发挥重要支撑作用

从国家新一轮区域战略导向看，城市群和都市圈越来越成为新型城镇化的主体形态。我省合肥都市圈也已纳入长三角统一谋划。2018年，合肥都市圈以40%的国土面积集聚了43%的人口，创造了57%的地区生产总值，城镇化率高于全省8个百分点。随着都市圈扩围以及一体化发展的快速推进，"十四五"期间，合肥都市圈将进一步巩固全省区域发展动力源作用。与此同时，皖北、皖西、皖南等区域板块城镇化进程仍然相对滞后，城市间缺乏有效连接。阜阳、蚌埠、安庆等区域中心城市在前期夯实内功的基础上，有望继续提升能级，增强辐射带动能力，形成各具特色的区域经济板块。

（二）"十四五"时期仍是我省重要战略机遇期

"十四五"期间，外部机遇与内在优势叠加，我省处于并将长期处于重要战略机遇期的态势不会改变。

1. 长三角一体化与中部崛起战略叠加，我省在国家区域格局中地位更加突出，迎来高质量发展新空间

通过长三角一体化发展，我省有望优先分享创新资源溢出、优化承接产业转

移、率先复制推广先进经验，对标补缺、导入资源，实现借梯登高，步入开放合作最前沿。随着中部地区建设国家制造业基地和内陆开放高地提上日程，中部有望成为新的战略接续区，我省高质量发展将迎来新空间、新平台。

2. 新一轮科技革命与产业变革同频共振，我省创新资源富集产业基础扎实，可以在新一轮区域竞争中抢占先机

随着经济发展进入新时代，区域竞争优势更多依靠技术、人力资源为代表的创新要素。我省创新资源丰富，原始创新活跃，拥有高等院校119所，居全国第8位；2017年规上工业有效发明专利数量居全国第4位。通过进一步夯实创新平台、畅通创新链条、完善创新创业环境，我省有望在新一轮区域竞争中实现从跟跑并跑向并跑领跑的转变。

3. 国内外产业分工格局深刻调整，我省综合条件优越，可以通过更高水平的产业承接夯实发展根基

在中美经贸摩擦复杂化长期化、东部沿海产业转移和各地传统产业转型升级的背景下，国内产业格局面临深度调整。我省处于沿海产业向内陆转移的前沿地带，土地、劳动力、产业配套等承接条件较好，在皖江示范区产业承接持续深度拓展的同时，皖北承接产业转移集聚区也有望获得国家层面支持。积极承接新兴产业布局和转移，符合国家战略导向，顺应产业升级规律，有利于进一步夯实我省产业根基。

4. 全国统一大市场加快形成，我省市场腹地广阔，可以在培育形成强大国内市场中提升枢纽地位

我国中产阶级群体上升，消费需求升级，人工智能、工业互联网、物联网等新型基础设施加快布局建设，都蕴含巨大发展潜力和市场机遇。我省承东启西、连南接北，以合肥市为核心、500千米为半径，辐射我国中东部8个省市、近5亿人口、12万亿元消费市场，生产力布局和城镇化发展空间广阔。通过进一步畅通国内市场与生产主体良性循环，可以进一步提升枢纽地位。

（三）"十四五"期间我省面临的主要矛盾和挑战

发展不足仍然是我省当前和今后一个时期面临的主要矛盾，经济社会发展中不平衡、不充分的问题依然突出。

1. 经济转型过程中产业面临断档接续风险

近年来，我省产业结构持续调整，2018年三次产业结构为8.8：46.1：45.1，

传统动能主体地位尚未根本转变。工业仍集中于汽车、家电、建材、化工、能源等传统领域，六大高耗能产业占比约30%。新材料、工业机器人、新能源汽车等新兴产业主要围绕汽车、家电等行业进行延伸，电子信息主要集中于低端制造环节。航空航天、生物技术等知识密集型"硬核"技术和产业实力偏弱。随着家电、汽车等产业需求阶段性饱和，相关影响由消费端向生产和投资端传导，并通过长尾效应波及相关上下游产业。以"芯屏器合"为代表的战略性新兴产业虽初具规模，但主要集中于产业链和价值链分工中低端，研发和应用能力欠缺，集成电路、基础软件、高端装备等产业"卡脖子"的风险隐患较大。量子信息、生物基新材料等具有战略意义、潜在经济价值且我省具有先发优势的产业尚处于幼稚期，实现规模化、商业化开发还需从战略高度系统谋划。我省虽有基础创新优势，但基础研究到市场开发之间的创新链尚未有效建立。"十四五"期间，如何实现新旧动能转换和接续是我省经济面临的首要问题。

2. **新一轮产业布局调整中要素比较优势面临弱化风险**

随着新技术的应用和精细化管理的深入推进，劳动力、土地等传统要素在产业分工格局中的权重逐步降低。智能技改、上云增效、物联网等新技术新模式的深度应用将改变大批量制造和流水线式的生产模式，降低了低成本劳动力的重要性。"亩产论英雄""腾笼换鸟"等改革，可以让存量土地资源发挥更大效益。本地化、柔性化生产方式将进一步削弱传统产业集聚区的配套优势。截至2017年底，全省已有2个市、31个县区城乡建设用地规模出现"倒挂"，多个开发区均出现"项目等地"现象。传统要素成本已不再构成我省产业转型升级的核心竞争优势。此外，不同于传统要素，以知识经济为特征的人才、数据、技术等正在成为决定社会生产力发展的关键生产要素，其具有可复制、可共享、无限增长和供给的禀赋特征。如何主动适应新动能成长需要，破除阻碍人才、技术、数据等创新要素流动的体制机制羁绊，促进更多新生产要素为我所用，是省下一阶段需着力解决的重要问题。

3. **区域发展新战略下需妥善应对外部虹吸效应**

未来一个时期，区域竞争尤其是围绕高端要素的竞争中，主要体现为区域中心城市及其核心都市圈的竞争。我省中心城市和都市圈实力仍然较弱，综合交通、信息枢纽、金融服务等大都市基本公共服务功能还不完备，在长三角一体化深入推进的背景下，存在资源外流的风险。2018年，全国30强城市中，江苏有

4 个，浙江有 2 个，我省仅有合肥 1 个。且合肥 GDP 仅是杭州的 57.9%、南京的 61.0%。合肥都市圈目前仍处于物理聚合阶段，城际铁路建设尚未实质启动，合肥与芜湖尚缺少高铁联系，圈内协同联动效应尚未形成。与此对应，南京都市圈内除宣城外，以南京为中心的高铁网络基本实现全覆盖；杭州都市圈内以杭州为中心的城际铁路建设正在逐步开工建设；苏锡常都市圈已实现 1 小时通勤圈目标。在长三角一体化发展的新格局下，南京都市圈和杭州都市圈都在积极谋划新举措，对我省滁州、芜湖、马鞍山、黄山等城市向心力明显，合肥都市圈在资源、产业、人才等要素竞争中，面临边缘化危险。

4. 资源环境硬约束下亟待提升绿色发展能力

党的十八大以来，各地深入贯彻中央决策部署，加大环境整治力度，总体遏制了生态环境恶化的势头，但也表现出绿色发展准备不充分、应对压力较大的问题。长江岸线"1515"政策落实存在困难，沿江城市普遍反映，水环境保护线、生态红线以及风景名胜区保护线制约严重，招商项目落地困难。为应对环保督查，简单的停产、限产并未从根本上解决绿色转型发展问题。在环保、土地等硬约束不断强化的大背景下，如何既守得住红线、底线，又呼应产业发展和民众需求，是我省"十四五"期间面临的一道考验。

5. 全面开放新布局下有待塑造开放新优势

随着"一带一路"深入推进，我国开放格局正从沿海开放向全方位立体化开放拓展，西部地区从区域经济版图的"边缘"和"末梢"逐步变为开放前沿和辐射中心。国内交通网络的不断完善，使得人流、物流输送的时空距离大为缩减，我省承东启西、连南接北的区域优势弱化，同时由于缺乏开放大通道、大平台的加持，在新一轮区域开放格局中相对被动。国家实施新一轮对外开放政策，出台外商投资法，推行准入前国民待遇加负面清单管理模式，推广自由贸易试验区经验等重大举措，从长远看将加速我国现代化经济体系建设，但在短期内，对经济外向度不高、外贸结构处于中低端、企业抗风险能力总体不强的我省来说，一些产业领域短期内可能会面临较大冲击，经济韧性面临深度考验。

6. 共享发展要求亟待补齐公共服务短板

我省公共服务上的历史欠账较多，覆盖面广、层次丰富的公共服务体系有待完善，基本公共服务覆盖、非基本公共服务质量、高端公共服务供给有待加强。2018 年，我省人均拥有公共图书馆藏量仅相当于沪、苏、浙的 14.1%、39.7%

和30.7%；每千老年人口养老床位数分别仅为江苏、浙江的 88.1% 和 64.1%。"十四五"期间，就业、教育、医疗、养老、托幼等方面，保障和改善民生的任务仍然较重。

五、推动安徽"十四五"高质量发展的政策建议

聚焦"十四五"期间国内外发展形势的变化，针对我省发展的基础和新形势，坚持高质量发展要求，重点围绕创新驱动、产业突破、开放合作、绿色引导、培育核心、共享发展、改革创新等七个方面，提出相关政策建议。

（一）聚焦"创新驱动"，把提升创新策源能力作为高质量发展的核心动力

"十四五"时期，要面向最前沿，推进关键领域自主创新由"跟跑并跑"向"并跑领跑"迈进，推动科技成果转移转化，把原始创新优势进一步转化为产业发展优势。一是推动资源集聚，夯实提升原始创新能力。聚焦合肥综合性国家科学中心建设需求，加快建设世界一流实验室、大科学装置群和重大科技基础设施建设。积极吸引包括民营企业等各类创新主体参与合肥科学中心大科学装置建设和工程配套，推进产学研用相结合。围绕人工智能、量子通信、生物医药等领域，加强与沪苏浙联合开展攻关，突破形成一批原始创新成果。二是做大平台载体，促进科技创新成果孵化。借鉴北京、上海等科研成果转化经验，以安徽创新馆为主抓手，加快培育引进一批科技化、市场化、规模化、品牌化的科技成果转化平台，促进更多科技创新成果在皖汇聚转化。打造面向市场和应用的成果转化平台。调动民营企业家积极性，投资捕捉孵化科技项目，在科学研究与产业技术创新接力上取得突破。扶持民营企业转移转化科研成果，推动创新成果有效转化为高新技术产品。三是优化创新生态，推动产业创新协同发展。围绕科技创新生态建设需要，加快建立健全科技创新资金、人才等要素保障机制，实现创新链、产业链、价值链有效衔接。深入推进科技金融试点，支持引导科技创新投融资交易服务平台建设。加强完善创业孵化链条，搭建共享融合的"双创"服务平台。

（二）聚焦"产业突破"，把先进制造业作为构建现代产业体系的重中之重

"十四五"时期，要面向高质量，加快新兴产业布局承接、推进制造业由"中低端"向"中高端"迈进、引导产业集聚集群发展，推动实现产业发展"领跑一步"。一是加快推动新兴产业布局承接。立足市场前景、技术储备，以及产

业基础，抢抓新兴产业布局趋势，重点深化布局人工智能、电子信息、高端装备和新材料、生物和大健康等新兴产业，推动发展成为具有国际竞争力的新兴产业。高质量推进皖江城市带承接产业转移示范区和皖北承接产业集聚区等重点平台载体建设。二是有序推进传统产业改造升级。借助互联网、大数据、云计算等前沿技术，实施制造业重大技术改造升级工程，推动我省汽车、家电、钢铁、化工等传统产业向"高端化、智能化、绿色化"迈进，向"产业链、创新链、价值链"升级，推动传统产业优势再造。加快重点制造领域机器换人、数字化车间建设和智能工厂示范，推动智能化发展。三是优化产业集群平台载体发展。围绕产业集聚、集群发展需要，持续优化推动产业园区、平台、基地建设。扎实抓好全省 24 个战略性新兴产业集聚发展基地建设，实施优化调整"三重一创"支撑政策，积极适应新时期战略性新兴产业集聚发展的趋势特征，满足进一步壮大基地发展的现实需要。四是推动先进制造业和现代服务业深度融合。依托重点产业集聚（基地）加快建设一批省级工业设计中心和工业互联网平台，推动人工智能、物联网等现代技术在制造业领域的应用和创新。加快布局新一代信息技术设施，大力发展研发设计、现代金融、检验检测，推动建设一批技术创新型中试基地。

（三）聚焦"培育核心"，把做大做强都市圈、中心城市作为优化区域经济布局的关键

"十四五"时期，我省仍然处于城镇化快速上升时期，要聚焦中心城市的培育、发展、壮大，推动合肥都市圈和区域中心城市加快做大做强，带动区域加快发展。一是优化推动合肥都市圈建设。着力提升合肥城市品质，全力建设新时代高质量发展标杆城市。推动都市圈一体化交通体系建设，真正建成"一小时通勤圈""半小时生活圈"。推动一体化产业体系建设，持续推动产业"补链""延链"，以经济走廊为"线"，以发展带建设为"面"，承接产业布局和转移。二是加快推动区域中心城市发展。结合区域发展现实需要，重点夯实阜阳、蚌埠、安庆、黄山等区域中心城市发展基础，提升城市能级，提升区域特色化发展引领作用。三是有力有序引导城乡融合发展。统筹新型城镇化建设和乡村振兴战略，加快壮大县域经济，推动县域特色产业集聚基地建设，培育建设一批产业特色鲜明、生态环境优美、人文气息浓厚、宜业宜居宜游的特色小镇。

（四）聚焦"绿色引导"，把区域生态优势有效转化为区域发展的综合竞争优势

"十四五"时期，要坚持经济发展质量效益、能源资源利用效率、生态系统稳定性和环境质量稳步提升，实现绿色发展的经济效益和生态效益有机统一。一是打造生态绿色发展样板。以"三河一湖一园一区"生态文明示范创建为引领，强化区域生态系统和重要生态空间保护，积极探索绿色发展的具体举措，如推广应用高效、低毒、低残留农药和生物农药，指导农户安全使用农药、科学合理减少农药使用量，确保探索出蓝天碧水净土的安徽样板。二是构建现代生态产业体系。提升生态产业化水平，做好路径拓展与机制保障，不断丰富生态经济发展模式，融入科技创新和制度创新元素，引导新型经营主体发展壮大，推动生态经济持续升级。例如提高旅游消费特色和品质，打响特色生态经济品牌。三是健全绿色发展体制机制。要进一步健全生态环保管理体制，完善省级环境保护督察体系；健全环境影响评价体制，重大规划、重大项目的审批要确保生态优先；进一步科学确定生态保护红线、环境质量底线、资源利用上线。完善资源公平交易、有偿使用和全面节约的制度，使价格信号能够反映资源稀缺程度、供需格局和对生态环境的影响，引导资源高效配置、降低环境污染、保护生态环境、实现绿色发展。

（五）聚焦"开放合作"，把长三角一体化作为对内对外开放合作的首要任务

随着长三角一体化发展上升为国家战略，长三角一体化发展成为安徽对外开放合作的重要任务，要围绕创新、产业、公共服务等重点领域加快推动开放合作。一是加强产业创新合作，建设协同创新产业体系。积极坚持走"科创＋产业"道路，促进与长三角创新链和产业链深度融合。加强科技创新前瞻布局和资源共享，瞄准人工智能、机器人等世界科技前沿和产业制高点，共建多层次产业创新大平台。联手营造有利于提升自主创新能力的创新生态。强化区域优势产业协作，推动传统产业升级改造，有序承接沪苏浙转移产业。二是打造重点开放平台，促进发展潜力加快释放。加快推进国家自贸区、国家级新区等重点开放平台创建，提升长三角产业转移的承接能级。加快提升合肥新桥国际机场的国际航空运输能力。大力推动皖北承接产业转移集聚区建设，加强省级层面与国家相关部委的对接，积极争取国家对集聚区承接长三角产业转移的支持。积极支持共建省际产业合作园区。三是实施"双向开放"战略，支持安徽企业"走出去"。把握"一带一路"倡议，拓展深化机遇，依托长三角对外投资合作联盟等平台，基于安徽产业层次结构和企业发展实际，引导企业组团式"走出去"。发挥安徽建材、化工、家电、汽车等相对优势，拓展面向中西亚、中巴、东南亚经济走廊的国家和地区产能投资输出，拓展面向非洲的农业产能投资输出。

（六）聚焦"共享发展"，把满足人民美好生活需要作为挖掘国内市场潜力的出发点

"十四五"时期，国内市场潜力将持续释放，要围绕人民群众消费需求升级，扩大优质公共服务供给。一是提高基本公共服务保障能力。围绕人民最关心最直接最现实的利益问题，科学合理地确定基本公共服务范围、项目和标准，改善服务机构设施条件，加强配备相关服务人员，尽力而为、量力而行，不断完善基本公共服务供给体系，提高基本公共服务保障水平。在增强公共服务供给能力基础上，加快基本公共服务标准衔接统一，促进基本公共服务均等化、普惠化、便捷化。积极推动我省公共服务地方标准和分行业领域标准规范与长三角的对标补强。二是优化高品质公共服务供给。扩大优质教育供给，依托城市优质学前教育、中小学资源，鼓励学校跨区域牵手帮扶。推动大中城市高端优质医疗卫生资源统筹布局，采取合作办院、设立分院、组建医联体等形式，扩大优质医疗资源覆盖范围。大力发展幸福产业，构建现代文化产业体系，推出一批文化精品工程，培育一批文化龙头企业；积极引导形成平台型消费、共享经济消费的新模式，培育定制消费、体验消费、时尚消费等消费新热点。

（七）聚焦"改革创新"，把"四最"营商环境作为区域发展的综合竞争优势

"十四五"时期，要加快推动重点领域改革，围绕制度、理念、服务创新，积极打造"四最"营商环境，推动成为安徽省高质量发展的重要竞争力优势。一是推动制度创新，以制度创新提升行政效能。以问题导向和效果导向为根本，大胆改革创新，建立"承诺制审批""预审批""容缺审批""极简审批""整区域审批""标准地供应""简化企业取得施工许可证流程""优化土地划拨流程"等制度，简化各类事项的审批和办理流程，缩短办理时间，提高工作效率。二是推动理念创新，以理念创新提升服务质量。转变工作理念和服务理念，利用现代技术手段追求各项服务"短平快"，实现各项审批服务工作从"面对面"到"键对键"的转变，扎实推进行政效能革命，让群众享受更舒适的生活，让企业更快更好的成长，实现自我价值和社会价值。鼓励各地探索开展"局长驻窗口"办事体验活动，及时发现行政审批、公共服务、事后监管中存在的问题和不足。坚持"刚性的事情政府定，专业的事情专家定"原则，委托第三方进行系统研发和实施。三是推动服务创新，以服务创新优化发展环境。深入贯彻"放管服"改革，积极探索，勇于创新，创优营商环境。鼓励重点园区探索开展"呼叫式"上门服务，面向区内企业征集上门服务需求，为企业"送信心、送政策、送服务"，通过与企业面对面座谈的方式，倾听企业心声、为企业排忧解难。

课题组成员：窦　瑾　陈　香　余茂军

江　鑫　张淑娟

安徽制造业高质量发展思路研究

习近平总书记指出："制造业特别是装备制造业高质量发展是我国经济高质量发展的重中之重，是一个现代化大国必不可少的。"推动安徽制造业高质量发展，对落实中央和国务院关于高质量发展的决策部署，推动安徽"制造强省"建设，促进长三角更高质量一体化发展具有重大而深远的意义。

一、制造业高质量发展的基本特征

关于制造业高质量发展，西方经济学没有专门的定义，国内学术界及政府官员从不同角度积极探索，但基于国家战略视角的研究不多，有必要进一步探讨新时代下制造业高质量发展的基本特征。基于制造强国和长三角一体化国家战略，结合落实《中国制造2025》《长江三角洲区域一体化发展规划纲要》等要求，制造业高质量发展主要表现为以下基本特征：

（一）制造业高质量发展直接表现为"四个制造"

高端制造，即把握新一轮产业革命兴起的大潮，推动制造业结构变革，着重瞄准新一代信息技术、新材料、智能装备等重点领域，建设一批国家级战略性新兴产业基地，打造世界级制造业集群，抢占制造业发展制高点。目前，上海市全力打造汽车、电子信息两个世界级产业集群，积极培育民用航空等四个世界级产业集群；广东省在电子信息、绿色石化、汽车、智能家电、机器人五个方面建设世界先进制造业产业集群；福建省形成以宁德时代为龙头的新产业新优势。

精品制造，即顺应人民日益增长的美好生活需求，推动制造业质量变革，着力提升制造业产品质量和品牌影响力，走以质取胜的发展道路。比如，上海市启动实施"上海制造"等"四大品牌"建设，全面开展品牌建设三年行动计划及专项行动；浙江省持续推进标准强省、质量强省、品牌强省建设，着力打响"浙江制造"品牌；江苏省着力打造集成电路、生物医药、人工智能等高端制造品牌。

高效制造，即适应国内外市场竞争，推动制造业效率变革，着力提高全要素生产率，提升制造业经济效益，增强制造业国际竞争力。2018年1月，浙江省印发《关于深化"亩均论英雄"改革的指导意见》，率先启动"亩均论英雄"效率变革；同年11月，上海市出台产业发展"双高意见"，全面拉开"以亩产论英雄、以效益论英雄"效率变革序幕。2019年，广东等多个省市开展制造企业"亩均效益"综合评价试点。

绿色制造，即落实"绿水青山就是金山银山"发展理念，推动制造业绿色转型，形成节约资源和保护环境的产业结构、生产方式，实现制造业可持续发展。上海市在推动制造业效率变革的同时，统筹开展"以能耗论英雄、以环境论英雄"行动；湖北省将"含绿量"作为衡量制造业高质量发展的重要标准；江苏省为沿海三市设置"化工园区整治""入海河流水质改善"等指标，以底线思维倒逼制造业绿色转型。

（二）制造业高质量发展必须借助"双轮驱动"

创新驱动，即把握新一轮科技革命加速推进的契机，实施制造业动力变革，大力推进创新策源地建设，构建"创新链+产业链"体系，让创新成为驱动制造业高质量发展的第一引擎。上海市按照国际标准推进张江综合性国家科学中心建设，加快建立世界一流的大科学设施群；江苏省深入推进苏南国家自主创新示范区建设，积极构建"十联动"创业创新生态圈；浙江省联动推进杭州城西、宁波甬江、温州环大罗山等科创走廊建设；广东省着力打造广深港澳科技创新走廊。

数字化引领，即抢抓新一代科技革命和产业变革浪潮下现代信息技术加速突破与应用的难得机遇，加快打造数字安徽，推动互联网、大数据、人工智能和制造业深度融合，实现制造业数字化变革，让数字化成为推动制造业高质量发展的新引擎、新动能。目前，浙江省将数字经济作为政府"一号工程"，全面推进制造业数字化转型，争创国家数字经济示范省；上海市加快智慧城市建设，深入实施智能网联汽车等一批产业创新工程；江苏省全面开展"企业上云"等计划，推动"江苏制造"向"江苏智造"转变。

（三）制造业高质量发展需要依托"四大供给"

服务供给，即顺应产业深度融合的大趋势，加快发展现代服务业，以高质量服务业支撑生产型制造向服务型制造转变，促进制造业向全球价值链中高端迈进。在此背景下，浙江省大力实施服务业重点领域高质量发展行动，全力打响"浙江服务"品牌，支撑制造业服务化良性发展；江苏省加快现代物流、工业设计、金融服务等现代服务业发展，推动高质量制造业与高质量服务业融合互动。

要素供给，即遵循产业协同发展的客观规律，围绕高端制造业产业链需求，部署创新链、人才链、资金链，以科技进步、资本配置优化、劳动者素质提高支撑制造业高质量发展。2018 年，南京市"一号文件"就是人才安居实施意见，在全国率先启动"抢人"大战。目前，上海市实施人才高峰工程，浙江省实施百千万高技能领军人才培养工程，江苏出台促进科技与产业深度融合等政策，各地加快推动制造业与现代要素协同发展。

制度供给，即按照科技创新与制度创新"两个轮子一起转"的发展思路，深化体制改革与制度创新，营造公平竞争的营商环境，支持市场主体发展壮大，为制造业高质量发展提供战略支撑和制度保障。当前，江苏省持续深化"不见面审批（服务）"改革，已将"一次办好"纳入法制化轨道；山东省同步开展优化营商环境 10 个专项行动，"一次办好"事项清单实现全覆盖；湖北全省政务服务"一张网"基本实现五级联通。

开放市场，即按照市场经济客观要求，实施更加积极的开放战略，推动形成全面开放新格局，统筹利用两种资源、两个市场，为制造业高质量发展提供有利的市场环境和外部催化。现在，各地普遍重视开放发展，积极把握"一带一路"倡议等机遇，深化区域开放与合作，推动贸易和投资自由化、便利化，持续营造有利于制造业高质量发展的市场环境。

二、安徽制造业高质量发展定量分析

为进一步了解我省制造业高质量发展现状，本文根据制造业高质量发展的基本特征，通过构建评价指标体系，进行定量评价，并与长三角及中部相关省市比较，从而全面把握安徽制造业高质量发展的阶段及存在的优劣势。

（一）制造业高质量发展评价模型

指标的选择。全面对标制造业高质量发展的基本特征，按照公认性、针对性、连续性、可比性、可获得性等选取原则，安徽制造业高质量发展评价指标体系设置为两级指标。一级是表征指标，包括高端制造、精品制造、高效制造、绿色制造、创新驱动、数字化引领、服务供给、要素供给、制度供给、开放市场共10 项；二级是 40 个具体指标，主要采用 Delphi 法获取。

权重的确定。评价指标的权重通常采用专家经验法或者 AHP 层次分析法。

为了更好地体现制造强国等战略要求，本文采用主客观综合赋权法。主观赋权法采用德尔菲法，利用专家对各指标的内涵及其相互关系进行经验判断，赋予相应权重；客观赋权法根据《中国制造2025》，规划涉及的发展目标权重为4，其他指标权重为2。最后，文中将主观和客观权重的平均值作为统一权重（详见表1）。

表1　安徽制造业高质量发展评价指标体系

基本特征	一级指标	二级指标	正负向	权重
四个制造	高端制造	战略性新兴产业增加值占国内生产总值比重	正向	2.47
		高技术制造业增加值占规模以上工业增加值的比重	正向	2.45
		装备制造业增加值占规上工业的比重	正向	2.43
		规上工业企业新产品销售收入占比	正向	2.15
	精品制造	产品质量合格率	正向	2.04
		优等品率	正向	2.06
		每千家规上制造业企业拥有中国500最具价值品牌中的制造业品牌数量	正向	2.55
		制造业质量竞争力指数	正向	3.85
	高效制造	制造业成本费用利润率	正向	2.45
		制造业全员劳动生产率	正向	3.55
		制造业流动资产周转次数	正向	2.21
		单位居民点及工矿用地产生的工业增加值	正向	2.29
	绿色制造	单位工业增加值能耗	负向	3.41
		单位工业增加值二氧化硫排放量	负向	3.39
		单位工业增加值用水量	负向	3.35
		工业固体废物综合利用率	正向	3.35
双轮驱动	创新驱动	规模以上工业企业中有研发活动的企业比例	正向	1.95
		规模以上工业企业研发经费内部支出占主营业务收入比重	正向	3.33
		规模以上工业每亿元主营业务收入有效发明专利数	正向	3.33
		区域创新指数	正向	2.39
	数字化引领	宽带普及率	正向	3.14
		数字经济发展指数	正向	2.16
		两化融合发展水平总指数	正向	3.36
		每万家规上制造企业拥有智能制造试点示范项目数	正向	2.34

（续表）

基本特征	一级指标	二级指标	正负向	权重
四大供给	服务供给	生产性服务业占 GDP 的比重	正向	2.05
		生产性服务业与制造业协调度	正向	2.25
		每万家规上制造企业拥有国家级服务型制造示范企业数	正向	2.15
		有电子商务交易活动企业比重	正向	2.05
	要素供给	"十二五"以来制造业科技进步贡献率	正向	2.35
		经济证券化率	正向	2.06
		制造业投资占比与制造业增加值比重的比率	正向	2.04
		规上工业企业科研人员占比	正向	2.05
	制度供给	省级政府网上政务服务能力指数	正向	2.06
		城市营商环境指数	正向	2.24
		拥有中国制造业 500 强企业占比	正向	2.14
		固定资产投资项目建成投产率	正向	2.06
	开放市场	私营、外商及港澳台投资工业企业经济占比	正向	2.05
		实际利用外商直接投资占全社会固定资产投资比重	正向	2.24
		货物进出口总额占地区生产总值比重	正向	2.23
		地方对外非金融类直接投资占地区生产总值比重	正向	1.98

数据采集：为便于全面把握，本文以 2017 年为基期，将安徽与长三角及长江中游城市群（简称"中四角"）和其他省市进行比较，数据主要来源于《中国统计年鉴》《中国高技术统计年鉴》《中国工业统计年鉴》和相关省市统计年鉴、统计公报，以及科技部、商务部、国家质检局等相关部门公布的数据。其中，区域创新指数来源于四川省社会科学院和中国科学院成都文献情报中心《中国区域创新指数报告（2018）》；数字经济发展指数来源于赛迪顾问《2017 中国数字经济指数（DEDI）》白皮书；两化融合发展水平总指数来源于中国电子信息产业发展研究院《中国信息化与工业化融合发展水平评估报告》；省级政府网上政务服务能力指数来源于国家行政学院电子政务研究中心《省级政府网上政务服务能力调查评估报告（2018）》；城市营商环境指数来源于粤港澳大湾区研究院《2017 年中国城市营商环境报告》。

（二）对安徽及相关省市制造业高质量发展定量评价

根据具体评价指标与制造业高质量发展的关系，将评价指标分为正向指标与负向指标。正向指标的计算公式为：

$$\text{第 } i \text{ 个指标得分} = \frac{X_i = \min X_i}{\max X_i - \min X_i}$$

负向指标的计算公式为：

$$\text{第 } i \text{ 个指标得分} = \frac{\max X_i = X_i}{\max X_i - \min X_i}$$

其中，X_i 是某个省（市）第 i 个指标的原始数据，$\min X_i$ 是所有省（市）第 i 个指标中数值最小的数据，$\max X_i$ 则是最大的数据。综合评价结果见表 2 所列。

表 2　安徽与相关省市制造业高质量发展综合评价指数

指标		上海	江苏	浙江	安徽	江西	湖北	湖南	长三角	中四角
四个制造	高端制造	7.83	7.40	4.91	3.94	1.27	2.02	3.42	6.02	2.66
	精品制造	10.17	4.31	6.87	4.36	1.17	3.26	3.29	6.43	3.02
	高效制造	8.29	4.97	2.47	3.14	5.15	3.60	3.31	4.72	3.80
	绿色制造	10.67	8.93	12.05	4.64	1.13	3.69	5.63	9.07	3.77
双轮驱动	创新驱动	8.72	8.33	8.21	5.66	0.00	3.84	4.18	7.73	3.42
	数字化引领	7.34	8.56	8.39	3.91	2.26	3.07	3.18	7.05	3.10
四大供给	服务供给	6.28	2.53	4.14	3.08	2.61	2.71	2.23	4.01	2.66
	要素供给	5.52	4.11	4.64	4.25	2.04	2.88	1.86	4.63	2.76
	制度供给	4.56	5.56	5.72	3.10	2.08	2.44	2.72	4.74	2.58
	开放市场	8.40	3.20	3.18	0.96	0.38	0.10	1.52	3.93	0.74
总指数		77.78	57.90	60.58	37.04	18.09	27.61	31.34	58.33	28.51

（三）安徽制造业高质量发展的优势与短板

从总体来看，长江经济带中东部六省一市制造业高质量发展呈现明显的梯度分布，其中上海市位列第一梯队，综合评价指数接近 80；江苏、浙江位列第二梯队，综合评价指数在 60 左右；安徽位列第三梯队，综合评价指数接近 40；湖北、湖南位列第四梯队，综合评价指数在 30 左右；江西位列第五梯队，综合评价指数接近 20。

从外在表现来看，安徽"四个制造"指数为 16.08，分别相当于长三角、中四角平均指数的 61.3% 和 1.2 倍。在该类的 16 个二级指标中，产品质量合格率、制造业全员劳动生产率、制造业流动资产周转次数均高于长三角及中四角平均水平；而高技术制造业占比、制造业品牌数、单位工业增加值能耗、二氧化硫排放量、单位工业增加值用水量指数均低于长三角及中四角平均水平；其他指标处于长三角与中四角中间水平。这说明安徽制造业在产品质量、劳动力和资金利用效率方面具有优势，而在高技术产业比重、品牌打造以及绿色制造方面存在短板。

从发展动能来看，安徽"双轮驱动"指数为 9.57，分别相当于长三角、中四角平均指数的 64.7% 和 1.5 倍。在该类的 8 个二级指标中，每亿元主营业务收入有效发明专利数高于长三角及中四角平均水平；而研发企业占比、宽带普及率、数字经济发展指数虽高于中四角平均水平，但不足长三角平均水平的 40%；其他指标处于长三角与中四角中间水平。这说明安徽制造业在科技创新产出上具有优势，但在研发平台、数字化发展方面存在不足。

从支撑条件来看，安徽"四大供给"指数为 11.39，分别相当于长三角、中四角平均指数的 65.8% 和 1.3 倍。在该类的 16 个二级指标中，有电商活动企业占比、制造业投资占比、科研人员占比、政府网上政务服务能力等指数均高于长三角及中四角平均水平；而生产性服务业占比、营商环境、制造业 500 强企业占比、非公经济占比指数均低于长三角及中四角平均水平；其他指标处于长三角与中四角中间水平。这说明安徽制造业在电商新模式、资金投入、人才投入、政府服务方面具有优势，而在服务业配套、营商环境、主体培育、对外开放等方面存在短板。

三、安徽制造业高质量发展的产业取向

"十二五"以来，我省围绕打造"制造强省"，大力推进制造业结构优化与转型升级，制造业发展质量不断提升。未来一个时期，我省将进一步推动制造业向高端、精品、高效、绿色方向发展，实现制造业更高质量发展。

（一）我省制造业"十二五"以来的发展脉络

"十二五"以来，我省突出发展战略性新兴产业，协调发展生产性服务业，强化科技创新与开放合作，制造业实现规模扩大、质量提升，综合实力迈上新台阶，呈现以下变化趋势：

1. 由工业强省向制造强省转变

2007 年 9 月 29 日，省委、省政府印发《关于工业强省的决定》，提出到"十二五"末，新兴工业大省地位基本确立。2015 年 11 月，省政府印发《中国

制造 2025 安徽篇》，明确打造制造强省方向。2017 年，安徽出台支持制造强省建设若干政策，全面推动从制造大省向制造强省迈进。2018 年，省政府工作报告首次提出，安徽将打造更高质量的供给体系，将建设制造强省作为推动高质量发展的重要抓手。

2. 由传统制造业向战略性新兴产业转变

近年来，我省大力实施"三重一创"工程，推动电子信息、智能装备、新材料等战略性新兴产业加速发展，同时加快传统制造业转型升级，制造业结构不断优化。2010—2018 年，我省战略性新兴产业产值由 2504 亿元增加到 13760 亿元，年均增长 23.7%，比同期工业增幅高 14.4 个百分点，占全部规模以上工业的比重由 13.6% 提高到 29.5%；六大高耗能产业占比由 35.6% 下降到 33.2%，下降 2.4 个百分点。2018 年，全省高新技术产业产值首次突破万亿，增加值增长 13.9%，增速比全省规模以上工业高 4.6 个百分点。

3. 由要素推动向创新驱动转变

在创新驱动战略引领下，安徽区域创新能力不断增强，连续 7 年居全国第一方阵，工业逐步由要素推动转向创新驱动。2010—2018 年，我省工业企业研发经费支出由 104.02 亿元增加到 497.3 亿元，年均增长 21.6%，高于工业经营收入年均增幅 12.2 个百分点，研发经费支出占主营业务收入的比重由 0.93% 提高到 1.28%；工业企业申请发明专利数由 1967 件增加到 26175 件，年均增长 38.2%，每亿元工业主营业务收入发明专利数由 0.1 件增加到 0.7 件，9 年增长了 6 倍。

4. 由工业型制造向服务型制造转变

我省大力推进制造业与服务业融合，积极培育制造业新业态。2017 年，我省出台了《安徽省发展服务型制造专项行动推进方案（2017—2020 年）》，推动制造业由加工组装为主向"制造+服务"转型。2010—2017 年，全省生产性服务业增加值由 2402.9 亿元增长到 6579.1 亿元，年均增长 15.5%，高于同期工业增幅 6.1 个百分点；生产性服务业增加值占 GDP 比重由 19.4% 提高到 24.4%，提高 5 个百分点。目前，我省制造业服务化的新业态已见雏形，涌现出合肥通用院、阳光电源、劲旅环境、惠而浦（中国）、容知日新、安徽合力等一大批优秀的服务型制造企业。

5. 由产业集聚向国际产业集群转变

"十二五"期间，安徽省推出 14 个战略性新兴产业集聚发展基地，打造支撑安徽经济发展新的增长极。"十三五"期间，安徽聚力发展新一代电子信息、智能装备、节能和新能源汽车、高端医疗器械等高端制造产业，加快形成一批产业链完整、实力较强的产业集群。2018年，省政府工作报告中首次提出，要培育具有国际竞争力的先进制造业集群。2019年10月，我省合肥市集成电路产业集群、新型显示器件产业集群、人工智能产业集群，铜陵市先进结构材料产业集群入选第一批国家战略性新兴产业集群。未来，我省将深入实施长三角制造业协同发展规划，共同建设一批国家级战略性新兴产业基地，形成若干世界级制造业集群。

（二）我省"十四五"制造业高质量发展方向

当前，我省需把握好第四次产业变革的"窗口期"，找准制造业升级的方向，多角度、多层次推进制造业高端化转型、高质量发展。

1. 促进新兴产业集群化、梯度化发展

新兴产业代表着技术突破和市场需求的重要方向，是未来我省抢占竞争制高点、培育制造业新动能的关键，我省应持之以恒，优培新兴产业。一是抢抓合肥国家综合性科学中心建设、长三角一体化发展等机遇，大力营造创新生态，推动人工智能、电子信息、新材料、高端装备等具有关键核心技术的优势新兴产业，加快产业链纵向突破和关联产业横向延伸，构建一批创新能力强、产业生态优良、在全国有重要影响力的新兴产业集群，打造若干安徽"万亿级产业航母"。二是围绕新能源、新能源汽车、生物医药、节能环保、5G通信及应用等产业领域，完善产业配套，推动产业集聚，打造若干千亿级新兴产业梯队。三是实施未来产业培育计划，围绕量子通信、类脑芯片、精准医疗、再生医学等前沿领域，加快推动创新成果产业化进程，打造一批未来产业基地，促进无中生有、由有向强。

2. 推动传统产业融合化、品质化升级

我省在产业新动能没有有效形成之前，传统产业动能的延续和提升同样关键。"十四五"时期，应加快以"四新"经济引领传统产业融合发展和高端化发展。一是体现融合化发展理念，打破传统行业定义，推动传统产业与新兴产业融合、制造环节和服务环节融合、新技术和传统优良技艺融合、多业态及多商业模式融合，实现传统产业在融合中焕发活力。二是加快运用互联网、物联网、大数据、人工智能等新技术改造传统产业，推广先进适用工艺、技术、装备，提高产品质量，使高端产品走向市场前沿，中低端产品加快升级迈向中高端。

3. 打好产业基础高级化、产业链现代化攻坚战

当前我省多数制造行业在核心基础元器件、关键基础材料、先进基础工艺等方面面临的瓶颈制约仍然很多，在集成电路设计、操作系统、数据库、人工智能算法等领域基础能力也不强，导致产业发展缺乏话语权、主导权。着眼"十四五"，应更大力度实施工业强基工程，发挥基础科研优势，做好顶层设计，明确攻关重点，分类组织实施，增强基础研发自主能力。一是立足具有战略性和全局性的产业链，支持上下游企业、研发机构加强基础技术、核心技术合作攻关，在开放合作中形成更强创新力、更高附加值的产业链，增强产业链韧性。二是加快建立共性技术平台，解决跨行业、跨领域的关键共性技术问题。三是鼓励和引导企业设立研发机构，进一步激发企业自主创新活力。

4. 积极推动产品绿色化和制造过程绿色化

我省制造业结构长期偏重于"重化工"，必须把制造业绿色化作为转型升级的重要方向，更早、更实谋划，不断积聚制造业发展绿色动力。一是加快绿色制造制度体系构建，形成安徽绿色制造的组织体系、标准体系和政策激励约束体系，从制度上把好安徽制造绿色关，使绿色成为安徽制造业发展的普遍形态。二是顺应绿色产品消费趋势，加强各行业领域节能产品、环境友好型产品研发；将绿色理念贯穿产品包装运输、使用以及回收利用全过程。三是大力推动生产制造绿色化，将绿色设计、绿色选材、绿色加工、绿色方式处理污染贯穿于制造业全流程，积极研发绿色制造工艺标准和技术，更大力度开展绿色园区、绿色工厂、绿色供应链示范。

5. 实现价值链导向更加体现服务化、平台化

大力度推动制造业价值链迈上中高端，并实现价值体系在全社会的扩散和传递。一是加快制造业服务化，重视以数字化催生海量数据资源，与产业新技术、新生产要素组合应用，发展基于互联网的个性化定制、众包设计、云制造、后端运维等服务型制造模式，引导和支持制造企业向两端延伸服务链条，实现制造业价值链的跃升。二是加快制造业发展形态平台化，着眼消费者个性化消费需求、行业协作需求，推动生产组织和分工方式网络化、扁平化、小型化，大力发展工业互联网，推动产业形态由垂直分工转变为横向互联。推动制造业平台化集聚，培育壮大一批平台企业。三是构建开放的制造业价值链体系，通过加强各类开放

平台建设，积极融入长三角乃至国际制造业价值链分工。

（三）我省制造业高质量发展的新增长点

基于我省产业基础和创新优势，迎合新一代产业变革方向，坚持强化自主研发转化和承接中高端产业布局并重，以跨界化思维，培育一批高质量发展龙头产业或示范产业。

1. 万亿级人工智能产业

当前国家密集出台相关政策和指导意见，推动人工智能为传统产业赋能升级。我省在智能语音、工业机器人、智慧家居等领域具有先行优势，合肥正加快建设国家级人工智能试验区。下一步应以智能芯片、仿真仿生等人工智能技术创新为突破口，加快要素聚集、产品研发、平台建设、产业延伸、示范应用等，扶持智能制造、智能机器人、智能汽车、智慧家居、智能物流、智能教育、智能旅游等加快发展。推动龙头企业打造产业生态主导型产业，提升企业在全球的影响力。

2. 万亿级电子信息产业

我省电子信息产业汇集了"芯屏器合"等多领域，近年来高性能存储等产业也异军突起，具备了打造万亿级产业的基础。应进一步加强行业优势整合，放大合作优势，同时借鉴深圳、苏州、武汉、成都等地培育壮大电子信息产业的经验，持之以恒推动"芯屏器合存"协同联动发展；加快推动产业链向智能终端应用等领域拓展，不断提升我省电子信息产业在全国电子信息大行业中的影响力。

3. 万亿级新材料产业

以做大存量、做活增量的思路加快我省新材料产业的发展提升。存量方面，推动新型无机非金属硅新材料、先进碳材料、生物基新材料、高端金属新材料等特色新材料产业加快发展，积极发挥资源优势，参与长三角新材料产业分工与合作，提升行业影响力。增量方面，顺应材料科技发展新趋势，大力发展5G材料、高分子材料、新型纳米材料、尖端医学材料、其他功能材料等，积极抢占增材制造专用材料等新材料市场空间。推动关联性新材料产业延伸联动发展。

4. 千亿级"5G+融合应用"产业

大力发展"5G+工业互联网""5G+高清视频""5G+机器视觉""5G+远程运维""5G+车联网""5G+智慧医疗""5G+智慧媒体""5G+智慧生态"等融合

应用场景，促进组网、制造和应用融合，积极抢占小基站（适用于工厂、商场、体育场等空间有限的场所）蓝海市场，满足特定空间的密集组网和深度覆盖需求。

四、安徽推动制造业高质量发展的实施路径

未来一个时期，我省应立足本省制造业发展的阶段，瞄准制造业高质量发展方向，着重针对制造业存在的短板，大力实施补短板、提弱项，加快构建制造业"六高"发展体系，实现由制造大省向制造强省的华丽转型。

（一）高精尖创新体系

针对我省研发平台不足、高技术产业比重短板，加快重大科技基础设施和创新平台建设，推动科技成果转化和高技术产业培育，增强制造业高质量发展的动力引擎。

1. 建立开放型创新网络

以合肥综合性国家科学中心建设为突破口，深化与上海张江、北京中关村等创新合作与共享，加快构建区域协同创新网络和技术转移体系，促进区域创新要素自由流动和高效配置，率先建立一批跨区域创新共同体。

2. 建设提升各类创新平台

发挥科大先研院、中科院合肥创新院等骨干研发平台以及各类工程实验室等研发基础与优势，主动对接企业需求，建设一批市场化产业技术服务平台。支持科大先研院等机构借鉴江苏产研院等经验，探索"官办"创新机构市场化改革路径。

3. 创新技术转移合作模式

加强与国际知名科技中介机构及科研组织的深度合作，引导全球科技领先型创新成果在我省转移转化。支持合肥等市探索发展多层次技术（产权）交易市场，推进技术资本化运营。支持设立各类科技合作基金，促进跨区域产学研合作、成果转化等。

4. 优化科技创新服务

复制推广"面向中小企业的一站式投融资信息服务""编制周转池制度"等创新措施。加强与长三角协作，保障知识产权运营、交易、维权等顺利实现。与其他省市建立人才政策协调机制，防止无序"人才争夺战"。完善以长三角为重点的科普资源开放共享机制。

（二）高规格开放体系

针对对外开放短板，我省应把握"一带一路"倡议、"长三角一体化"等机遇，全方位扩大对外开放，深化境内外开放合作，增强全省制造业高质量发展的"重要动力"。

1. 不断强化"皖-欧"制造业开放融合

在深化皖德、皖俄合作基础上，积极对接欧洲制造业生产工艺，实施一批前端技术应用的国际产能和装备制造合作项目，积极引入欧洲制造业的先进标准、技术和管理模式。

2. 加快融入长三角"智造"产业链

围绕汽车、集成电路、新型显示等产业，聚焦下一代互联网、人工智能、5G通信等技术应用，加强与长三角地区产业链配套合作。不断提升"智造"工艺和装备水平，统一标准，推动全省"智造"向价值链高端延伸。

3. 积极建立豫鲁皖产业合作通道

豫鲁皖三省制造业结构相似，消费腹地广阔，有着极大的合作开发空间。三省已建立"你中有我，我中有你"的紧密联系，为深化豫鲁皖产业合作奠定了良好的基础。豫鲁也是丝绸之路经济带的重要地区，我省可通过与豫鲁合作，进一步打通"一带一路"通道。

4. 打造全省高质量制造业示范基地

合芜马智能制造示范基地重点发展新能源、网联汽车、新一代信息技术、生物等产业；沿江循环经济示范基地重点推动化工、新材料等产业绿色发展；皖北轻工制造示范基地重点提升农副产品、纺织服装等产业供给结构和质量。

（三）高水平制造融合体系

针对制造业新业态新模式发展不足短板，我省应大力推进制造业与服务业、互联网等融合，不断催生制造业新业态，提升制造业价值链。

1. 制造业与服务业融合

推进制造业与服务业双向联动，引导制造业企业向创意孵化、研发设计、售后服务等产业链两端延伸，实现制造由有形产品提供者向"产品+服务"转变。同时，大力支持服务业企业沿产业链向制造业拓展延伸。

2. 制造业与O2O模式融合

当前，O2O正加速向生产领域拓展，加快制造业生产方式、产业组织方式等变革。我省应适应制造业模式变革趋势，大力推进制造业与线上研发设计、营销、支付、监测、评价，以及线下的生产制造、物流配送、维护服务等模式深度融合。

3. 制造业与未来技术融合

加快推进5G、区块链、量子计算等未来技术在制造业领域的应用，构筑技术、产业、应用互动融合的生态系统，形成先发优势，力争在人工智能、工业互联网、5G应用、智能网联汽车等领域培育形成千亿级以上产业。

4. 制造业与资本市场融合

当前，国内外一流制造业企业一方面借助资本市场加大自主研发等投入，另一方面深度参与资本运作，从制造工厂向资本大鳄拓展。我省可借鉴浙江"凤凰行动"经验，出台相关支持政策，推进制造业与资本市场融合发展。

（四）高效率数字升级体系

针对数字化发展不足短板，我省应大力实施数字化转型升级战略，构建品质制造、绿色制造的高效率数字升级体系，强化制造业高质量发展的第二引擎。

1. 打造工业互联网平台

制定实施安徽工业互联网建设行动方案，支持建设一批研发设计、数据管理等工业云平台。加强网络核心技术和关键产品研发，培育打造一批行业级、企业级工业互联网平台和面向特定行业、场景的工业App，推动大中小微企业深度应用，为制造业转型升级赋能。

2. 实施制造业数字化改造

制定实施安徽制造业"数字+"提升行动计划，推广协同制造、服务型制造、个性化定制、全生命周期管理等新模式，逐步实现企业数字化、网络化、智能化，力争"十四五"期间规上企业数字化改造全覆盖。

3. 推动开发园区数字化管理

依托各类国家及省级工业园区等制造业发展载体，改善网络基础设施和信息化应用环境，整合区内信息资源，搭建数字化信息与公共服务平台，提升园区数字化管理和服务能力。

（五）高成长企业体系

针对营商环境、主体培育短板，我省应深入推进"放管服"改革，大力推进"四最"营商环境营造，加大对制造业中小企业扶持力度，构建大中小企业协同发展的企业梯队体系，形成制造业高质量发展的强大市场主体。

1. 建立独角兽企业支持体系

建立独角兽企业培育库，遴选一批在战略性新兴产业和未来产业等领域具有高成长性的企业入库，形成独角兽企业培育梯队，实施"一企一策"。在全球范围内筛选引进独角兽潜力项目，进一步强化定向招商。对于独角兽优秀项目，给予不设限的"一事一议"重点支持。

2. 做强做优大企业大集团

借鉴浙江等地经验，实施"安徽版鲲鹏计划"，建立千亿级龙头企业、百亿级骨干企业培育库，完善省、市千亿级培育企业的战略合作机制，支持建立相关的产业链配套园区。对营业收入首次达到 1000 亿元、500 亿元、200 亿元、100 亿元、50 亿元等规模的制造企业，实施阶梯奖励。

3. 培育科技成长型中小企业

实施安徽成长型企业培育三年行动计划，编制成长型中小企业清单，实施动态跟踪管理和帮扶，加快形成一批制造业"单项冠军"和"隐形冠军"。加大对科技成长型中小企业的研发经费支持，创新财政和社会资金投入引导模式。

4. 支持制造类企业重组上市

实施企业上市和兼并重组计划，引导和支持更多制造企业改制、挂牌、上市，促进上市公司、挂牌企业再融资、并购重组、规范治理和创新发展，提升综合竞争能力，引领带动产业集中度和核心竞争力进一步提升。

（六）高标准质量体系

针对品牌打造、绿色制造短板，我省应以标准化建设为抓手，强化质量品质和绿色控制，积极打造制造业品牌，提升制造业市场竞争力和高质量发展综合优势。

1. 对接国内外先进标准

推动我省制造业对接国家标准、行业标准与团体标准，引导重点产业不断提升上下游产业标准的协同性和配套性，通过对标带动制造业绿色控制和高品质发展，支持有条件的地方和单位开展标准"领航"认定，深度参与国际标准化制定工作。

2. 强化制造业质量创新

鼓励制造业企业应用新技术、新工艺、新材料，加强可靠性设计、质量预测、失效分析、质量虚拟分析等技术开发应用，提高产品可靠性、稳定性和适用性。支持龙头企业建立质量信息数据库，开发在线检测、过程控制、质量追溯等质量控制工具，建立数字化、网络化、智能化质量管控体系。

3. 以品牌促进质量提升

落实国家"三品"战略，将"三品"战略理念融入制造业发展各领域、各层面、全过程。发挥中介组织作用，为企业提供品牌专业化服务。推动产业集群区域品牌建设，引导集群内企业标准协调、创新协同、业务协作、资源共享，加强区域品牌宣传推广，促进企业品牌和区域品牌良性互动。

审　　稿：樊明怀

执　　笔：张　峰　王业春　饶　磊

　　　　　夏　飞　王　蕾

长三角一体化发展对安徽的影响分析

一、"十四五"宏观环境

"十四五"时期是我国由全面建成小康社会向基本实现社会主义现代化迈进的关键时期，是"两个一百年"奋斗目标的历史交汇期，也是全面开启社会主义现代化强国建设新征程的重要机遇期。

（一）世界处于百年未有之大变局

世界经济重心调整、世界政治格局变化趋势加快，科技与产业发展日新月异，中国在世界发展格局中的作用日益凸显，话语权、影响力逐渐提高。在不断发展的科技革命和生产国际化的推动下，各国经济相互依赖、相互渗透，全球新一轮产业分工和贸易格局加快重塑，我国产业发展进入从规模增长向质量提升的重要窗口期。从全球经济发展形势来看，国际化进入分化期，世界经济处于缓慢复苏阶段，仍面临诸多不确定因素，风险日益加深。

（二）中国处于经济发展的关键时期

根据相关专业测算，在人民币汇率不发生大幅度贬值的前提下，我国大概率将于 2022 年前后跨入世界银行分类的"高收入国家"门槛。换言之，"十四五"时期将是中国经济由中等收入阶段迈向高收入阶段的关键时期，但结构性差异和发展不平衡不充分的问题仍将长期存在。展望"十四五"，受国际国内多方面因素的影响，做大国内市场、提振内需将更加紧迫，我国很有可能提高劳动报酬在要素分配中的占比；同时，实施打破城乡二元隔阂、健全社保体系、增加教育医疗养老等公共品的供给等政策，新消费新需求将进一步激发，长期困扰中国经济的"内需不足"的问题将会得到缓解。

（三）经济发展将出现新增长点

当前我国已经从重化工业为主导的工业化中期阶段迈入以创新驱动为主导的工业化后期阶段。产业"空心化"形势严峻，工业发展"大而不强"，实现制造强国的任务十分艰巨。"十四五"时期有四大领域将成为带动国民经济发展的

"引擎式"新增长点：一是电动新能源汽车及其相关配套基础设施建设；二是第五代移动通信技术（5G）的产业化普及；三是互联网-物联网线上线下融合对生产生活方式的变革；四是工业智能化发展势不可挡，人工智能对传统制造产业链、价值链带来革命性影响。

（四）国内市场还存在很大的潜力

中国经济最大的财富是人，经济发展的动力来自人，经济发展的目标也是为了人。改革开放后，经过40多年的经济成长，我国已经有大约4亿人口成为中产群体（根据中产定义和统计口径不同，测算结果存在差异，一般区间为2.5亿~4.5亿）；但还有约10亿国民未达到中产。这是巨大的发展动力，也意味着巨大的发展潜力。激活、做大国内市场的关键在于开启"从4亿市场向14亿市场"的历史性跨越。

（五）城市群成为区域发展的核心

我国大城市进入城市化后期、城市化进程放缓，大城市面临有机更新、城市迭代，大量乡村人口涌入城市，城市人群也出现反向"归田"的意愿，城市、城镇、乡村发展迎来新的机遇。城市间形成"产业与地区双向匹配，企业与政府双向选择"的"资源协同发展"新格局，不再是互相争抢资源，而是结合自身特点差异化发展，真正实现"抱团取暖、协同发展"，城市组群发展将是区域竞争力的关键。

（六）生态建设倒逼发展转型

长期以来，粗放型的经济发展造成了一系列的环境问题，雾霾、沙尘、水源污染和枯竭、草原退化等生态问题亟须正面应对。"十四五"时期，社会经济发展仍将坚持"绿水青山就是金山银山"的发展理念，无论经济发达地区还是欠发达地区，都必须以"绿色发展"作为一系列建设的前置要求，全面促进区域生态环境保护修复，倒逼经济高质量发展，坚定不移走可持续发展之路，为美丽中国建设奠定基础。

二、长三角一体化现状及展望

（一）长三角一体化现状

1. 经济发展差距逐步缩小，但梯度差异明显

长三角是我国综合经济实力最强的地区之一。以2018年为例，长三角三省

一市以占全国不到4%的土地面积，集聚了全国约16%的常住人口，产出了全国约24.1%的经济总量。从人均GDP来看，长三角地区省际梯度差异明显。2018年，上海市人均GDP超过14万元，江苏省人均GDP超过11万元，浙江省人均GDP超过10万元，均超过全国平均水平。安徽省人均GDP不足6万元，尚低于全国平均水平。如图1所示，从基尼系数来看，2000—2018年，长三角地区内部经济规模差距呈缩小趋势。我们进一步观察发现，2000—2012年长三角地区基尼系数呈现逐年递减的走势，经济差距持续缩小。但是，2013年以来，长三角地区基尼系数总体呈现小幅上扬的走势，地区差距缓慢扩大。

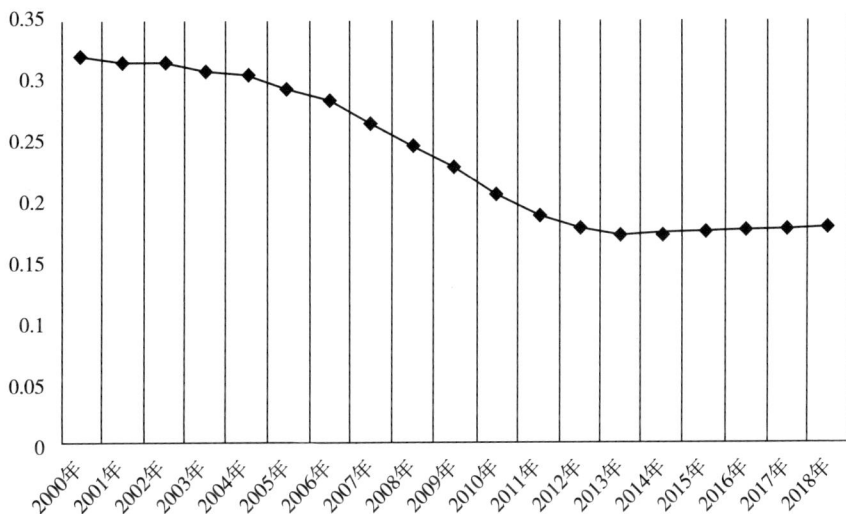

图1　长三角地区基尼系数的演变趋势

2. 市场一体化水平逐步提升，但劳动力一体化发展波动性大

本文分别从消费品市场、资本品市场和劳动力市场探究长三角地区市场一体化发展进程。我们从图2中不难看出，消费品和资本品的市场分割指数的演变趋势没有显著差异，均呈现出不断震荡波动但波幅逐渐变小的稳定收敛趋势。也就是说，长三角地区消费品和资本品市场的分割程度逐渐减弱，即消费品和资本品的市场一体化程度趋于增强。我们进一步观察发现，劳动力市场的相对价格方差波动幅度较大，表明长三角地区劳动力市场一体化发展不够稳定，处在不断调整中。

3. 产业一体化取得一定成效，但专业化分工水平不高

从2018年三次产业结构数据来看，长三角地区间产业结构存在明显的梯度

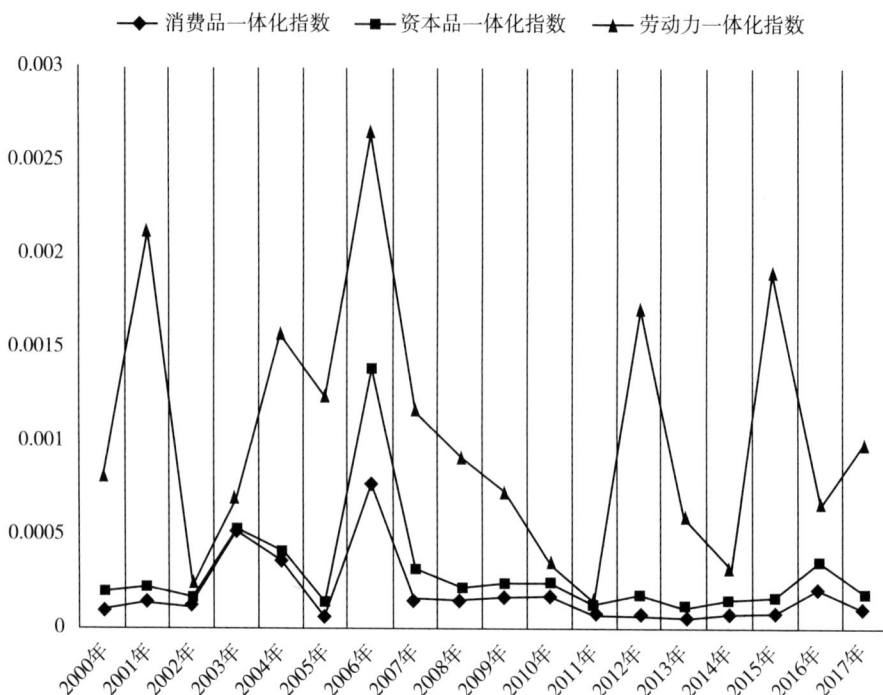

图 2　长三角地区市场一体化指数的演变趋势

差异。其中，上海市第三产业比重较第二产业高 40 多个百分点，服务经济主导型的"三二一"型产业结构特征明显；江苏省、浙江省和安徽省第三产业比重略高于第二产业，呈现服务业和工业基本并重的"三二一"型产业结构（见表1）。由此可见，长三角地区产业发展具有较好的梯度差异性和时序衔接性，有利于产业一体化发展。

表1　2018 年长三角地区三次产业增加值总量概况

地区	绝对值（亿元）				产业结构			
	上海	江苏	浙江	安徽	上海	江苏	浙江	安徽
第一产业	105	4142	1972	2638	0.3%	4.4%	3.4%	7.8%
第二产业	10361	42129	25289	14094	28.8%	45.2%	43.6%	41.4%
第三产业	25546	46937	30742	17279	70.9%	50.4%	53%	50.8%

如图3所示，从克鲁格曼专业化指数来看，2010 年以来，长三角地区克鲁格曼专业化指数缓慢提升，产业结构层次上的差异开始逐渐显现，地区间产业结构

专业化分工趋于合理，产业一体化发展取得了一定的成效。但是，通过进一步观察，我们可以发现，长三角地区克鲁格曼专业化指数基本保持在 0.2 左右，仍然偏低，地区间专业化分工水平不高。

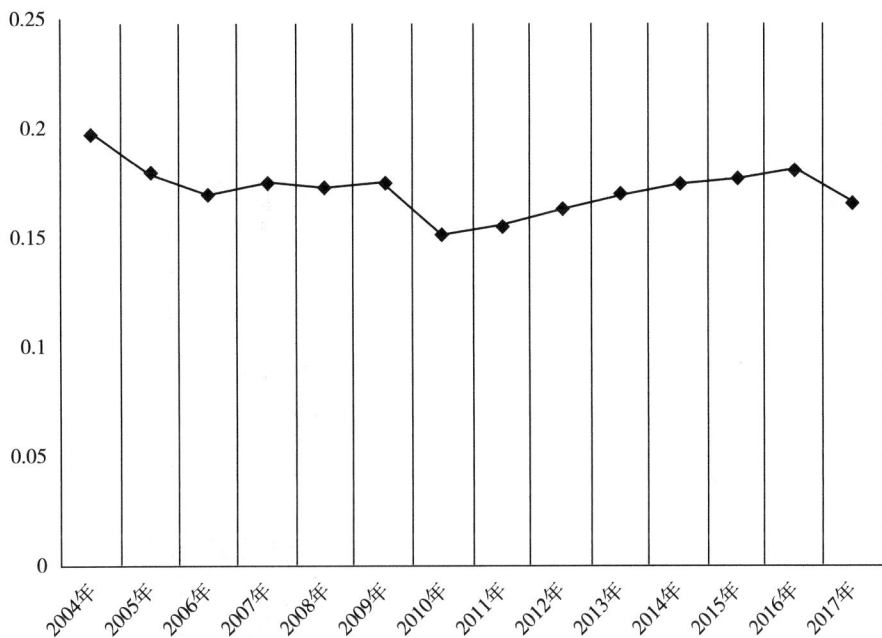

图3　长三角地区克鲁格曼专业化指数的演变趋势

4. 创新产出的地区差距不断缩小，但创新投入差距大并有扩大趋势

近年来，长三角地区规模以上工业企业 R&D 经费方面的投入快速增加，其占 GDP 的比重也持续扩大。从图 4 中我们不难看出，长三角地区规模以上工业企业 R&D 经费占 GDP 比重的变异系数不断下降，并降至 0.1 左右，这表明长三角地区规模以上工业企业在 R&D 经费方面的投入差距不断缩小。与此同时，长三角地区规模以上工业企业 R&D 人员全时当量占就业人员比重的变异系数呈逐步上升的走势，这表明长三角地区规模以上工业企业在 R&D 人员全时当量方面的投入差距较大，且有缓慢扩大的趋势。

长三角是我国创新最活跃的地区之一，2017 年长三角地区国内三种专利受理数已经接近 120 万件，国内三种专利授权数超过 57 万件，技术市场成交额超过 2000 亿元。我们从图 5 中发现，长三角地区国内三种专利人均受理数、国内三种专利人均授权数、技术市场成交额占 GDP 比重的变异系数均呈明显的下降走势，即长三角地区创新产出的地区差距趋于不断缩小。

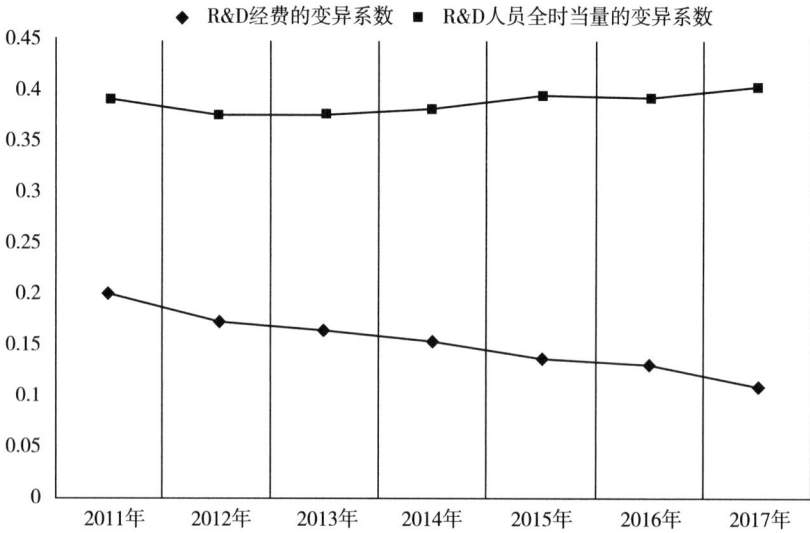

图 4　长三角地区创新投入的变异系数

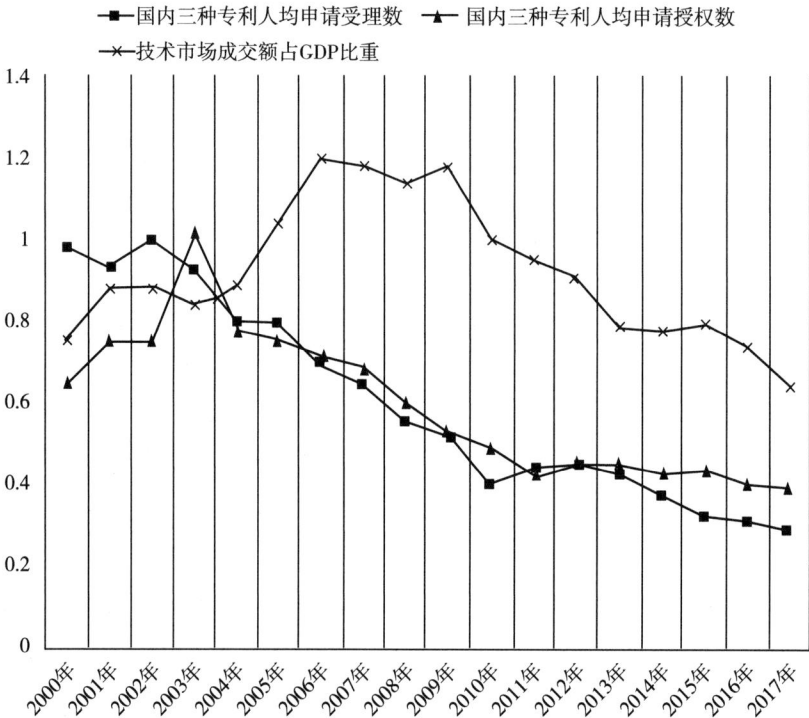

图 5　长三角地区创新产出的变异系数

5. 交通一体化稳步提升，但铁路密度地区差异大

2000 年以来，长三角地区交通一体化发展已经取得了一定的成果。枢纽型机场、枢纽型港口、高铁网络和高速公路网络等区域性快速交通骨干网络已经基本形成。我们从图 6 中可以看出，铁路交通网密度的变异系数总体呈现出下降的趋势，公路交通网密度的变异系数始终维持在较低水平，反映出长三角地区网络化的交通运输体系不断健全，会更好地服务于地区间的人流和物流，为长三角地区一体化的深入发展创造了便利条件。

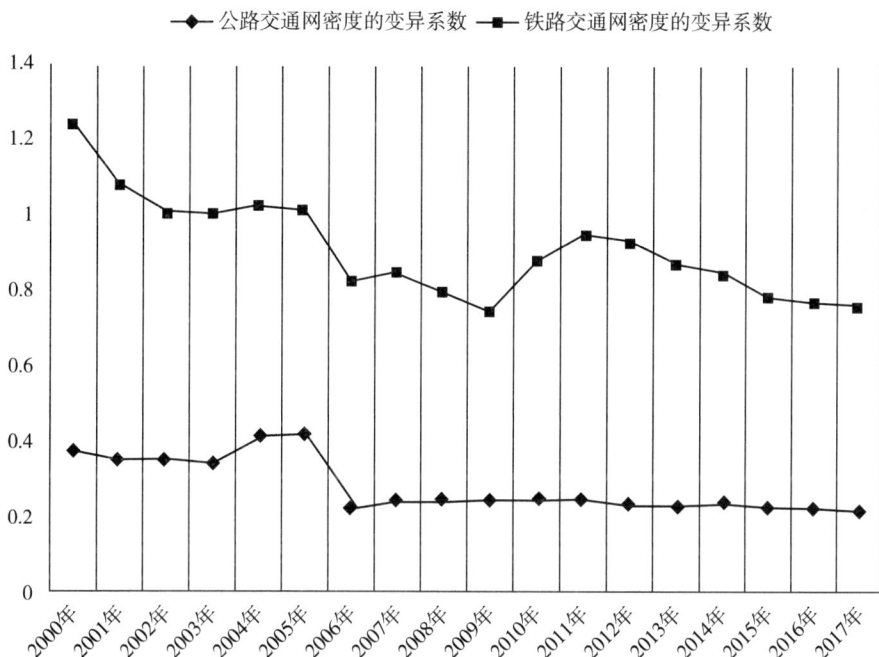

图 6　长三角地区交通网密度的变异系数

6. 通信基础设施建设和信息化应用的内部差异不断缩小，但信息传递速率地区差异大

如图 7 所示，从 2001 至 2017 年，长三角地区的互联网及移动电话普及率、宽带接入率、人均电信业务量等地区差异逐步缩小，特别是互联网及移动电话普及率地区间差距已很小，可见长三角地区信息一体化基础条件已具备。同时，长三角地区长途光缆线路密度的地区间差异虽然在逐步缩小，但差距依然很大。当前，物联网、云计算、移动通信等新兴信息技术带来了巨大产业机遇，长三角地

区必须全面推进高速信息网络的建设，在此基础上推进长三角数据中心建设，实现区域信息资源协同布局和共享。

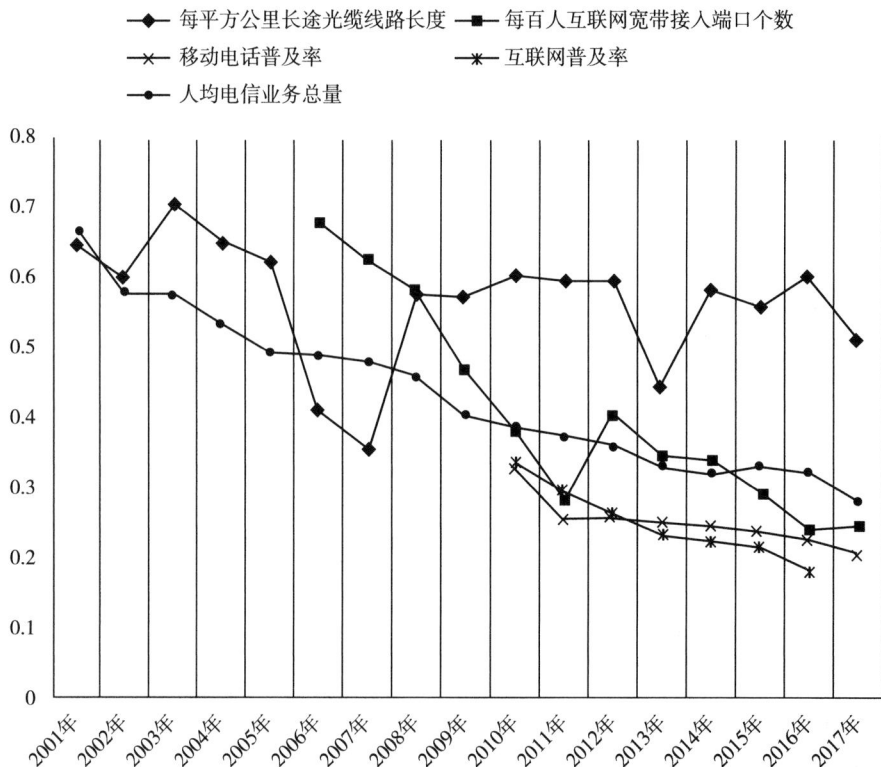

图7　长三角地区信息化发展的变异系数

7. 公共服务一体化水平总体较高，但文化基础设施内部差异大

如图8所示，长三角地区教育、医疗卫生的内部差异逐渐趋于收敛，即教育和医疗卫生的区内差异正缓慢缩小。城镇常住人口养老保险和基本医疗保险覆盖率的变异系数增长较为明显，表明长三角地区社会保障的内部差距呈现扩大的趋势。未来长三角应致力于社会保障的互联互通，提升跨区域社会保障服务便利化水平。此外，人均拥有公共图书馆藏量的变异系数明显高于其他指标，也在一定程度上反映了长三角地区文化基础设施的内部差距较大，但是差距在不断缩小。

（二）未来发展趋势

目前，促进长三角地区一体化发展的共识已经达成，现实基础也比较坚实，区域一体化发展机制也已经建立，但跨区域发展的协调机构发挥作用还不够，最

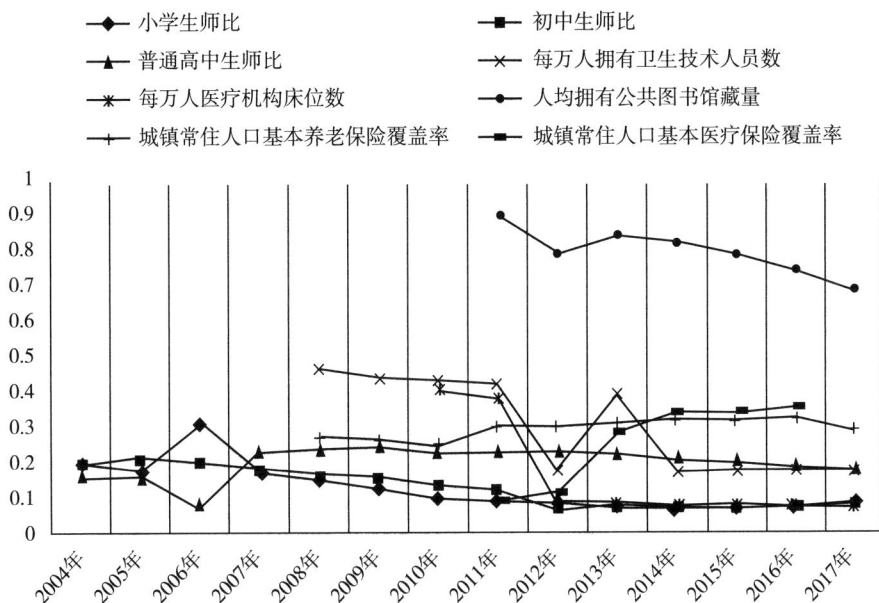

图8　长三角地区公共服务的变异系数

大的影响因素就在于制度创新还不够。《长江三角洲区域一体化发展规划纲要》要求建立更加有效的区域协调发展新机制，推进一体化走向深入，区域发展格局也将产生巨大变化。

1. 产业分工协作更趋深化，中心城市引领发展

一方面，长三角地区一体化发展将构建更加完善的利益协调共享机制，推进一体化的现代市场体系、现代产业体系、经济开放体系和公共服务体系的建立，发挥市场在区域一体化的资源配置中的决定性作用，破解长三角产业同质同构问题，从而提高资源配置效率和推动产业协调协同发展，促进区域产业价值链"异质互补"，构建各方共享共治的区域价值链分工体系，形成区域产业分工协作、优势互补的发展格局；另一方面，根据市场经济的规律和发达国家的经验，当经济进入到后工业化阶段的时候，因为经济发展的规模效应和集聚效应，人口和产业明显向中心城市集中，中心城市汇集高端人才，在研发设计、营销方面具有天然优势，将引领经济发展。其他城市或其他区域都将发挥自己最突出的优势，主要发展产业链条某些环节，如发展制造业与核心城市相配套，或承担一部分中心城市在居住、休闲、文化、旅游等方面的功能，从而形成城市和城市之间有序的分工体系。

2. 互联互通水平更高，协作成本更低

目前，长三角地区互联互通方面还存在比较突出的问题，如"断头路"、城际交通不便捷、铁路建设区域性差异大等。但这些问题的解决也大多列入长三角一体化规划纲要，有些已经纳入三省一市协调的重大事项，并在逐步推进。随着长三角一体化的推进，跨区域快速高效的交通体系将基本成型。此外，随着数字长三角工程实施，长三角区域信息基础设施共建共享水平更高，信息交流更加顺畅。所有这些举措将加强地区经济联系，缩小企业到市场和原材料来源地的通勤距离和运输成本，也将提高公共资源的共享性和使用效率，降低分摊到每个企业的交易成本，促进企业集聚。

3. 人口政策逐步放开，公共服务一体化水平更高

由于经济发展水平高、就业机会多、收入水平高，长三角中心城市流入人口多，因此非本地户籍劳动力比例高。如上海市有超过一半的劳动年龄人口是非本地户籍劳动力。这些非本地户籍的劳动力虽然同样缴纳社保，但并不能同等享受社会保障。同时，由于发展水平差距和分级财政，长三角内部公共服务水平也存在不小的差距，特别像安徽这样劳动力人口外流大省，公共服务支出压力过大。根据发达国家的发展经验，人口的自由流动可以使地区之间的收入差距和生活质量差距缩小，也可促进城市之间的分工更加明确。未来，随着长三角一体化的深入推进，与户籍身份挂钩的公共服务权利将逐渐覆盖到非户籍人口；非本地户籍人口在本地城镇落户加速，借助于人口在城市间的流动，实现城市之间人均GDP、人均收入和生活质量的均等化。

4. 体制机制改革更加深入，要素一体化水平更高

虽然说长三角地区市场一体化在不断推进，跨区域要素配置平台建设初见成效，但由于行政壁垒和地方保护主义，有些地区仍没有打破"一亩三分地"的思维，生产要素在区内流动不畅，区域要素市场一体化程度仍然较低，严重影响长三角区域经济发展。随着长三角地区一体化发展，各区域应更加注重要素市场化改革，深化市场准入、户籍制度、金融体制、财政体制、投融资体制、价格、上市制度等改革，大幅度减少政府对资源的直接配置，逐步消除导致市场分割和碎片化问题的体制机制障碍，逐步放松市场准入标准，构建长三角地区统一高效、竞争有序的要素市场体系，从而推进长三角地区商品和要素自由流动，推动资源整合，提升资源配置效率。由于配置效率更高，中心城市及主要发展轴带吸

引要素的能力更强，在未来发展中将更显突出。

5. 专业化分工更加深入，沪苏浙制造业呈集群式转移

一体化水平从低级阶段向中级阶段挺进时，产业的地理集中度上升；而一体化从中级阶段向高级阶段迈进时，产业的地区集中度是下降的。以 2014 年为分水岭，在此之前，产业集聚程度不断提高，之后产业集聚程度出现下降趋势。从产业集聚方面来看，长三角产业一体化与产业集聚呈现倒 U 型关系，在长三角区域一体化程度逐步提高过程中，长三角产业集聚程度先逐渐上升后出现下降趋势，目前处于下降阶段。从产业分工来看，长三角一体化整体上加速了区域内的产业分工和产业转移。沪苏浙地区由于产业过于密集，劳动力的有效需求过旺和劳动力成本过高，同时为电子通信设备制造业等资本与技术密集型产业的发展腾出空间，制造业向外转移意向明显。此外，单个企业转移后可能丧失发达地区的产业集聚产生的规模经济效益、网络效益和创新效益，所以集群式转移将逐步呈现。

三、安徽与沪苏浙经济社会发展比较及关联分析

（一）比较分析

相对于沪苏浙，安徽省经济发展水平较低，但也存在一些明显的优势条件。

1. 经济总量快速增长，但差距仍明显

2009—2018 年，安徽省经济持续稳定快速增长，经济增速连续十年领跑三省一市（见图 9）。如表 2 所列，安徽省地区生产总值与沪苏浙迅速拉近，占区域比重由 2008 年的 11.7% 提升到 2018 年的 15.4%，增长 3.7 个百分点。对区域经济增长贡献显著提升，从 2008 年的 12.61% 提升到 16.21%。常住人口人均生产总值从 1.4 万元提升到 5.4 万元，相对于沪苏浙比重分别从 2008 年的 21.3%、35.7%、34.9% 提升到 36.4%、46.6%、53.1%，分别提高 15.1、10.9、18.2 个百分点（如图 10 所示）。全员劳动生产率达到 7.8 万元，相当于 2008 年（2.3 万元）的 3.4 倍；相对于沪苏浙比重从 2008 年的 16.7%、33.69%、36.7% 提高到 2018 年的 32.2%、38.6%、47.9%，分别提高 15.5、4.9、11.2 个百分点[①]。同时，合肥、芜湖、马鞍山和铜陵等主要城市的经济发展水平相对较高，人均 GDP 在 65000~90000 元，加上有较高的发展速度，与长三角发达地区相比，局

---

① 上海市未公布 2018 年从业人员数，2018 年劳动生产率为推测值。

部地区具有竞争力。

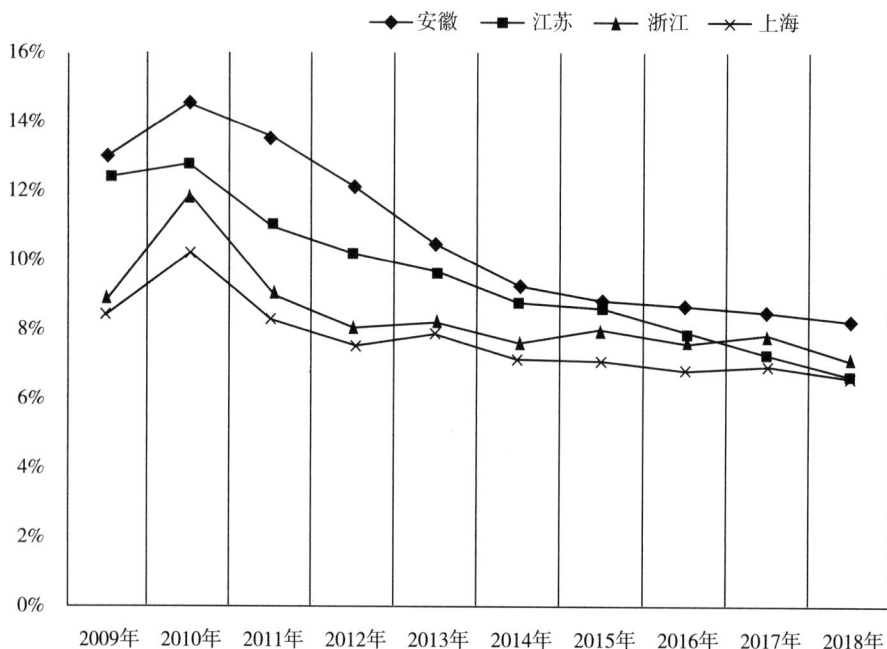

图9　2009—2018年三省一市地区生产总值增速

但在经济发展和人民生活水平方面，安徽与沪苏浙相比差距悬殊。2018年安徽省人均GDP为8172.2美元①，仅为上海的36.4%、江苏的46.6%和浙江的53.1%（见表2），且低于全国平均水平18.1%，这也是在推进一体化发展过程中安徽需要着重破解的难题。

表2　安徽省部分经济指标在长三角地位变化

		2008	2018	增幅
地区生产总值占比（%）		11.7	15.4	3.7
对区域经济增长贡献（%）		12.6	16.2	3.6
人均生产总值相当于	上海	21.3	36.4	15.1
	江苏	35.7	46.6	10.9
	浙江	34.9	53.1	18.2

① 依据《2018年国民经济和社会发展统计公报》，全年人民币平均汇率为1美元=6.6174元。

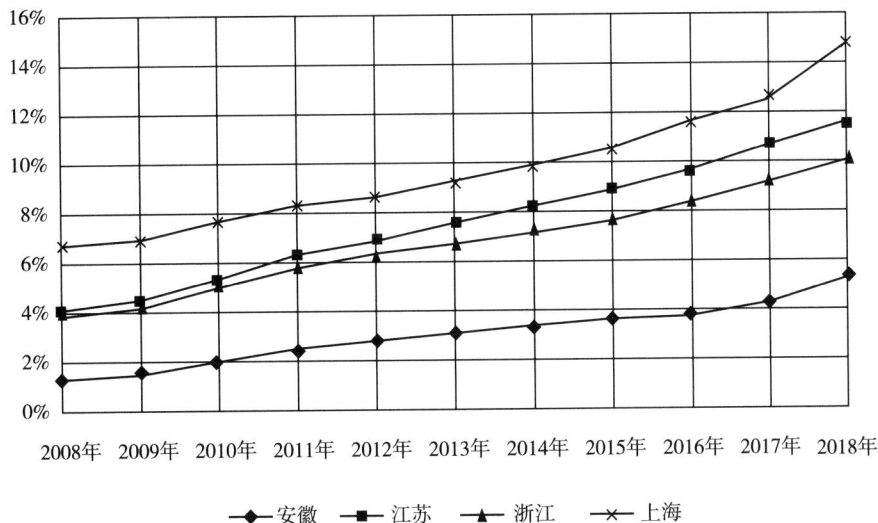

图10　2008—2018年三省一市人均生产总值（万元）

2. 三次产业结构趋同，农业和制造业优势比较突出

2018年，安徽省三次产业结构从2008年的16∶47.4∶36.5调整为7.8∶41.4∶50.8，一产比重减少8.2个百分点，与江苏（4.4）、浙江（3.4）更为接近。三产比重提高14.3个百分点，与浙江的差距进一步缩小到2.2个百分点，比江苏高出0.4个百分点。从三次产业结构相似性系数来看，安徽与上海的产业结构相似性较低，与江苏、浙江产业结构相似性较高，江浙皖同构现象较为严重，地区间低水平同质化竞争较为激烈（见表3所列）。

表3　2018年长三角地区产业结构相似系数

	上海	江苏	浙江	安徽
上海		0.9616	0.8980	0.9103
江苏	0.8616		0.9971	0.9944
浙江	0.8980	0.9971		0.9996
安徽	0.9103	0.9944	0.9996	

安徽是农业大省，粮棉油茶等农产品和畜牧水产品产量均居全国前列，是全国重要的商品粮油生产、供应及畜牧水产养殖基地，也是全国7个商品粮调出省

之一，是长三角的"米袋子"和"菜篮子"。农业在长三角地区具有较大优势条件。

长三角地区一共有14个制造业行业在全国的制造业分工体系中具有比较优势。其中，安徽有5个，分别是纺织服装、服饰业，通用设备制造业，专用设备制造业，电气机械和器材制造业，其他制造业。而在全国层面上，安徽还在农副食品加工业，木材加工和木、竹、藤、棕、草制品业，家具制造业，印刷和记录媒介复制业，橡胶和塑料制品业，非金属矿物制品业，有色金属冶炼和压延加工业，汽车制造业，废弃资源综合利用业等9个方面具有比较优势。我们通过对比发现，安徽和浙江有7个优势产业重叠，和江苏有5个优势产业重叠，和上海有4个优势产业重叠。结合制造行业区位商指数，我们经研究发现，上海、江苏与浙江区位商大于1的行业主要集中于中高端制造业，安徽区位商大于1的行业主要集中于中低端制造业。所以，在长三角地区，安徽制造业层次不高。

3. 科技创新在全国具有一定优势，但与长三角差距扩大

安徽省科教资源丰富，现有中国科学技术大学等各类高校108所，其中中国科学技术大学入选世界一流大学建设名单，合肥工业大学、安徽大学入选世界一流学科建设高校名单。合肥市拥有国家同步辐射实验室、超导托卡马克核聚变实验装置、稳态强磁场实验装置等5个国家大科学工程，是除北京以外国家大科学工程最密集的地区。安徽创业创新活跃度高，是全国首批技术创新工程试点省，合芜蚌是国家重要的自主创新综合改革试验区，2016年成功获批国家自主创新示范区。合肥是唯一的国家科技创新型试点市，是国家首批创新型城市试点、国家首批"智慧城市"试点、国家科技和金融结合试点、国家科技成果使用处置和收益管理改革试点、连续8次蝉联全国科技进步先进市。据中国科技发展战略研究小组发布的《中国区域创新能力评价报告2016》，安徽省区域创新能力连续5年居全国第1方阵、中部第1位。但近两年安徽省区域创新能力下降明显，到2018年安徽省区域创新能力排名下降到第10位，特别是创新环境排名全国第22位，知识获取排名全国第29位。而沪苏浙的区域创新能力在全国排名都在前5。安徽省研究与开发机构和高等学校R&D经费中企业资金的比重明显低于上海市、江苏省和浙江省（如图11所示），输出技术和吸纳技术也同样比其他两省一市水平低（如表4所列），可见安徽省产学研协同创新和成果转化的水平明显落后。

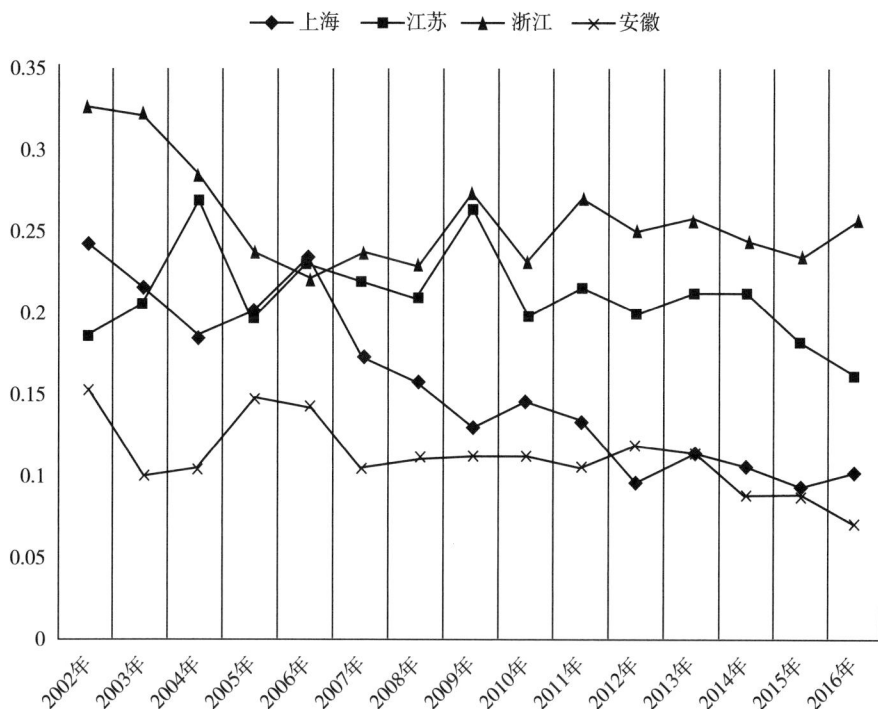

图 11 长三角地区研究与开发机构和高等学校 R&D 经费中企业资金比重的演变趋势

表 4 2017 年长三角地区技术交易情况

	输出技术			吸纳技术		
	合同数（项）	成交额（亿元）	增长	合同数（项）	成交额（亿元）	增长
上海	21223	810.62	3.79%	22661	712.14	64.85%
江苏	37258	773.99	21.77%	38911	919.55	1.54%
浙江	13704	324.73	63.70%	18444	469.87	62.97%
安徽	18211	249.57	14.81%	17953	270.68	34.22%

4. 资源禀赋优势突出，生产要素水平趋同

安徽省产业发展土地成本低，全省坡度小于 3° 的平原和低岗丘陵占国土面积的 74.8%，大部分地区地势平缓，其中既适宜作为农业用地又适宜用作建设用地开发的土地 905 万公顷，占全省面积的 64.5%。根据各省主体功能区规划，安徽省重点开发区域面积 3.35 万平方千米，占全省面积 23.87%；江苏省重点开发区域面积 2.04 万平方千米，占全省面积的 19.4%；浙江省重点开发区域面积 1.73

万平方千米，占全省面积的 17.0%；上海市没有重点开发区域，可见安徽省可开发土地空间远高于沪苏浙。因此，安徽省建设用地指标相对较多，产业发展土地成本低。安徽省矿产资源储量大，已探明煤炭 84 亿吨（基础储量，下同）、铁矿 8.7 亿吨、硫铁矿 1.46 亿吨、铜矿 162.1 万吨，分别占沪苏浙皖储量总和的 88.5%、79.1%、93.8% 和 93.9%；钼矿储量 126.4 万吨，位居全国之首；锰、钒、磷等储量位居三省一市之首。

同时，安徽省在生产要素方面与沪苏浙的差距也明显缩小。资本存量有所上升，据估算，2017 年末安徽省资本存量达到 13.2 万亿元[1]，占长三角区域资本存量的比重从 2008 年末的 14.9% 提高到 22.5%，提升 7.6 个百分点。人力资本存量明显提升，2018 年安徽省人均受教育年限达到 9.3 年，每 10 万人口拥有大专及以上人口 13554 人。而 2008 年，安徽省每 10 万人口拥有大学文化程度人口仅 4577 人，仅为 2018 年的三分之一。

5. 生态环境优势显著，旅游业实力较强

安徽省处于自然生态南北交替的过渡地带，生态环境综合状况总体良好，生态系统较为稳定。全省现有各类自然保护区 100 个；天然湿地 1562.3 万亩，占土地总面积的 7.46%；林地面积 6647.7 万亩，占土地总面积的 31.7%。皖南山区、大别山区气候温暖湿润，森林覆盖率高，生态系统保存良好，生物多样性强，环境质量优良，是长三角地区发展生态旅游、文化体验、休闲养生等文化旅游业的天然胜地。

安徽省旅游资源得天独厚，富集度高，在全国旅游板块中极为罕见。特别是以一江一淮、三山（黄山、九华山、天柱山）三湖（太平湖、升金湖、花亭湖）等为代表的世界遗产、世界地质公园、国家重点风景名胜区和 AAAAA 级旅游景区等，均是代表中国水准、具有国际影响的品牌性资源。安徽省处于徽文化、吴越文化、江淮文化和中原文化融合之地，文化资源底蕴深厚，有大批国家历史文化名城、名镇、名村、名街和国家级非遗名录，老庄文化、徽文化、佛教文化、桐城学派、黄梅戏曲等影响深远，美名远扬。皖南国际旅游文化示范区是华东地区乃至全国最重要的旅游目的地之一。截至 2016 年底，全省拥有 AAAAA 级旅游景区 11 家，位列全国第 5；有国家全域旅游示范区创建试点单位 19 个、全国红

---

① 折旧率按 12% 估计，以期末年固定资产投资价格为基准价格，下同。

色旅游经典景区 31 个、全国休闲农业和乡村旅游示范县 8 个，均位居全国前列。

6. 基础设施互联互通加快，但通达水平相对较低

到 2018 年末，全省高速公路达 4836 千米、一级公路达 4864 千米、铁路营业里程达 4198.5 千米，其中高速铁路营业里程 1456.4 千米。但安徽的基础设施整体发展水平要明显滞后于沪苏浙。比如，安徽铁路电气化率仍低于全国平均水平，一级公路里程不到江苏的 1/3，高速航道仅占全省内河航道通航里程的 24.9%。从 2018 年可达性指数来看（如图 12 所示），与长三角地区相比，2018 年安徽省的加权平均出行时间最长，可达性最差。以上海为中心，在现状高铁等时圈体系下，高铁 3 小时已经覆盖长三角城市群地级市的 52.5%；安徽省地级市未覆盖率为 62.5%，现状尚未形成完备的高铁网络覆盖，尤其是皖北城市。安徽省在现状高速公路等时圈体系下，高速 5 小时只覆盖省内地级市的 22.5%。可见，安徽省总体上与区域内其他地区联系紧密性相对较低，需要进一步强化交通基础设施，特别是快速交通建设。

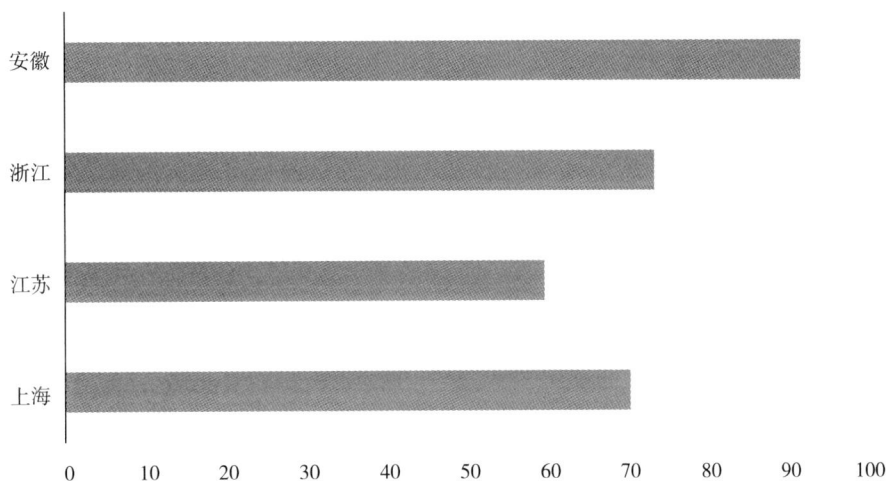

图 12　2018 年长三角地区三省一市的可达性指数

7. 居民收入和公共服务水平不断靠近，但依然差距明显

2018 年，安徽省城镇单位就业人员平均工资达到 74378 元，分别相当于沪苏浙的 53%、85.9%、83.7%，与 2008 年相比，差距缩小了 3.7、3.8、7.2 个百分点；居民人均可支配收入达到 2.4 万元，相当于沪苏浙居民人均可支配收入的 37.4%、63%、52.3%，较 2013 年提高 1.4~1.8 个百分点；城乡居民人均收入

倍差从 2013 年的 2.58 倍缩小到 2.46 倍，较沪苏浙高出 23.9、23.9、45.5 个百分点，差距缩小 2.1、4.6、3.4 个百分点。我们从 GDP 与 PCDI（人均可支配收入）差异变化趋势图（图 13）中可以看出，安徽省与长三角地区 GDP 与 PCDI 的极差都在稳步增长，表明经济总量及居民生活水平的绝对差距逐渐增大；GDP 的变异系数逐渐增大，PCDI 的变异系数趋于稳定，得出经济总量相对差距也在逐渐增大。

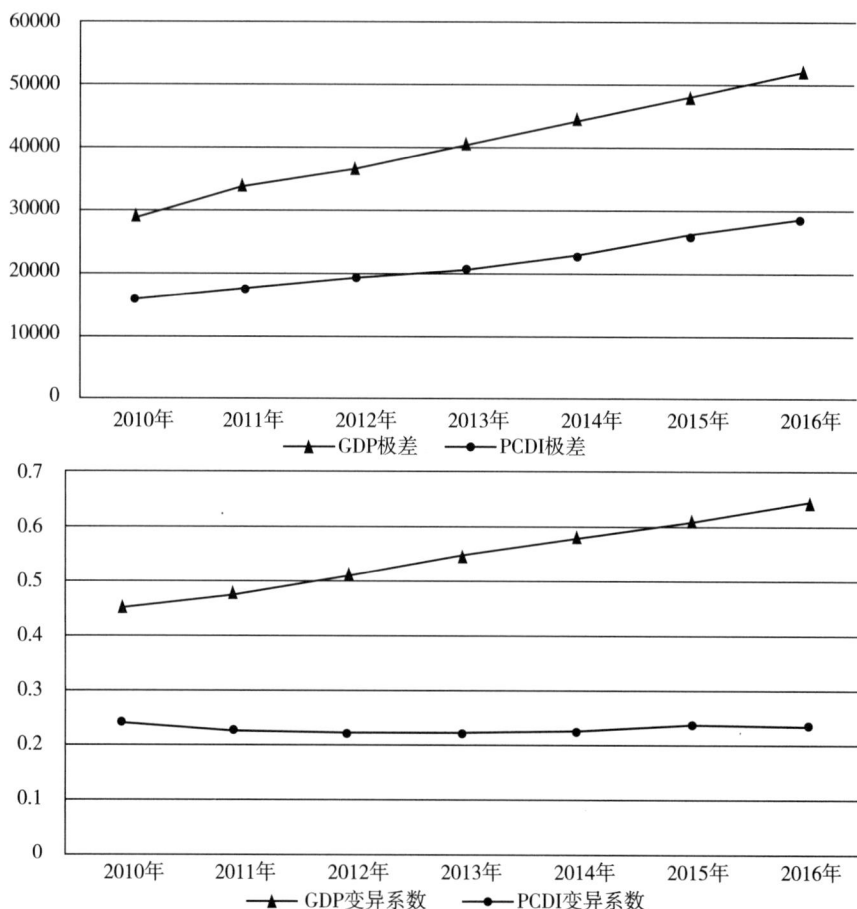

图 13　长三角地区三省一市 GDP 与 PCDI 差异变化趋势图

目前，安徽省基本公共服务与长三角其他地区之间也存在明显差距。2018 年，安徽省每千人口医疗卫生机构床位数分别相当于沪、苏、浙的 90.4%、85.3%、89.6%；每千人口卫生技术人员数相当于沪、苏、浙的 65%、72%、62%；每千老年人口养老床位数分别仅为苏、浙的 79.6%、56.2%。

8. 中心城市能级和带动力不强

2018 年，合肥经济总量为 8605.1 亿元，经济首位度为 25.3%，位居中部第 3 位，低于武汉的 36.70%、长沙的 30.5%，仍有进一步发展的空间。2014 年 11 月国务院发布的《关于调整城市规模划分标准的通知》中明确提出城市划分标准以城区常住人口为统计口径，与合肥同属于长三角副中心城市的南京和杭州均为特大城市，合肥只为大城市，合肥市区人口和人均 GDP 也仅为南京、杭州的 2/3，建成区面积仅为南京、杭州的 56% 和 83%，与长三角世界级城市群副中心的定位还有较大差距。从城市结构来看，安徽省主要以中小城市为主，城镇密度小，城镇化率不高，城市能级相对偏小（如表 5 所列）。

表 5　长三角区域城市规模等级

规模等级		划分标准（城区常住人口）	城市
超大城市		1000 万人以上	上海
特大城市		500 万~1000 万人	南京、杭州
大城市	Ⅰ型大城市	300 万~500 万人	合肥、苏州
	Ⅱ型大城市	100 万~300 万人	无锡、宁波、南通、常州、绍兴、芜湖、盐城、扬州、泰州、台州
中等城市		50 万~100 万人	镇江、湖州、嘉兴、马鞍山、安庆、金华、舟山、义乌、慈溪
小城市	Ⅰ型小城市	20 万~50 万人	铜陵、滁州、宣城、池州、宜兴、余姚、常熟、昆山、东阳、张家港、江阴、丹阳、诸暨、奉化、巢湖、如皋、东台、临海、海门、嵊州、温岭、临安、泰兴、兰溪、桐乡、太仓、靖江、永康、高邮、海宁、启东、仪征、兴化、溧阳
	Ⅱ型小城市	20 万人以下	天长、宁国、桐城、平湖、扬中、句容、明光、建德

9. 整体对外贸易依存度不高

安徽省对外开放程度不及长三角其他地区。比如 2018 年安徽对外贸易总额仅为 4151 亿元，分别为上海的 12.2%、江苏的 9.5% 和浙江的 14.6%；对外贸易依存度为 12.2%，远低于沪苏浙地区，差距非常明显。2017 年，安徽省吸引外商直接投资企业为 6135 户，分别为上海的 7.30%、江苏的 10.47% 和浙江的

16.39%，吸引外商直接投资额仅为866亿元。因此，无论从哪个方面来看，安徽对外开放进程的步伐比较缓慢，不仅大大落后于沪苏浙地区，甚至还赶不上处于中部地区的江西和湖北，只比云南和贵州略高一些。可见，安徽在对外开放方面还存在着较大的上升发展空间。

（二）关联性分析

1. 与江苏的经济联系紧密

如表6所列，就经济联系强度来看，安徽对江苏的经济联系量和经济隶属度要远远高于对上海和浙江的经济联系量和经济隶属度，一定程度上说明了安徽尚未深度融入长三角地区。此外，江苏、浙江、安徽对上海的经济联系量均不高，一定程度上说明了上海作为"龙头"的扩散效应不足。

表6　2018年长三角地区三省一市的经济联系强度

		上海	江苏	浙江	安徽
上海	联系量	——	6.9811	4.7506	0.7723
	隶属率	——	55.83%	38.00%	6.18%
江苏	联系量	6.3218	——	12.7537	13.9097
	隶属率	19.17%	——	38.66%	42.17%
浙江	联系量	7.8919	12.7537	——	1.2988
	隶属率	35.96%	58.12%	——	5.92%
安徽	联系量	0.7723	13.9097	1.3178	——
	隶属率	4.83%	86.94%	8.24%	——

2. 人口联系不断增强

安徽是净流出省份，75%以上人口流往长三角地区，环杭州湾、环太湖都是人口流入的重点地区。从省内流动看，人口向沿江地区或省会城市集聚的趋势明显。2017年，安徽省流向沪苏浙半年以上流动人口占全省流向省外人口比重达79.32%，比2008年提高了2.66个百分点，占全省总人口的11.9%。但是安徽省的人口流动单向性明显，是典型的人口流出大省，2018年净流出半年以上人口759.3万人，占户籍人口的10.72%。据估计[①]，2015年居住安徽户口登记地

---

① 据2015年全国1%人口抽样调查数据估计。

在沪苏浙的人口约 66 万人，占当年户口登记在外省人口的 41.7%，无论是人口总数还是比重均有快速提升，但与同期安徽省流向沪苏浙人口（约 370.3 万人、占流出人口的 75.5%）相比，仍然偏低。

从区域看，皖北向沪苏浙流动人口比重高于皖江。2017 年抽样调查数据显示，沿淮 8 市流向沪苏浙半年以上流动人口占八市流向省外人口的 85.8%，高于全省平均水平 6.5 个百分点；八市流向沪苏浙人口占全省流向沪苏浙人口的 80%，远高于八市人口占比。其中，皖北六市流向沪苏浙半年以上流动人口占六市流向省外人口的 84.8%，高于全省平均水平 5.5 个百分点，流向沪苏浙人口占全省流向人口的 62.84%，高于人口占比 15.2 个百分点。其中，阜阳（20.6%）、淮 南（18.7%）、亳 州（17.1%）、六 安（13.6%）、蚌 埠（13.4%）、宿州（13.4%）流向沪苏浙人口占比高于全省平均水平。

3. 沪苏浙资本流入持续增加

2018 年，江苏、浙江、上海分别位列来皖投资资金第 5、第 1、第 2 名，来皖投资在建亿元以上项目 2899 个，实际到位资金 5707.6 亿元，同比增长 11.6%，高于全省亿元以上在建省外投资项目实际到位资金增速 2.6 个百分点，占全省比重为 47.8%，同比提高 1.1 个百分点。2018 年，沪苏浙来皖投资新建亿元以上项目 1729 个，实际到位资金 3766.6 亿元，同比增长 14.5%，高于在建项目增速 2.9 个百分点。从全省利用省外资金情况看，皖江示范区利用省外资金能力高于皖北，与沪苏浙等省市经济联系更密切。2018 年，皖江示范区在建亿元以上省外投资项目 3413 个，实际到位资金 7484.5 亿元，同比增长 6.7%，占全省比重为 62.7%。其中，合肥、芜湖两市亿元以上在建省外投资项目实际到位资金超千亿元，滁州、马鞍山、宣城、安庆四市超 700 亿元。

4. 与上海、南京的产业关联度高

近年来，长三角地区三省一市的合作规模持续扩大，合作领域不断扩展，合作方式多元化，形成了多层次、宽领域的合作交流机制，合作效果明显，安徽省产业发展与沪苏浙的联系更加紧密。马璇等人发表的《基于新经济企业关联网络的长三角功能空间格局再认识》一文，通过分析公司总部与分支之间的关系，构建各城市之间的关系，分析计算城市间各类产业网络关联度及各城市总关联度，结果如图 14 所示。

长三角各地级市 2015 年全产业关联网络呈现出上海辐射长三角、宁杭合辐

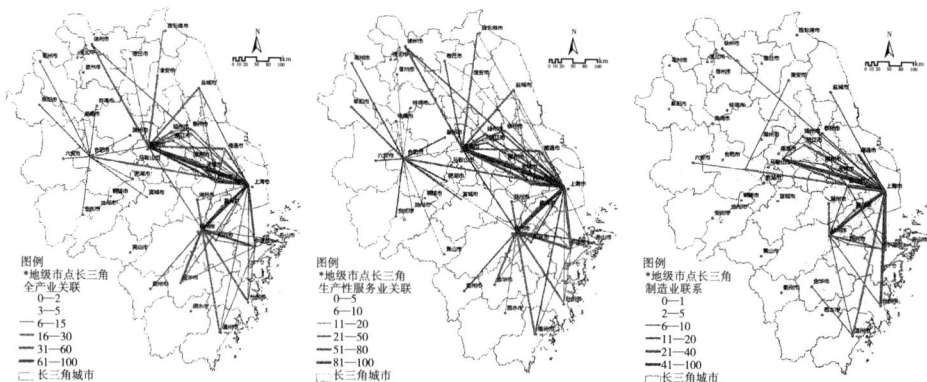

图 14　2015 年长三角地区全产业（左）、生产性服务业（中）、
制造业（右）产业网络关联示意图

射省内的格局。同时，我们从图 14 中可以看出，相对沪苏浙地区，合肥与上海的产业关联度明显，与南京的产业关联次之。根据对合肥、南京主导产业的分析，两市均积极布局集成电路、显示、汽车、装备制造等产业，产业同构化水平较高，但两地缺乏深层次的产业合作，存在恶性竞争风险。

四、长三角一体化对安徽的影响

长三角一体化对安徽的影响是全方位的，必将对安徽的经济社会发展起到巨大的推动作用，但同时，也将显著地改变安徽的发展环境，安徽要发展必须正视这种改变，积极应对。

（一）面临的机遇

1. 通过产业合作参与国际产业竞争，扩大产品市场

当前，我国总体需求不足，产业在现有层次发展空间有限。特别是安徽省，产业层次低、竞争力弱，在当前形势下，产业发展瓶颈明显。根据长三角一体化规划目标，长三角地区特别是沪苏浙地区的产业将走向中高端，形成若干具有国际竞争力的产业集群，将拓展经济发展新空间。安徽省作为后发省份，借助长三角一体化发展的契机，通过长三角产业分工合作体系，也将更有效地发挥资源优势，参与国际分工，形成新的经济增长点。

2. 更高质量的分工协作，可有效提高劳动生产率和企业效率

随着长三角一体化逐步深入，区域内产业分工协作水平将明显提高，各地将显著增强专业化水平，上海、南京、杭州、合肥等中心城市的产业将逐步走上差异化发展的道路。同时，其他地区将围绕这些中心城市形成各类专业产业配套体系，专业化集聚水平更高。专业化水平的提升将推进安徽省企业效率提升和劳动生产率的提高。

3. 更高水平的互联互通和市场化，降低经济运行成本

随着高速公路网、铁路网的进一步完善，城际快速交通网逐步构建，物流一体化、通关一体化、信用一体化等逐步实现，长三角地区将形成一个统一大市场，企业运营成本、物料配送成本、人员流动成本将明显降低。安徽省作为长三角地区中的一员，也将显著降低经济运行成本，为产业发展增加新动力。

4. 随着相关政策实施，公共服务将得到明显改善

目前，长三角地区在医疗信息共享、医保费用结算、公共交通一卡通等公共服务便利化方面已有明显成效。未来，根据一体化发展要求，为推进长三角地区公共服务均等化、普惠化、便捷化，国家很有可能出台相关政策推进长三角地区在公共服务能力和水平方面走向一体化。安徽省作为经济相对滞后的省份，公共服务水平将加快等高对接，医疗、养老等公共服务负担重等问题将会得到极大缓解。

5. 随着沪苏浙产业进一步升级，承接产业转移规模将持续扩大

目前，长三角地区特别是苏浙皖三省的产业同质竞争激烈，而安徽省在区位、交通、经济水平等方面又处于明显劣势地位，产业发展压力大。而随着长三角一体化的深入推进，沪苏浙等发达地区的产业将向两个方向发展：一是服务业比重明显增大，二是制造业走向高端化。一般制造业将加快向中西部转移。安徽省作为长三角地区的成员，将成为产业转移的首选之地，承接产业转移规模将持续扩大。

（二）面临的挑战

1. 政策性扶持弱化，市场作用更加凸显，短期内难以适应

根据《长江三角洲区域一体化规划纲要》，长三角地区将坚决破除制约一体化发展的行政壁垒和体制机制障碍，建立统一规范的制度体系，形成要素自由流动的统一开放市场。所以，在长三角一体化过程中，市场将发挥更大的作用，各地区在同一规则下发展，政策性扶持有所弱化。安徽作为经济相对落后的地区，市场化水平低、市场环境相对较差，在新一轮市场化竞争中将会面临较大的困难和压力。

2. 产业高端化难度加大，产业结构（门类）面临较大调整

由于长三角产业分工协作的要求，未来长三角地区的产业将会以中心城市引领、周边区域配套的方式加以布局，形成以中心城市为中心的产业集群。而安徽省中心城市经济体量小、规模小，在中心城市竞争中处于劣势，特别是安徽省环南京、徐州、杭州地区的马鞍山、芜湖、滁州等产业水平较高的地区已经纳入相关都市圈或经济圈，并形成了配套协作关系，研发设计和营销将被相应的中心城市控制，产业发展将被限制在制造环节，高端化难度大。同时，由于产出效率问题，安徽省其他没有形成集群的产业发展受限或被淘汰，产业门类面临较大调整。

3. 受经济水平影响，人才引进困难，创新难度加大

安徽省虽有合肥综合性国家科学中心，但与南京、杭州相比，创新资源优势并不明显。目前，长三角地区城市间创新资源竞争日趋激烈，由于安徽省经济水平相对较低、市场活跃度不高，就业机会和就职待遇与沪苏浙地区存在较大差距，对人才的吸引力不占优势。同时，通勤的高铁、城铁不但可以带来要素流动，而且可以增强同城效应，沪苏浙地区对安徽省创新资源的虹吸效应更加凸显。在新一轮人才竞争中，安徽省创新如何突破面临严峻挑战。

4. 产业要素成本趋同，安徽省人力资源等要素成本低的发展优势将逐步丧失

在长三角地区，安徽省在自然资源、人力资源等方面具有较突出的优势，这些也是安徽省传统优势产业、劳动密集型产业发展的基础。但近年安徽省主要产业要素成本包括劳动力、土地、资金等，与沪苏浙地区逐步靠近。随着长三角一体化的推进，要素市场一体化终将实现，安徽省人力资源等要素成本低的发展优势将逐步丧失，资源依赖性、劳动密集型产业发展也难以为继。

五、相关对策建议

（一）统筹产业转移意向和产业梯度，科学承接产业转移

江苏和浙江在发展过程就很好地利用了与上海区位相邻的优势，在承接上海产业转移方面卓有成效，使得其经济发展水平与上海的差距稳步缩小。当前，上海市的产业结构已经越过工业化阶段，进入现代服务业为主导的产业结构；江苏和浙江进入了以工业产品质量提升为主体的工业化中后期；安徽省仍然处于工业化中期阶段。在未来较长时期内，安徽仍面临工业增加值的增长和工业产品质量

的提升任务，承接的产业还是以制造业为主。华小全发表的《安徽对接江、浙、沪产业转移的优势产业选择》一文中的研究结果表明，与安徽制造业结构相似系数最大的是浙江省，其次是江苏省，最小的是上海市。以转移意向和产业梯度系数作为主要参考，得出安徽承接沪苏浙的优选产业如表7所列。

表7　安徽承接沪苏浙制造业转移的优选产业

产业	上海市	江苏省	浙江省
农副食品加工业	√		√
食品制造业	√		√
酒、饮料和精制茶制造业	√		√
纺织业	√	√	√
纺织服装、服饰业	√	√	√
木材加工和木、竹藤、棕、草制品业	√		√
家具制造业	√		√
造纸和纸制品业	√		√
印刷和记录媒介复制业	√	√	√
文教、工美、体育和娱乐用品制造业	√		√
石油加工、炼焦和核燃料加工业	√		
化学原料和化学制品制造业	√		√
医药制造业	√		√
橡胶和塑料制品业	√		√
非金属矿物制品业	√	√	√
黑色金属冶炼和压延加工业	√		
有色金属冶炼和压延加工业	√		√
金属制品业	√		
通用设备制造业	√		√
专用设备制造业	√		√
汽车制造业	√		√
铁路、船舶、航空航天和其他运输设备制造业	√	√	√

（续表）

产业	上海市	江苏省	浙江省
电气机械和器材制造业	√	√	√
计算机、通信和其他电子设备制造业	√	√	√
仪器仪表制造业	√	√	√
其他制造业	√	√	√
废弃资源综合利用业	√	√	√

注：√表示该产业为安徽承接产业来源地的优选产业。

安徽应充分考虑区位和资源条件、产业基础和发展重点，根据优选产业列表，选择承接的重点产业和重点承接产业的对接区域。

（二）突出优势和特色，推进产业协作发展

产业是经济发展的基础和核心，区域一体化的实质是产业链的整合与产业一体化。安徽要在长三角一体化中加快崛起，必须既要考虑与长三角产业协作和互补，又要突出自身的优势和特色，寻找突破点，提高竞争力，提升整体经济实力。一是推进与沪苏浙全产业链跨区域协作，打造长三角先进制造业集聚区。强化与沪苏浙垂直层面的产业分工，加快承接沪苏浙产业和要素转移，提高产业配套水平和规模，共同打造汽车、钢铁、化工、家电、装备制造等世界级产业集群。突出承接主导产业链中的薄弱环节，创新招商方式，灵活实施点对点招商、产业招商、产业集群招商，围绕汽车、家电等优势传统产业，以及电子信息、生物等高新技术产业，有重点地承接产业转移，打造具有核心竞争力的主导产业集群。充分发挥创新工程试点省、合芜蚌示范区的政策优势，大力集聚高端人才等创新资源，在新一代电子信息技术、智能装备、新能源汽车、公共安全、生物医药等战略性新兴产业领域取得突破。二是充分发挥比较优势，做大做强农业、旅游等特色产业。依托农业资源比较优势，抓住长三角产业升级后腾出的巨大农产品市场空间，大力发展现代高效农业和设施农业，建立优质、绿色和优势农产品生产基地，发展山区特色农业，打造成长三角的"米袋子"和"菜篮子"。做好农产品发展和营销，探索建立农产品地域标准、标识，打造特色品牌农产品。充分发挥大别山区和皖南山区环境优势及毗邻长三角的区位优势，针对长三角旅游市场需求，推进文旅结合，加强旅游、养老、健康产业合作发展，积极引进大型旅游集团和先进旅游管理理念，共同推进社区养老等新模式，打造国际化旅游休闲度假区和中国健康养生之都。

（三）提升中心城市竞争力，强化发展的自主性

一是增强中心城市集聚能力。紧抓当前国家提高中心城市和城市群综合承载能力的宏观政策契机，着力提升中心城市基础设施建设水平和服务功能，壮大合肥、芜湖、滁州、安庆、蚌埠、阜阳、黄山等中心城市规模，在推进城镇化水平快速提升基础上，增强中心城市集聚人口、资源的能力。同时，要突出合肥经济圈在安徽省区域竞争中的核心作用，着力推进圈内城镇结构紧密化和产业协作发展，尽快形成以合肥为中心、各市协同发展的圈层结构，增强安徽省区域核心竞争力。二是以中心城市为核心增强产业发展引领性。把握打造长三角世界级城市群和长三角高质量一体化发展的历史机遇，围绕汽车、家电、机械、电子信息、人工智能等产业，推进合肥、芜湖、马鞍山、铜陵、蚌埠、滁州等制造业核心城市产业调整和专业集聚发展，每个城市瞄准 1～4 个重点产业，形成一批在长三角地区具有明显规模优势的产业集群，增强市场竞争力。同时，要积极鼓励安徽企业与具有技术、品牌和市场等优势的长三角企业联合与嫁接，形成多种形式的经济技术合作，推进产业技术创新和品牌建设，提升安徽产业综合竞争力。

（四）推进交通对接和信息共享，提升区域互联互通水平

基础设施对接是长三角世界级城市群建设的前提和基础。一是推进综合交通通道与沪苏浙互联互通。加快高速铁路、城际铁路、高速公路等综合交通通道建设，推进解决省际断头路；强化长江黄金水道开发，加快皖江干流整治和重要支流升级改造，打造干支联动的高等级航道网；统筹整合港口资源，积极推进沿江港口与沪苏浙沿海沿江重要港口合作，推进与沪苏浙地区互联互通，全面融入长三角综合立体交通网。二是加快建设合肥都市圈及其他中心城市辐射周边的快速交通通道。加快建设合、芜、马城际轨道交通和城际快速道路，进一步打造三市之间 1 小时交通圈，缩短三市时空距离，促进三市同城化发展。根据城镇发展和产业布局，加快合肥、芜湖、安庆、蚌埠、阜阳等中心城市向周边区域的快速交通主干道建设，推进沿线产业和城镇发展主轴带快速形成。三是积极参与长三角信息基础设施一体化建设。调动安徽省基础网络运营商的积极性，推进安徽省与长三角城市互联网络交互中心建设，实现区域内高速交换，提高区域互联互访速度，提升安徽省与沪苏浙城市间互联网络的交换能力。四是推进长三角区域信息共享。按照统筹规划、分步实施、整合资源的原则，针对农产品、电子商务、政府服务等关键领域，大力推进长三角公共网络平台、信息系统和信息资源共建共享，联合建设长三角地区主要农产品市场分析系统、区域电子商务综合门户网站、区域信用数据库。

（五）以服务性政府建设为抓手，优化营商环境

对产业转移而言，转入地可能存在文化和体制因素的不适应性，以及劳动力素质较低、政府工作效率和管理水平不高、法制环境不完善和社会诚信缺乏等问题，这将给转移后的企业增加时间和物质成本。一段时间以来，安徽的营商环境建设滞后于经济社会发展的要求显而易见。中国战略文化促进会、中国经济传媒协会、万博新经济研究院、第一财经研究院于 2019 年 5 月中旬联合发布的全国经济总量前 100 城市营商环境指数中，上海营商环境指数位列全国第 1，南京位列第 5，杭州位列第 7，合肥的位次有所提升，但仍在前 10 名开外，位列第 13；营商环境百强城市中，安徽省上榜城市数量远低于江苏和浙江。这些均表明安徽与沪苏浙存在着较为明显的差距。当前，面临产业转型升级迫切要求的安徽，应当以深化"放、管、服"改革为契机，大力优化营商环境，以承接产业转移为抓手，推进产业结构升级。一方面，将"四送一服"工作常抓常新，深化体制机制改革，大力开展"三比一增"专项行动，统筹推进"一网一门一次"改革，加速安徽营商环境的国际化、法治化和公开化；另一方面，通过打破行政壁垒与体制约束，提高安徽对长三角产业链、供应链与价值链的融入度，带动要素资源嵌入、拉长、增厚相关产业链条，促进区域有序竞争和功能定位，形成沪苏浙皖联动合作新格局。

（六）统筹合作和引进，全面融入长三角创新网络

安徽的创新在全国具有一定优势，但与沪苏浙相比还存在一定差距，安徽的创新优势也没有很好地转化为发展优势。安徽经济要赶上沪苏浙，必须紧紧抓住长三角一体化契机，加快与沪苏浙科技创新的融合发展，提升创新能力和创新对经济的带动力。一是全力打造更具吸引力的"养人"之城。对标上海、杭州、南京等中心城市人才政策，在"科学中心人才 10 条"的基础上，进一步加大人才奖补、收益激励、税收优惠、公共服务力度，赋予人才更大的自主权和支配权，扩大人才政策的覆盖面，全面提升合肥等城市对创新人才和团队的吸引力。二是积极参与长三角协同创新，推进创新能力提升和成果应用。积极参与长三角城市群技术交易中心和专利信息资源库建设，加快建设国家技术转移东部中心安徽省分中心，推进技术信息共享、仪器设备互通、技术经纪资质互认，改善安徽省科研条件，推进技术成果引进和转化。充分体现安徽省现实需求和前沿引领，深度参与长三角共性关键性技术联合攻关，打造一批以基础性和原创性研究为主的区域协同创新平台，提升安徽省创新能力，增强安徽省发展潜力。三是充分发挥创新资源优势，加快建设对接长三角创新网络的"一核一廊"。目前，沪浙皖三省市就 G60 科创走廊建设已形成共识。为强化安徽省创新地位，推进区域创新联动，应充分利用安徽省创新型省份建设、合肥综合性国家科学中心等相关政策，把合肥打造成国家创新体系的基础平台和全球创新网络的重要节点，确立在长三角区域的创新核心作用；同时，充分发挥合芜蚌国家自主创新示范区作用，拓展环巢湖科技创新走廊范围，积极联合江苏，依托沿线高新产业布局，着力推进跨皖苏两省的合芜宁创新走廊建设，确立在长三角创新网络中的关键支撑。四是利用沪苏浙的先发优势，推进安徽省关键领域创新。聚焦大规模集成电路及装备、量子通信和计算机、智能制造和机器人、新材料、新能源汽车和智能汽车等产业领域，找准发展差距，采取企业并购、技术转让、共同研发、园区合作等多种形式，积极引进沪苏浙领先技术，提升上述产业的关键部件和材料等配套能力，推进安徽省战略性新兴产业和高技术产业的加快发展。

部　　门：区域发展与环境资源研究所
指导、审稿：樊明怀
执　　笔：徐振宇　王　珏　娄　径
　　　　　周燕林　陈　平　王　俊

安徽乡村振兴投融资研究

实施乡村振兴战略是新时代做好"三农"工作的总抓手，是决胜全面建成小康社会、全面建设现代化五大发展美好安徽的历史任务。我省农业大而不强，乡村建设发展相对滞后，生态保护任务繁重，农村重大基础设施和公共服务设施历史欠账较多，乡村振兴要求迫切。然而，我省经济实力不强，政府财力薄弱，农民收入水平偏低，工商资本流入三农偏少，乡村振兴面临严峻的资金瓶颈制约，如何破解乡村振兴投融资难题，加快我省农村投融资改革创新，激活农村产权资源，拓宽"三农"投融资渠道，对于我省乡村振兴具有重要现实意义，对于全国类似省份也具有典型的借鉴和参考意义。

一、安徽乡村振兴发展基础和综合能力评价

改革开放以来，我省始终秉持敢为人先的"大包干"精神，农业农村改革发展取得了历史性成就，发生了历史性变革，为乡村振兴打下良好基础。但是，总体来看，我省农业农村发展基础仍然薄弱，城乡差距仍然较大，农业效益不高问题仍然突出，农业农村发展不平衡问题仍然普遍存在，乡村振兴的基础还不牢固。

（一）乡村振兴发展基础

党的十八大以来，我省牢记习近平总书记视察安徽时的殷殷嘱托，砥砺奋进、锐意进取，现代农业迈上新台阶，农村综合改革实现新突破，农村人居环境呈现新面貌，农村民生得到新改善，农村社会风气呈现新气象。

1. 农业综合实力增强

农业综合生产能力跨上新台阶，粮食生产实现多年丰收。2018年农业总产值达到4673亿元，是2010年的1.66倍。2018年粮食总产达到4007万吨，较2010年增长近1000万吨，在全国排名由第6位上升到第4位。2011—2018年，农业总产值年均增长6.5%，同期，肉类、禽蛋、牛奶等主要农产品产量年均增速分别为1.4%、3%和5%（见图1-1、图1-2、表1-1）。

（亿元）

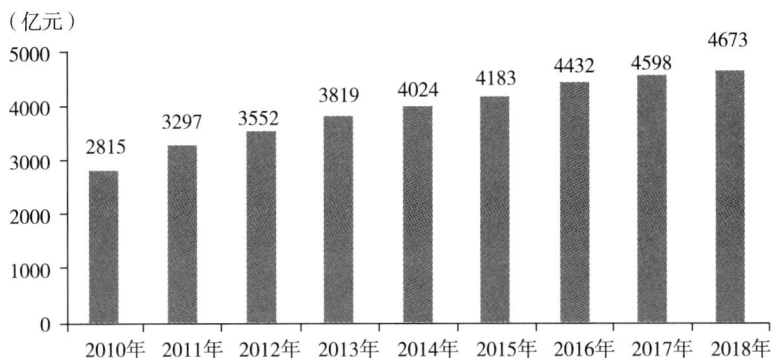

图 1-1 2010—2018 年安徽农林牧渔业总产值

（万吨）

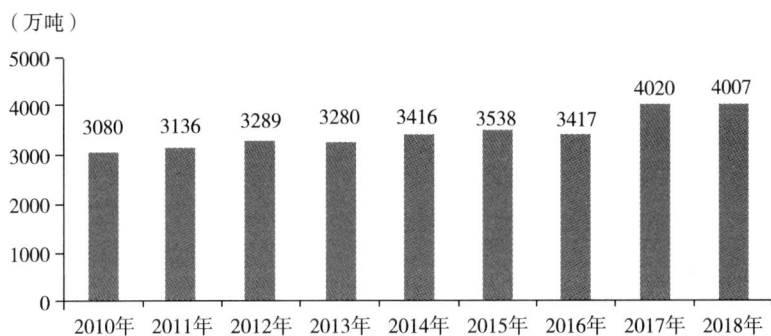

图 1-2 2010—2018 年安徽粮食总产量①

表 1-1 安徽主要农产品产量 单位：万吨

种类	2010 年	2015 年	2016 年	2017 年	2018 年
肉类总产量	376.94	419.38	411.39	415.18	421.74
牛奶产量	20.48	30.63	32.68	29.84	30.79
禽蛋产量	119.02	134.66	139.55	154.70	158.30
水产品总产量	193.31	230.43	235.80	217.96	225.00
蔬菜总产量	2137.36	2714.20	2774.69	2892.10	2118.20
水果总产量	805.30	1029.80	1043.49	606.35	643.80
茶叶总产量	8.33	11.29	11.21	10.78	11.20

① 以上数据均来源于统计年鉴。

农业结构不断改善，农村一二三次产业融合步伐加快。"十二五"以来，我省农业结构调整步伐加快，农业结构由以种植业为主的传统农业向农林牧渔业全面发展的现代农业转变。林业和渔业产值占农林牧渔业比重由2010年的14.6%上升为2018年的18.0%。农林牧渔业服务业产值占农林牧渔业的比重由2010年的3.9%稳步上升到2018年的5.7%。农村三次产业融合加快推进。农产品加工业快速发展，农村工业化程度显著提升。2018年全省规模以上农产品加工业实现产值1.2万亿元，同比增长11.8%，是2010年的3.3倍，2011—2018年规模以上农产品加工业产值年均增速达16%，农产品加工业产值与农业总产值的比重由2010年的1.25：1提高到2018年的2.52：1。农村第三产业增长势头强劲。2018年，农村产品网络销售额预计将超过400亿元，同比增长超过60%。休闲农业和乡村旅游共接待1.96亿人次，同比增长8.9%，2011—2018年年均增长32.2%，远高于全国平均水平。2018年休闲农业和乡村旅游营业收入787亿元，同比增长13%，高于全国平均增速5个百分点（见表1-2）。

表1-2　安徽农产品加工业发展情况

	2010年	2015年	2016年	2017年	2018年
农产品加工业总产值（亿元）	3680	9151	9900	10811	12089
农产品加工业与农林牧渔业总产值之比	1.25：1	2.08：1	2.13：1	2.29：1	2.52：1

2. 农业发展质量提高

农业效益提升。2010年以来，我省农村劳动生产率已连续8年稳步提升，从2010年的1.09上升到2018年的2.05。农业科技进步贡献率提高。2017年全省农业科技进步贡献率达57.3%，比2012年提高11.5个百分点，高于全国平均水平5个多百分点。农业品牌建设加强。2018年全省有效使用"三品一标"标志产品总数5872个，数量居于全国第9位，同比上升1位。"三品一标"检测合格率达到99%。农业技术装备增强。2018年，全省农机总动力达到6542.7万千瓦，比上年增长3.6%。拖拉机拥有量为231万台（大中型23.2万台），联合收割机为21.5万台，插秧机为3.7万台。农作物耕种收综合机械化率为79%，比全国平均水平高13个百分点。小麦生产基本实现全程机械化，水稻、玉米生产综合机械化率超过80%。2018年全省农机合作社发展到5281家，同比增长23%。高标准农田建设步伐加快。截至2018年末，全省已完成3939万亩高标准农田建设，同比增长 12%，其中 2018 年完成 407.2 万亩高标准农田建设，在全国各省份中位居前列（见图 1-3）。

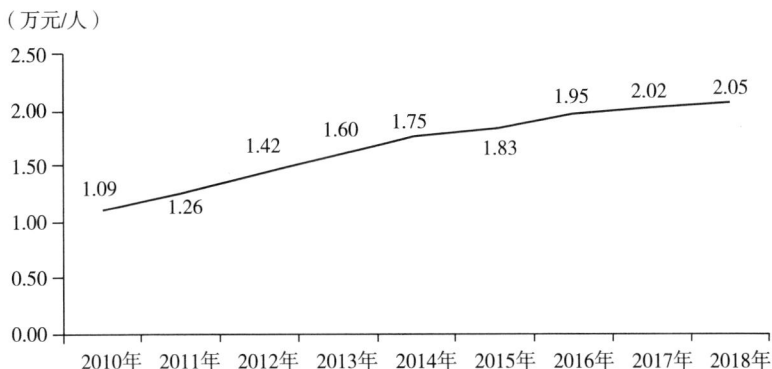

图 1-3 2010—2018 年安徽农业劳动生产率

3. 乡村基础设施改善

农村公路建设成绩斐然。2018 年，全省农村道路畅通工程累计完工 7.25 万公里乡村公路，为全省 377 个乡镇与主干路网，1040 个乡镇之间循环畅通，15076 个撤并建制村和贫困地区 18480 个较大自然村通硬化路提供了有力的交通保障。饮水工程成效显著。截至 2018 年，全省累计完成工程投资 234.13 亿元，解决了 4437.96 万农村居民和 194.8 万农村中小学师生饮水安全问题。2018 年农村自来水普及率达到 87.6%，比 2010 年提高 39.8 个百分点。农村网络全覆盖。近年来，随着"宽带安徽"战略、信息网络重大工程的深入实施，我省信息网络基础设施发展水平快速提升，供给能力显著增强，光缆通达所有行政村，移动宽带用户普及率从 13.9% 提高到 63.9%，电子商务进农村实现全覆盖，"互联网+"向广大农村加速推进。

4. 绿色发展步伐加快

农药化肥使用量降低。2018 年，农药使用量同比减少 5%，比 2012 年减少了 19 个百分点；农用化肥使用量为 311.8 万吨，较上年减少 3%，比 2012 年减少了 7 个百分点。农药、化肥使用量连续 3 年实现负增长。秸秆综合利用积极推进。大力培育秸秆综合利用龙头企业，打造综合利用园区平台，优化利用技术，拓展利用渠道，大力推进农作物秸秆综合利用。2018 年全省秸秆综合利用率达到 88%，比上年度增长 0.7 个百分点，高于全国平均水平。畜禽养殖废弃物利用日臻完善。初步建立了畜禽规模养殖场直联直报信息系统，与农业农村部养殖污染监管信息平台实现对接，畜禽养殖废弃物利用水平日渐提升。2018年全省秸秆综合利用率达89%，比上年提高1.7个百分点，在全国处于领先水平；畜禽粪污综合利用率达78.6%，超过全国平均水平8.6个百分点。规模养殖场粪污处理设施装备配套率达81.1%，超过全国平均水平18.1个百分点。全省秸秆综合利用、畜禽养殖废弃物资源化利用全产业链总产值分别达到110亿元、65亿元。农村自然环境改善。统筹推进山水林田湖草系统治理，落实河长制、湖长制，进行农村黑臭水体治理。推进淮河生态经济带建设，严格乡村河湖水域岸线等生态空间管理。开展农业绿色发展先行区试点，创建生态文明示范乡镇。建成了一批森林城镇、森林村庄，实施古树名木复壮和救护工程。

5. 农民生产生活条件改善

贫困人口、贫困发生率大幅下降（见图1-4、图1-5）。2014年建档立卡以来，全省共有441.6万贫困人口脱贫、2936个贫困村出列、22个贫困县摘帽，贫困发生率从9.1%降至0.93%。精准扶贫、精准脱贫成效显著。大别山革命老区贫困人口从2015年底的104.4万人减少到2018年底的17.6万人。农村居民收入较快增长。2018年全省农村常住居民人均可支配收入达到13996元，同比增长9.7%，较2013年增长了1.58倍，与全国平均水平的差距进一步缩小。农村基本公共服务水平显著提升。农村义务教育实现全覆盖，适龄儿童入学率达99%以上。新农合参保率达95%以上，补助标准提高到每人490元，住院政策性报销比例达75%以上。农村社会养老保险覆盖全体农民，农民群众的获得感、幸福感显著增强。农村人居环境显著改善。截至2018年底，全省共完成改厕149.3

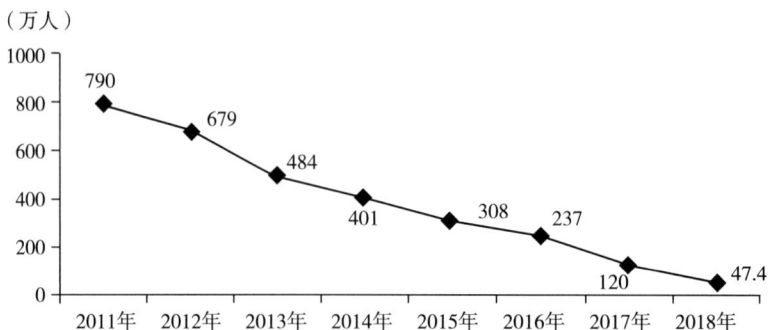

图1-4 2011—2018年安徽贫困人口变化图

万户、1133 个乡镇规划建设、1050 个污水处理厂建设，完成非正规垃圾堆放点整治 109 个、1133 个乡镇政府驻地，完成"两治理一加强"工作，农村"脏乱差"的状况明显改观。

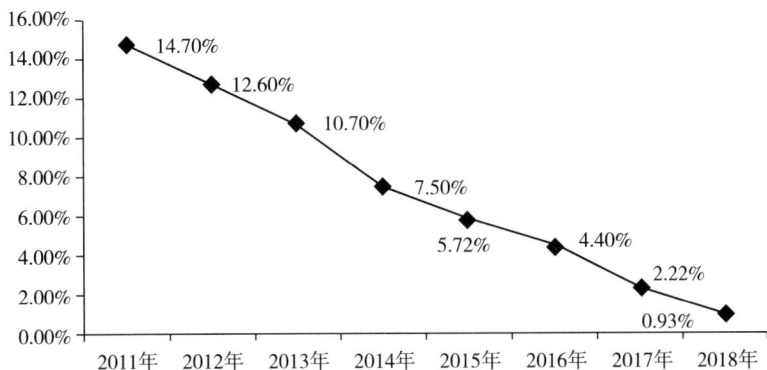

图 1-5　2011—2018 年安徽贫困发生率变化图

6. 乡村文化和治理体系不断完善

乡村治理能力进一步增强。坚持民事民议、民事民办、民事民管，积极引导，切实发挥农民在乡村治理中的主体作用，越来越多的农民投入和谐美丽乡村的建设中来，乡村治理能力现代化水平不断提升。文明乡风逐步形成。积极打造乡村治理创新平台、乡村法治实践平台、乡村德治提升平台等，推动县（市）示范乡镇、示范村创建。文明乡风、良好家风、淳朴民风得到进一步弘扬。乡村文化软实力进一步提升。持续加强乡村文化服务体系建设，农民精神文化生活不断丰富。

（二）安徽乡村振兴存在的问题

1. 生产规模化水平不高

一是生产规模化水平低。2017 年，我省人均耕地仅为 0.83 公顷，比全国平均水平少 0.14 公顷。耕地分散，规模化种养水平偏低。2017 年，全省农村承包耕地流转率为 45.5%，分别比上海、江苏、浙江低 29.9、16.0、11.3 个百分点。二是农业生产效益不高。2017 年，我省农业劳动生产率为 1.99 万元/人，比全国平均水平低 1.14 万元/人，在中部地区仅高于河南，在长三角地区仅为江苏的 36.9%，浙江的 45.2%（见图 1-6）。

（万元/人）

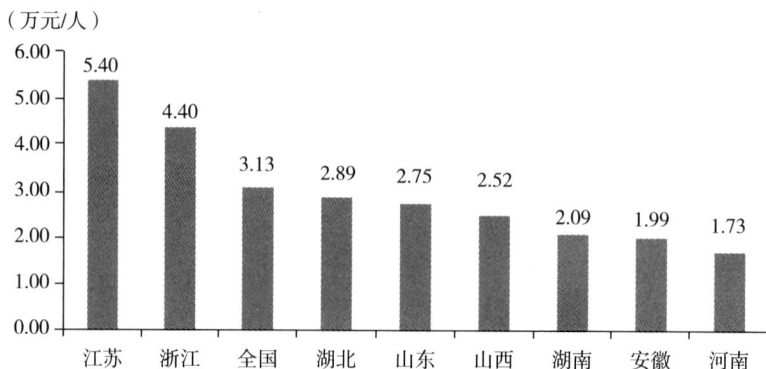

图1-6 农业劳动生产率比较

2. 农村一二三次产业融合发展较为缓慢

一是农村产业融合水平偏低。当前我省农村产业融合总体上处于起步阶段，普遍存在农业优质产品精加工、深加工程度低，农业的多功能作用挖掘不够、产业链条短等现象。2017年我省农业加工产值与农业总产值之比为2.1∶1，明显低于山东的3.75∶1、江苏的2.99∶1、河南的2.5∶1。二是农产品加工龙头企业不多。2017年我省规模以上农产品加工企业仅为6478家，同期河南为7779家，山东为13000万家。三是新型农业经营主体带动能力不强。数量上，我省农业经营户和经营单位数量和山东、河南相比都相对较少。规模上，我省的农业经营户规模普遍不大，规模农业经营户的占比在五省中最低。

表1-3 2017年安徽与周边主要省份农业经营户和经营单位数对比

地区	农业经营单位（万个）	以农业生产经营或服务为主的农民合作社（万个）	农业经营户（万个）	其中：规模农业经营户（万个）	规模农业经营户占比
安徽	10	5	1081	13	1.2%
山东	18	9	1778	47	2.6%
河南	12	6	1845	27	1.5%
江苏	8	4	1028	15	1.5%
浙江	11	5	674	10	1.5%

3. 农村基础设施和公共服务设施相对滞后

一是农村道路便捷性有待提高。安徽省第三次全国农业普查数据显示，2016

年末我省高速公路出入口乡村普及率仅占 17.7%。而江苏省高速公路出入口乡村普及率为 30.3%，苏南地区高速公路出入口乡村普及率更是达到了 50%；浙江为 25.3%。二是乡村文化设施落后。2017 年全省有剧场和影剧院的乡镇占比仅为浙江省的二分之一、江苏的四分之一。配有体育场馆的乡镇占比仅为 28.2%，落后江苏 21.6 个百分点，落后浙江 3.9 个百分点。

表 1-4　2016 年安徽与江苏、浙江、全国农村公共服务设施情况对比

指标	安徽	江苏	浙江	全国
有幼儿园、托儿所的乡镇比重	99.0%	99.8%	95.9%	96.5%
有小学的乡镇比重	99.6%	99.5%	95.8%	98.0%
有图书馆、文化站的乡镇比重	99.1%	99.6%	97.9%	96.8%
有剧场、影剧院的乡镇比重	11.1%	44.1%	23.2%	11.9%
有体育场馆的乡镇比重	28.2%	49.8%	32.1%	16.6%
有公园及休闲健身广场的乡镇比重	84.7%	89.6%	86.2%	70.6%
有幼儿园、托儿所的村比重	49.2%	36.0%	22.4%	32.3%
有体育健身场所的村比重	62.0%	79.3%	97.5%	59.2%
有农民业余文化组织的村比重	37.0%	47.7%	62.5%	41.3%

4. 农村科技支撑保障不足

一是农业科技进步贡献率较低。2017 年，我省农业科技进步贡献率为 62%，落后浙江 1 个百分点，落后江苏 5 个百分点，落后上海 10 个百分点以上。二是农村机械化水平不高。2017 年我省农用大中型拖拉机占全部农用拖拉机数量的比重为 11%，远低全国的 29%，在周边省份中排名倒数第 2（见表 1-5）。

表 1-5　2017 年安徽与全国及周边省份农业机械对比情况

地区	农业机械总动力（万千瓦）	农用大中型拖拉机数（万台）	小型拖拉机数（万台）	农用大中型拖拉机占比
全国	98783	670.08	1634.24	29%
安徽	6313	25.96	207.16	11%
浙江	2072	1.44	10.86	12%
江苏	4991	18.03	71.20	20%

（续表）

地区	农业机械总动力（万千瓦）	农用大中型拖拉机数（万台）	小型拖拉机数（万台）	农用大中型拖拉机占比
山东	10144	60.40	187.57	24%
河南	10038	45.85	317.54	13%
湖南	6255	14.10	29.02	33%
湖北	4335	18.97	115.12	14%
江西	2310	3.19	36.18	8%

5. 农村生态环境治理和保护任务重

一是生活垃圾、污水集中处理比例较低。第三次全国农业普查数据显示，2016年末我省污水处理比例低于全国平均水平，其中我省仅有16.3%的村实施了生活污水集中或部分集中处理，落后江苏20个百分点，落后浙江70多个百分点（见表1-6）。二是农业生产废弃物处理不到位。近年来，随着我省畜牧业的持续发展，畜禽粪便污染不断加大，已经成为当前农村环境治理的一大难题。资源化利用方面仍然存在种养结合不紧密、畜禽粪肥还田难，能源产品缺乏竞争力、市场开发难，支持政策不足、引导调控难等问题。

表1-6　2016年安徽与江苏、浙江、全国乡镇污水垃圾处理情况对比

指标	安徽	江苏	浙江	全国
集中或部分集中供水的乡镇比重	96.4%	99.6%	97.7%	91.3%
生活垃圾集中或部分集中处理的乡镇比重	98.3%	98.6%	99.5%	90.8%
生活垃圾集中或部分集中处理的村比重	83.9%	98.9%	98.6%	73.9%
生活污水集中或部分集中处理的村比重	16.3%	36.5%	89.8%	17.4%
完成或部分完成改厕的村比重	48.1%	94.5%	96.3%	53.5%

6. 农民收入水平偏低

一是工资性收入占比较低。2018年我省农民工资性收入占农村居民人均可支配收入比重为36%，低于全国平均水平5个百分点。同期，上海、浙江和江苏该比重分别为64%、61%和49%，均超过我省。这从侧面反映出我省城镇化、工业化、三产融合水平较低。二是财产性收入渠道窄、占比小。2018年，我省

农民财产性收入占可支配收入的 1.8%，落后上海 1.8 个百分点、江苏 1.9 个百分点、浙江 1.1 个百分点，说明我省农民收入渠道较窄。另外，与长三角其他地区相比，我省农民经营性收入和转移性收入比重较高，如 2018 年，我省农民收入中经营性收入占比为 38.7%，比重分别高于全国 2 个百分点、江苏 11 个百分点、浙江 14 个百分点，说明我省农民对农业生产的经营性收入依赖较大。

（三）安徽区域乡村振兴综合能力评价

为客观评价我省区域乡村振兴发展基础，本文对省内各市及重点区域乡村振兴综合能力进行评价，为下一步区域乡村振兴投融资路径选择提供依据。

1. 评价指标体系

根据乡村振兴主要指标和统计数据的可得性，本文从生产、生活、生态三大方面，选取了 24 项指标，构建了安徽省乡村振兴综合能力评价指标体系。生产方面包含人均 GDP、GDP 增速等 10 项指标；生活方面包含农村居民人均可支配收入、农村人均社会消费品零售额等 6 项指标；生态方面包含区域人口密度、人均水资源量等 8 项指标。具体指标见表 1-7。

表 1-7　安徽省乡村振兴综合能力评价指标体系

一级指标	序号	二级指标	单位	属性
生产	1	人均 GDP	元	正向
	2	GDP 增速	%	正向
	3	人均财政收入	万元	正向
	4	工业化率	%	正向
	5	粮食综合生产能力	公斤	正向
	6	人均农林牧渔业总产值	万元	正向
	7	旅游总收入	万元	正向
	8	单位耕地面积农机总动力	千瓦/公顷	正向
	9	有效灌溉面积	公顷	正向
	10	农村用电量	千瓦·时	正向
生活	11	农村居民人均可支配收入	元	正向
	12	农村人均社会消费品零售额	元/人	正向
	13	教育支出占财政支出的比重	%	正向

（续表）

一级指标	序号	二级指标	单位	属性
生活	14	每千常住人口医疗卫生机构床位数	张/千人	正向
	15	城镇化率	%	正向
	16	农村自来水普及率	%	正向
生态	17	区域人口密度	平方米/人	逆向
	18	人均水资源量	立方米/人	正向
	19	森林覆盖率	%	正向
	20	空气质量达到或者好于二级的天数	天	正向
	21	农药使用量	吨	逆向
	22	农村卫生厕所普及率	%	正向
	23	生活垃圾无害化处理率	%	正向
	24	农作物秸秆综合利用率	%	正向

2. 计算方法

本文选取的评价方法是模糊综合评价中的相对偏差模糊矩阵评价方法，具体介绍如下。

设有 $U = \{u_1, u_2, u_3, \cdots, u_n\}$ 是待评价的 n 个对象集合，$V = \{v_1, v_2, v_3, \cdots, v_m\}$ 是评价指标集合，将 U 中的每个对象用 V 中的每个指标进行衡量，就可以得到一个观测值矩阵：

$$\begin{bmatrix} a_{11} & a_{12} & \cdots & a_{1m} \\ a_{21} & a_{22} & \cdots & a_{2m} \\ \vdots & \vdots & & \vdots \\ a_{n1} & a_{n2} & \cdots & a_{nm} \end{bmatrix}$$

式中，a_{nm} 代表第 n 个对象第 m 项评价因素的指标值，比如 a_{23} 代表第二个市的人均财政收入，具体操作步骤如下。

（1）建立理想模型

将指标分为正向指标和逆向指标，正向指标即越大越好，如 GDP 增速等；逆向指标即越小越好，如农药使用量等。

理想方案为 $u = (u_1^0, u_2^0, u_3^0 \cdots, u_m^0)$，其中

$$u_j^0 = \begin{cases} \min\{a_{ij}\}, & \text{当} a_{ij} \text{为正向指标时} \\ \max\{a_{ij}\}, & \text{当} a_{ij} \text{为逆向指标时} \end{cases}$$

其中 $j = 1, 2, 3, \cdots, m$；$i = 1, 2, 3, \cdots, n$。

（2）建立相对偏差模糊矩阵

经过标准化处理，即通过数学变化来消除原始变量量纲的影响。

$$R = \begin{bmatrix} r_{11} & r_{12} & \cdots & r_{1m} \\ r_{21} & r_{22} & \cdots & r_{2m} \\ \vdots & \vdots & & \vdots \\ r_{n1} & r_{n2} & \cdots & r_{nm} \end{bmatrix}$$

式中，$r_{ij} = \dfrac{|a_{ij} - u_j^0|}{\max\{a_{ij}\} - \min\{a_{ij}\}}$

（3）计算评价指标的权数 $w_j(j = 1, 2, 3, \cdots, m)$

该评价通过多项指标来进行，指标差距较大给予更大权重，相反，给予较小权重，因此我们采取变异系数法。

$$v_j = \frac{s_j}{x_j}$$

式中，s_j 为第 j 项的标准差，x_j 为平均值。

$$w_j = \frac{v_j}{\sum_1^m v_j}$$

（4）建立综合评价模型

$$F_i = \sum_{j=1}^m w_j r_{ij}(i = 1, 2, 3, \cdots, n)$$

若 $F_t > F_s$，则第 t 个对象排在第 s 个对象前，即第 t 个对象综合实力优于第 s 个对象。

3. 评价结果分析

（1）全省16市乡村振兴综合能力评价结果分析

依据上述指标体系和评价方法，计算全省16市乡村振兴综合能力评价结果，具体数据见表1-8。

表1-8 安徽省16个地级市乡村振兴综合能力评价结果①

排名	城市	生产竞争力	生活竞争力	生态竞争力	综合评价
1	合肥市	0.4197	0.0678	0.1040	0.5915
2	芜湖市	0.2484	0.0780	0.1238	0.4501
3	宣城市	0.1656	0.0843	0.1500	0.3999
4	黄山市	0.0955	0.0517	0.2246	0.3717
5	滁州市	0.2342	0.0338	0.0897	0.3578
6	安庆市	0.1966	0.0401	0.1121	0.3488
7	阜阳市	0.2323	0.0384	0.0762	0.3469
8	蚌埠市	0.2007	0.0465	0.0924	0.3396
9	马鞍山市	0.1647	0.0655	0.1063	0.3365
10	六安市	0.1620	0.0444	0.1233	0.3297
11	池州市	0.1006	0.0480	0.1779	0.3265
12	铜陵市	0.1364	0.0529	0.1289	0.3182
13	淮北市	0.1294	0.0635	0.1036	0.2965
14	亳州市	0.1833	0.0323	0.0784	0.2940
15	淮南市	0.1551	0.0528	0.0501	0.2580
16	宿州市	0.1731	0.0212	0.0296	0.2239
全省平均		0.1874	0.0513	0.1107	0.3494

　　从综合评分来看，合肥乡村振兴综合能力在全省领先，芜湖其次。合肥优势在于生产竞争力强，芜湖生活和生态竞争力高于合肥。宣城、黄山生态优势明显，紧随其后。滁州、安庆、阜阳和蚌埠因生产优势高于全省平均水平也依次位列前八。淮北、亳州、淮南、宿州等市虽然生产竞争力指标接近全省平均水平，但生态差距明显，综合能力评价落后。全部16个市的综合评价平均得分为0.3494，全省只有合肥、芜湖、宣城、黄山和滁州5个城市在平均水平以上，其余11个都在平均值以下。由此可见，我省乡村振兴基础两极分化明显，发展不

---

　　① 数据来源于安徽省统计年鉴（2018）、各地市统计年鉴（2018）以及各县2017年国民经济和社会发展统计公报等相关统计资料。

均衡现象较为突出。从分项竞争力来看：

在生产竞争力方面。合肥领跑全省，芜湖、滁州、阜阳紧随其后。淮北、池州、黄山由于经济增速不高，对生产竞争力形成影响。比较来看，合肥、芜湖、滁州、阜阳、蚌埠、安庆6个市生产竞争力高于全省平均水平，其余10个市均低于全省平均水平。合肥市经济竞争力远超第2名的芜湖市，池州、黄山的生产竞争力仅为合肥的四分之一（见图1-7）。

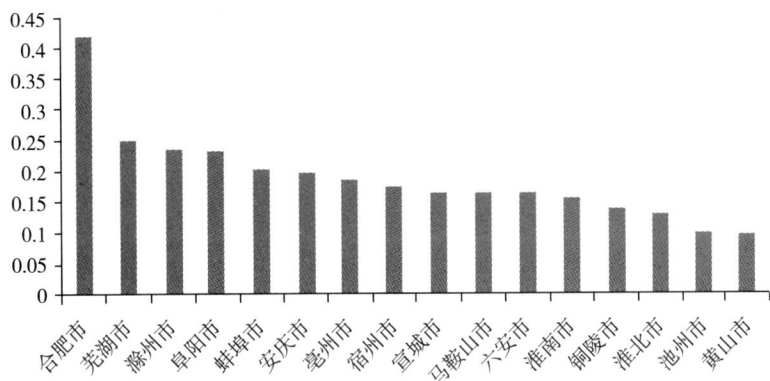

图1-7 生产竞争力排序

在生活竞争力方面。宣城市生活竞争力最高，芜湖、合肥、马鞍山、淮北、淮南、黄山均高于全省平均水平。其余9市生活竞争力低于全省平均水平，其中宿州最低，仅为全省平均水平的41%，生活竞争力排位较低的还有阜阳、滁州和亳州（见图1-8）。

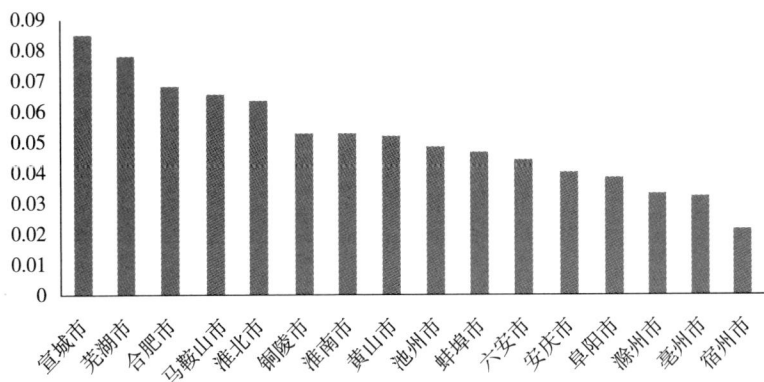

图1-8 生活竞争力排序

在生态竞争力方面。黄山最高，池州、宣城、铜陵、芜湖、六安、安庆也高于全省平均水平，排名靠前8的均为江南和大别山区。具体来看，最低的是宿州市，阜阳、亳州、蚌埠等皖北城市生态竞争力也较低（见图1-9）。

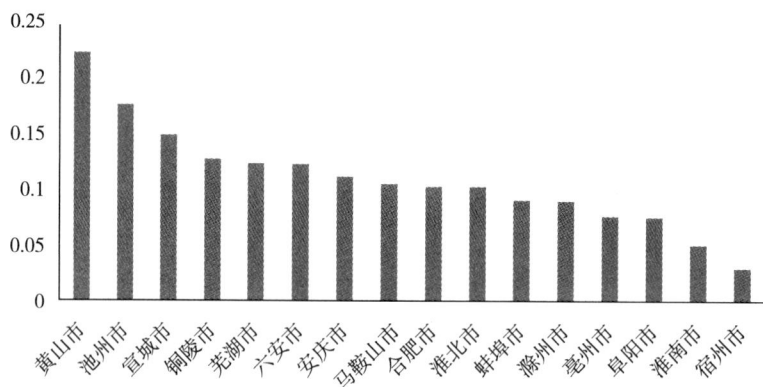

图1-9　生态竞争力排序

（2）全省重点区域乡村振兴综合能力评价结果分析

依据上述指标体系和评价方法，计算得出全省5大区域的乡村振兴生产、生活、生态竞争力和总体评价结果，具体数据见表1-9。

表1-9　安徽省5大区域乡村振兴综合能力评价结果①

排名	地区	生产竞争力	生活竞争力	生态竞争力	综合评价
1	皖南国际文化旅游示范区	0.0383	0.1097	0.3253	0.4733
2	长江（安徽）经济带	0.0964	0.1123	0.2515	0.4602
3	合肥都市圈	0.0666	0.0974	0.2543	0.4183
4	皖西大别山区	0.0377	0.0330	0.2253	0.2960
5	皖北地区	0.0518	0.0671	0.0067	0.1256
	全省平均	0.0582	0.0839	0.2126	0.3547

① 数据来源于安徽省统计年鉴（2018）、各地市统计年鉴（2018）以及各县2017年国民经济和社会发展统计公报等相关统计资料。

皖南国际文化旅游示范区：包括黄山市、池州市、安庆市、宣城市、铜陵市、马鞍山市、芜湖市；合肥都市圈：包括合肥市、淮南市、六安市、滁州市、芜湖市、马鞍山市（未含桐城市）；长江（安徽）经济带：包括芜湖市、马鞍山市、铜陵市、安庆市、池州市、宣城市；皖北地区：包括宿州市、淮北市、蚌埠市、亳州市、阜阳市、淮南市；皖西大别山区：包括六安市、安庆市。

整体上看，我省乡村振兴综合能力呈现南强北弱、东强西弱的格局。皖南、沿江和合肥都市圈综合评价水平较高，皖北和大别山区乡村振兴能力较弱。产业兴旺方面，长江经济带是安徽经济增长最强劲的区域，皖西大别山区由于基础差缺乏相应的产业支撑，生产能力较弱；生活富裕方面，长江经济带、皖南地区和合肥都市圈都较好，皖北和皖西地区的基础设施和民生工程建设尚有较大的挖掘潜力；生态宜居方面，皖南地区生态竞争力更优，皖北居后。

分区域来看：

皖南地区。生态竞争力最强，综合评价水平在全省处于首位，乡村振兴的基础较好。但是由于皖南地区耕地面积较少，农村水利设施和农业机械化水平不高，农业综合生产能力较为薄弱。农村三产融合是其乡村振兴的方向和重点任务。

长江经济带。生产、生活竞争力均排名第一，乡村振兴的经济基础良好。但该地区生态竞争力较为薄弱，沿江区域污染治理任务繁重，区域人口密度大，环境承载压力较大。该区域乡村振兴在大力推进产业兴旺的同时，要兼顾对生态环境的保护和修复。

合肥都市圈。生产和生活竞争力略低于长江经济带，生态竞争力高于长江经济带，是我省乡村振兴基础较好的地区。该区域中，省会合肥是我省经济实力最强的城市，其经济辐射带动能力不断增强，农村三产融合条件好，乡村振兴基础能力较强。该区域乡村振兴中要注意发挥合肥的辐射带动作用，着力提高区域落后地区农村居民的生活水平。

皖西大别山区。生产和生活竞争力的排名均低于全省平均水平。生态竞争力虽高于全省平均水平，但在五个区域中排名靠后，仅高于皖北地区。皖西大别山区经济基础较为薄弱，人均 GDP、人均财政收入和工业化率等指标在五大区域中均为最低；同时，城镇化水平也不高，农民收入偏低，农村基础设施薄弱，乡村振兴的基础能力不强。该区域在乡村振兴过程中要全方位发力，发挥生态优势作用，将生态优势转化为经济优势，带动产业兴旺、生活富裕，促进生态宜居质量提高。

皖北地区。生产、生活、生态竞争力均低于全省平均水平，乡村振兴的基础能力在五大区域中最为薄弱。农业大而不强，农业竞争力不高；经济发展较为落后，财力薄弱，农村收入水平偏低；生态环境保护治理难度大，生态竞争力水平最低。该地区乡村振兴要大力提高农业竞争力，以做大做强产业，带动生活、生态水平提高，力求走出一条"产业振兴"发展之路。

二、安徽乡村振兴投融资现状

（一）安徽乡村振兴投融资现状

1. 投资力度不断加大

随着"三农"工作的不断推进，我省聚焦产业发展、人居环境、基础设施和公共服务等方面，农业农村投资力度不断加大。农林牧渔业投资规模由2010年的221.4亿元增长至2018年的1031.7亿元。农村道路、供电、供水、通信等基础设施不断完善，住房、教育、医疗等民生工程成效显著，生活垃圾、污水得到有效处理（见表2－1）。

表2－1　2010—2018年安徽农林牧渔业投资规模及增速

年份	农林牧渔业投资规模（亿元）	农林牧渔业投资增速	全部固定资产投资增速	农林牧渔业投资占全部投资比重
2010	221.4	21.2%	27.9%	1.9%
2011	176.1	−20.5%	2.5%	1.4%
2012	301.9	71.5%	23.9%	2.0%
2013	389.3	28.9%	21.2%	2.1%
2014	542.0	39.2%	16.5%	2.5%
2015	763.3	40.8%	12.7%	3.2%
2016	813.6	6.6%	11.7%	3.0%
2017	775.8	−4.7%	9.1%	2.7%
2018	1031.7	33.0%	11.8%	3.1%

2. 融资规模不断增加

近年来，我省大力推进普惠金融和金融扶贫，农村信贷融资力度不断加大。2018年，全省涉农贷款余额达到12420.2亿元，是2010年的4.6倍。农村金融基础设施建设不断完善，惠农金融服务室实现行政村全覆盖。农村信用体系建设成效凸显，九成以上农户信用信息已录入农村信用信息平台。农易贷、扶贫小额贷、"电商 E 农贷"等一大批"三农"金融产品不断涌现，农村金融产品和服务不断创新（见图2-1）。

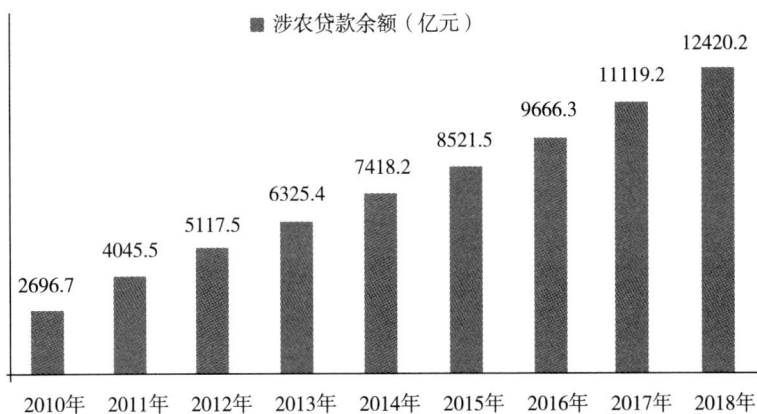

图 2-1　2010—2018 年安徽涉农贷款余额

3. 新兴投资主体增多

我省积极探索农村土地"三权分置"有效办法，农村承包耕地流转率达45.5%，为发展各类农业农村投资主体奠定了坚实基础。同时，我省大力发展农业产业化，积极培育新型农业经营主体，2017 年经工商部门注册登记的农民合作社、家庭农场分别达8.9 万家和7.7 万家，其中家庭农场数量位居全国第一。我省不断发展壮大的乡镇民营企业、农村集体经济组织、农民专业合作社、家庭农场、农业产业化联合体等，极大丰富了农村建设的投资主体，通过直接投资等方式，参与农业生产及农村道路、桥梁、水利等基础设施建设。

4. 投融资渠道不断拓宽

从农林牧渔业投资资金来源看，2012 年，国家预算内资金、国内贷款、利用外资、自筹（含债券）及其他资金来源的结构为9.4：4.2：1：85.4，2018 年调整为5.4：2.0：0.1：92.5，自筹（含债券）及其他资金比重提高了7.1 个百分点，国家预算内资金、国内贷款和利用外资占比纷纷下降，分别下降了4.0个、2.2 个和0.9 个百分点。我省大力拓宽农村直接融资、社会融资等渠道，社会资本参与农村建设水平不断提高。

5. 投融资模式不断创新

我省农村投融资创新日新月异，保险、担保增信作用不断增大，基金、债券等产品日益丰富。农业保险加快转型升级，鼓励金融保险机构开展农业经营主体保单质押贷款业务，采取"保险公司+风险基金+银行"风险共担的"五三二模式"或"4321"政银担模式。政策性融资担保体系不断健全，省市县140家政策性担保机构实现三级联动互补，农业担保"劝耕贷"模式在全省推广。启动农商行上市（挂牌）工作，支持农商行增资扩股，鼓励发行"三农"专项金融债。大力推进政府购买服务，加强政府和社会资本合作，农村基础设施建设和运营模式不断创新。

（二）安徽乡村振兴投融资存在的问题

1. 投融资规模偏小

2017年，我省农林牧渔业投资规模仅占全部固定资产投资的2.7%，低于全国平均水平1.5个百分点，河南、湖南、湖北分别为6%、5%、3.5%。从绝对值看，河南、湖南、湖北的农林牧渔业投资规模分别是我省的3倍、1.8倍和1.2倍。江苏、浙江涉农贷款余额是我省的3倍左右。总体来看，我省"三农"领域投融资规模偏小，不能有效满足"三农"建设需求。

2. 融资渠道较窄

2017年，我省农林牧渔业投资中，国家预算资金占比高出全国0.5个百分点，国内贷款占比低于全国2.1个百分点，自筹及其他资金占比高于全国1.4个百分点。这显示我省农业农村投资对财政性资金还有着比较大的依赖，利用银行贷款不足，投融资渠道仍然偏窄。农村资金来源主要是农户自有资金和财政支农资金，金融机构贷款、工商企业、资本市场、外商投资的资金非常少，债权、股权等直接融资渠道不健全，市场化融资发展滞后。

3. 投资主体单一

从农村产业投资来看，2017年我省民间投资中第一产业投资占比仅为3.4%，低于全国1个百分点，且近三年来呈下降趋势。较2015年，一产民间投资占比下降了0.6个百分点；民营工商资本进入较少，且主要以农产品加工业等投资为主，传统农业投资主体仍是以农户或集体经济组织为主；农村三产投资主体严重缺位，乡村旅游及民宿、农村电子商务、农业社会化服务等投资主体较少。从农村水利、交通等基础设施投资及环境治理等公共领域来看，政府仍是主要的投资主体。

4. 投资效益不高

2018 年，我省一产投资效果系数为 0.054，远低于全国一产投资效果系数（0.118）。2011—2018 年，我省一产投资效果系数呈下降态势，且降幅高达 1.576，高于全省全社会固定资产投资效果系数降幅（0.125）（见表 2－2）。

表 2－2　2011—2018 年安徽固定资产投资效果系数

年份	全社会	第一产业
2011	0.243	1.63
2012	0.127	0.541
2013	0.111	0.227
2014	0.076	0.231
2015	0.048	0.084
2016	0.079	0.136
2017	0.099	0.019
2018	0.118	0.054

5. 区域投融资能力差距较大

2017 年，合肥都市圈、长江（安徽）经济带农林牧渔业投资占全省农业投资的比重较高，比皖西大别山革命老区占比高 30 个百分点以上；和 2010 年相比，虽然我省各大区域农林牧渔业投资规模都有大幅增加，但区域差距依然明显，皖北地区农林牧渔业投资增长近 10 倍，而皖西地区仅增长 3 倍，远远落后全省平均水平（见表 2－3）。

表 2－3　2010 年和 2017 年全省区域投资总额及农业投资情况表

区域	2017 年				2010 年				2011—2017 年年均增速	
	投资总额		农业投资		投资总额		农业投资		投资总额	农业投资
	投资额（亿元）	占全省比重	投资额（亿元）	占全省比重	投资额（亿元）	占全省比重	投资额（亿元）	占全省比重		
合肥都市圈	16100.3	55%	384.1	50%	5298.3	61%	60.6	47%	17.2%	30.2%
皖北承接产业转移集聚区	8092.9	28%	244.6	32%	1660.3	19%	22.6	18%	25.4%	40.5%

（续表）

区域	2017 年				2010 年				2011—2017 年年均增速	
	投资总额		农业投资		投资总额		农业投资		投资总额	农业投资
	投资额（亿元）	占全省比重	投资额（亿元）	占全省比重	投资额（亿元）	占全省比重	投资额（亿元）	占全省比重		
皖南国际文化旅游示范区	11612.6	40%	383.5	49%	3803.8	44%	74.0	58%	17.3%	26.5%
长江（安徽）经济带	17317.1	59%	412.8	53%	5785.6	67%	78.3	61%	17.0%	26.8%
皖西大别山革命老区	2931.2	10%	123.7	16%	1034.6	12%	29.6	23%	16.0%	22.7%
全省	29185.9		775.8		8676.6		128.3		18.9%	29.3%

三、安徽乡村振兴投融资环境分析

（一）机遇分析

1. 乡村振兴国家战略政治保障有力

有习近平总书记把舵定向，有党中央、国务院的高度重视、坚强领导、科学决策，实施乡村振兴战略写入党章，成为全党的共同意志，乡村振兴具有根本政治保障。我省进一步强化各级党委和政府在实施乡村振兴战略中的主体责任，落实党政一把手是第一责任人、五级书记抓乡村振兴的工作要求，将乡村振兴战略规划实施成效纳入各级党委、政府及有关部门的年度绩效考评内容。实施乡村振兴战略成为全省上下的共同愿景、共同行动。近年来我省经济持续快速发展，综合实力显著提升，有能力给予农业农村发展更大支持，推动农村生产生活条件加快改善。

2. 财政支农整合力度加大方式创新

2016 年以来，我国在贫困县开展统筹整合使用财政涉农资金试点工作；

2017年推至全国832个贫困县，两年已累计整合各级涉农资金6064亿元；2018年提出将整合资金项目审批权限完全下放到县，县级人民政府统筹使用涉农资金的责任不断强化。近年来，财政部门通过政府和社会资本合作、政府购买服务、贷款贴息、设立产业发展基金等有效方式，有力地撬动了更多金融资本、社会资金支持"三农"发展。未来几年，随着涉农资金统筹整合长效机制有序建立，地方政府专项债券发行加快推进，财政支农方式不断创新，有利于增强我省实施乡村振兴战略的财政支农保障，更好地发挥财政资金引导作用和杠杆作用，提高财政支农资金使用效益。

3. 乡村振兴融资政策趋于宽松

2018年，央行实施4次定向降准措施，3次增加再贷款、再贴现额度，保持对实体经济的支持力度。2019年3月末，M2增速为8.6%，较去年同期提高了0.6个百分点。2019年5月起，央行对聚焦当地、服务县域的中小银行，实行较低的优惠存款准备金率，约有1000家县域农商行可以享受该项优惠政策，释放长期资金约2800亿元。当前我国准备金率水平相比于发达经济体仍然较高，货币政策工具还有较大操作空间。今后一段时间，我国将继续实施松紧适度的货币政策，保持流动性合理充裕，保持货币信贷及社会融资规模合理增长，扩大再贷款、再贴现等工具规模，同时也将做好结构调整和定向调控，特别是加大对民营企业、小微企业、"三农"、扶贫等领域的信贷支持，这为我省争取更多乡村振兴信贷资金创造了宽松的外部环境和有利条件。

4. 乡村振兴投融资渠道不断深化

随着我国农村金融改革不断推进，适合乡村振兴发展的金融服务组织体系将不断健全，农村金融产品和服务方式创新步伐加快，特别是与农村土地、集体产权制度改革和"三变"改革等相结合，能够唤醒农村巨量的沉睡资产，扩大农村抵质押物范围，股权、债券、期货、保险等资金供给渠道也将进一步拓宽，农村金融生态环境将大幅改善。我省农村金融改革创新走在全国前列，为乡村振兴投融资积累了丰富的经验，未来几年，将加大金融资源向乡村振兴重点领域和薄弱环节的倾斜力度，稳妥有序推进农村承包土地经营权、农民住房财产权、集体经营性建设用地使用权抵押贷款试点，发展壮大农业板块，支持农业担保和农业保险加快发展，这都将大大拓展我省乡村振兴融资渠道。

5. 长三角一体化有利于我省更多利用省外资金

自长三角一体化上升为国家战略以来，其发展进程快速推进，三省一市在基础设施互联互通、资源要素流动等方面已取得一定进展。这为我省引进利用国际金融资本和江浙地区的民间资本提供了有利契机，也将大力推动我省金融机构引进、金融基础设施建设、金融产品服务创新、金融人才交流等，金融开放合作水平将有量和质的全面提升。我省作为长三角腹地，区位优势明显，自然资源丰富，生态本底优渥，农产品产量大、种类多，且皖南皖北差异显著，为乡村振兴发展提供了更多可能。我省"三农"发展优势在长三角地区相对突出，有利于吸引更多长三角资金集聚。

（二）面临挑战

1. 乡村振兴资金瓶颈短期内难以缓解

农业农村项目总体上有投资大、周期长、见效慢、回报低、风险高等固有属性，从利益最大化及投资安全的角度衡量，投资主体对农业农村投资的动力不足。我省现代农业和三产融合发展滞后，农业劳动生产率、农产品加工产值与农业总产值之比均低于全国平均水平，推动我省农村产业发展迈上新的台阶，需要巨大的资金支持。同时，乡村建设基础薄弱，农村基础设施和公共服务设施欠账较多，资金缺口较大。此外，我省三农投资能力不强，农民收入不高。2018年我省农村居民人均可支配收入为13996元，比全国低621元，仅是浙江的1/2左右。短期内，资金瓶颈问题仍然是我省乡村振兴面临的最大难题。

2. 财政支农资金增长面临较大压力

随着国家进一步降低增值税税率及我省"六税两费"减免等政策的实施，全省税收增收压力将进一步加大，民生工程、脱贫攻坚、生态环保等方面刚性支出还要进一步增加，财政收支平衡难度将更加凸显。2011—2017年，我省地方财政收入年均增速为13%，低于财政支出年均增速0.3个百分点。在此现状下，我省财政支农支出增长乏力，增速低于教育、科学技术、节能环保等领域。同期，我省农林水支出年均增长12.9%，低于全部地方财政支出0.4个百分点，农林水支出占比较2010年下降了0.3个百分点。未来一段时间，财政支农支出比重有可能进一步降低，资金供求矛盾日益突出。

3. 农村金融创新存在诸多短板

目前，我省农村金融组织体系以商业性、政策性银行业金融机构及农商行为主导，缺少证券、保险、担保机构的参与，难以形成各类金融机构服务合力，发挥各自优势、分散风险。农村金融产品和服务比较单一，不能切实从农民自身需求和农村发展需要出发。信贷产品能接受的抵押物较少，手续复杂耗时长，期限不匹配；农业保险保额偏低，查勘定损难；利用资本市场融资的门槛较高。受国家相关政策和法律法规的约束和监管，以及农村资产市场发展滞后等影响，农村金融改革创新还面临诸多难点和痛点。

4. 工商资本下乡制度障碍仍然存在

目前，我省在农村基础设施、基本公共服务设施等方面的市场化程度偏低，教育、养老、文化、卫生、体育等社会事业领域开放程度不高，仍以政府单一化投资模式为主。由于政府和工商资本合作在农村尚处于起步阶段，在风险分担、产品定价、运营模式、利益分配、法律规范等方面仍存在诸多难点，短时期内工商资本进入公共建设领域的积极性依然不高。加之，目前支持工商资本下乡进村发展产业的政策体系不完善，存在要素供给不匹配、配套服务缺失等障碍，农村土地、产权等问题有待进一步明确，如何处理好资本、政府、农民的利益关系面临着巨大的挑战。

四、安徽乡村振兴投资需求规模预测和融资模式设计

（一）安徽乡村振兴投资需求规模预测

根据国家相关政策法规和《安徽省乡村振兴战略规划（2018—2022年)》，我们将围绕产业兴旺、生态宜居、乡风文明、治理有效、生活富裕、基础设施等六大领域统计和预测乡村振兴投资资金需求规模。

1. 乡村振兴重点领域范围确定和数据处理

根据《安徽省乡村振兴战略规划（2018—2022年)》和《国民经济行业分类（GB/4754—2011)》，乡村振兴六大重点领域主要涉及32个国民经济行业大（中、小）类，其中产业兴旺领域包含10个行业，分别为农、林、牧、渔业，农副食品加工业，食品制造业，酒、饮料和精制茶制造业，木材加工和木、竹、藤、棕、草制品业，批发和零售业，住宿和餐饮业，金融业，租赁和商务服务业，科学研究和技术服务业；生态宜居领域包含2个行业，分别为生态保护和环境治理业，公共设施管理业；乡风文明领域包含1个行业，为文化、体育和娱乐业；治理有效领域包含4个行业，分别为中国共产党机关，国家机构，群众团体、社会团体和其他成员组织，基层群众自治组织；生活富裕领域包含5个行

业，分别为教育，卫生，社会工作，社会保障，居民服务、修理和其他服务业；基础设施领域包含 10 个行业，分别为水利管理业，水的生产和供应业，道路运输业，装卸搬运和运输代理业，仓储业，邮政业，电力、热力生产和供应业，燃气生产和供应业，电信、广播电视和卫星传输服务，互联网和相关服务。

　　每个行业的固定资产投资数据来源于 2013—2019 年间的《安徽统计年鉴》，其中农、林、牧、渔业，农副食品加工业，食品制造业，酒、饮料和精制茶制造业，木材加工和木、竹、藤、棕、草制品业等 5 个行业采用当年全省数据，其他行业按照当年农村投资的比重换算成乡村振兴领域的数据。由于安徽统计年鉴中 2014 年以后没有农村固定资产投资数据，2015—2018 年的农村投资比重按照 2011—2014 年的平均值 7% 计算（详见表 4-1）。汇总计算得到党的十八大以来安徽省乡村振兴分行业和分重点领域固定资产投资规模（2012—2018 年），详见表 4-2 和表 4-3。

表 4-1　安徽农村固定资产投资额及比重（2011—2014 年）

	2011 年	2012 年	2013 年	2014 年	平均值
全省固定资产投资额（亿元）	12147.8	15055	18251.1	21256.3	/
农村固定资产投资额（亿元）	775.4	984.9	1406.7	1603.2	/
农村固定资产投资占全部投资比重	6.38%	6.54%	7.71%	7.54%	7%

表 4-2　安徽乡村振兴分行业固定资产投资规模（2012—2018 年）

单位：亿元

乡村振兴领域	重点行业和领域	国民经济行业分类	2012 年	2013 年	2014 年	2015 年	2016 年	2017 年	2018 年
产业兴旺	农林牧渔业	农、林、牧、渔业	301.94	389.34	541.99	763.32	813.63	775.79	1031.65
	农产品加工	农副食品加工业	270.84	394.26	437.44	491.44	582.89	570.77	700.33
		食品制造业	120.98	158.20	188.23	250.19	272.89	322.21	437.11

（续表）

乡村振兴领域	重点行业和领域	国民经济行业分类	2012 年	2013 年	2014 年	2015 年	2016 年	2017 年	2018 年
产业兴旺	农产品加工	酒、饮料和精制茶制造业	111.61	129.29	154.01	198.94	183.63	170.98	272.30
		木材加工和木、竹、藤、棕、草制品业	141.50	171.56	194.30	233.97	228.12	223.65	380.27
	农村服务业	批发和零售业	23.25	36.51	59.52	66.86	64.88	42.20	44.31
		住宿和餐饮业	14.00	21.30	17.53	17.90	19.26	13.54	14.47
		金融业	4.07	7.00	7.68	5.04	6.44	4.35	3.73
		租赁和商务服务业	9.87	15.64	25.18	30.24	45.75	42.89	54.61
		科学研究和技术服务业	9.18	11.63	16.46	18.21	24.15	19.64	22.77
生态宜居	生态环保	生态保护和环境治理业	1.79	2.27	3.34	3.65	4.43	6.19	8.79
		公共设施管理业	72.44	105.58	121.18	121.12	155.37	185.97	206.15
乡风文明	农村文化	文化、体育和娱乐业	10.27	14.46	14.63	14.11	16.90	17.80	19.36
治理有效	乡村治理	中国共产党机关	0.04	0.10	0.06	0.05	0.05	0.20	0.33
		国家机构	12.81	13.73	19.99	17.41	25.79	25.08	21.99
		群众团体、社会团体和其他成员组织	1.23	1.61	1.61	1.79	1.32	0.96	0.71
		基层群众自治组织	1.79	3.51	3.96	3.79	4.38	2.24	0.63
生活富裕	教育	教育	13.26	18.52	17.69	19.08	26.25	31.04	30.98
	健康	卫生	5.95	9.29	10.96	13.55	12.67	14.00	13.08
	养老等社会服务	社会工作	1.05	1.11	1.88	2.15	3.52	3.89	3.23
	社会保障	社会保障	0.29	0.75	1.02	0.66	0.81	0.86	0.72
	居民服务	居民服务、修理和其他服务业	2.87	4.90	6.98	6.69	7.35	7.55	8.17
基础设施	水利	水利管理业	8.46	13.43	18.41	17.20	21.45	38.68	40.35
		水的生产和供应业	5.17	7.74	8.94	11.10	11.90	19.41	24.55
	交通物流	道路运输业	24.00	38.68	51.29	69.67	77.35	91.76	94.10
		装卸搬运和运输代理业	1.71	2.39	5.68	5.55	4.11	3.35	3.36

（续表）

乡村振兴领域	重点行业和领域	国民经济行业分类	2012 年	2013 年	2014 年	2015 年	2016 年	2017 年	2018 年
基础设施	交通物流	仓储业	3.15	4.56	9.13	11.25	15.64	11.70	11.96
		邮政业	0.30	0.58	0.60	1.16	1.69	1.26	1.17
	能源	电力、热力生产和供应业	20.98	29.33	30.38	40.18	54.34	66.94	47.11
		燃气生产和供应业	2.11	3.89	3.66	2.85	3.28	3.07	2.57
	信息	电信、广播电视和卫星传输服务	2.92	3.93	3.20	3.48	2.94	3.50	3.77
		互联网和相关服务	0.10	0.57	0.83	2.46	3.04	2.84	2.01

表4-3 安徽乡村振兴重点领域固定资产投资规模（2012—2018 年）

单位：亿元

重点领域	2012 年	2013 年	2014 年	2015 年	2016 年	2017 年	2018 年	2013—2018 年平均增速
产业兴旺	1007.2	1334.7	1642.3	2076.1	2241.6	2186.0	2961.6	19.7%
生态宜居	74.2	107.8	124.5	124.8	159.8	192.2	214.9	19.4%
乡风文明	10.3	14.5	14.6	14.1	16.9	17.8	19.4	11.1%
治理有效	15.9	19.0	25.6	23.0	31.5	28.5	23.7	6.9%
生活富裕	23.4	34.6	38.5	42.1	50.6	57.3	56.2	15.7%
基础设施	68.9	105.1	132.1	164.9	195.8	242.5	231.0	22.3%
总计	1199.9	1615.7	1977.7	2445.1	2696.2	2724.3	3506.7	19.6%

2. 安徽乡村振兴投资资金需求规模预测

如表4－3所列，2018年安徽省乡村振兴固定资产投资规模达到3506.7亿元，党的十八大以来年均增长19.6%，比同期全部固定资产投资增速高了4个百分点。随着乡村振兴战略的深入实施，"十四五"时期我省乡村振兴投资规模有望继续保持快速增长。考虑到经济下行压力加大，产业兴旺领域投资增速预计难以保持近20%的高增长，本文按照15%的平均增速计算，其他领域基本以政府财政投入为主，有望继续保持党的十八大以来的平均增速。笔者通过计算得到，2019—2025年安徽省乡村振兴六大重点领域投资资金需求预测规模，详见表4－4。

表4－4 安徽乡村振兴投资需求规模预测（2019—2025年）单位：亿元

重点领域	2019年	2020年	2021年	2022年	2023年	2024年	2025年	2021—2025年
产业兴旺	3405.8	3916.7	4504.2	5179.8	5956.8	6850.3	7877.8	30368.8
生态宜居	256.6	306.3	365.7	436.6	521.3	622.3	743.0	2688.9
乡风文明	21.5	23.9	26.6	29.5	32.8	36.5	40.6	166.0
治理有效	25.3	27.0	28.9	30.9	33.0	35.3	37.7	165.7
生活富裕	65.0	75.2	87.0	100.7	116.5	134.8	156.0	594.9
基础设施	282.5	345.6	422.8	517.3	632.8	774.2	947.1	3294.2
总计	4056.7	4694.7	5435.2	6294.8	7293.2	8453.4	9802.2	37278.6

"十三五"时期的后两年（2019—2020年）乡村振兴投资资金需求预测。预计2019年、2020年安徽省乡村振兴投资需求规模分别为4056.7亿元和4694.7亿元，两年累计为8751.4亿元。其中，产业兴旺领域为3405.8亿元和3916.7亿元，两年累计为7322.5亿元。各领域具体数据见表4－4。

"十四五"时期（2021—2025年）乡村振兴投资资金需求预测。预计2025年，安徽省乡村振兴投资需求规模为9802.2亿元，其中产业兴旺领域约7877.8亿元。"十四五"时期（2021—2025年）乡村振兴投资需求规模累计约3.7万亿元，其中产业兴旺领域投资需求约3万亿元。各领域具体数据见表4－4。

（二）安徽乡村振兴重点领域项目融资模式设计

1. 产业振兴领域

（1）融资特征分析

产业振兴项目主要包括农业生产、农产品加工、农村服务业及农村一二三产业融合发展项目等。融资特征为：一是融资需求差异化明显。由于农业生产经营主体分散、差异明显，因此资金需求规模也有很大差别。农业生产融资具有明显的季节性，农产品加工资金需求量大。农户资金需求量小、分散、周期短，新型农业经营主体资金需求量大、集中、周期长。二是融资渠道较窄。由于农业的基础性地位和农业土地的个体性特征，农业生产经营资金来源多以农户包括新型农业经营主体自有资金、民间借贷和国家政策性银行信贷支持为主，资金渠道较窄，融资相对困难。三是融资能力弱。由于农业生产经营规范化程度低、信用信息不完备、生产经营规模小、缺乏可供抵押的资产等，信贷融资能力较弱。四是融资风险较大。乡村产业振兴项目特别是农业生产项目，受自然灾害等因素影响大，抵御风险能力、控制风险能力偏弱，生产经营风险较高，融资风险较大。

（2）融资模式建议

农户小额信用贷款模式。以农户的信誉等级为依据，在核定的额度和期限内，金融机构向农户发放无抵押担保贷款。实行"一次核定、随用随贷、余额控制、周转使用、动态调整"的管理办法，贷款额度一般在 10 万元以内，贷款期限一般在 3 年以内。该模式无须抵押物，期限灵活、手续简捷、办理快速，适用于主要从事种养业、乡村产业等"三农"有关，贷款需求较小的普通农户、个体经营户等。有条件的县（市、区）政府可实行财政贴息和设立风险补偿机制。

政策性农业信贷担保融资模式。该模式是以政策性农业信贷担保体系为基础，以信用为核心，以新型农业经营主体为服务对象，政府、银行、担保机构三方合作，利益共享、风险共担的新型融资模式，是财政撬动金融支农的一项重大机制创新。目前财政注资的国家信贷担保联盟有限责任公司和 33 家省级农担公司先后成立。安徽农担公司作为全国首家成立的省级农担公司，其创新推出了"劝耕贷"农业信贷担保模式，取得良好效果，有效打通了金融资源流向新型农业经营主体的"最后一公里"。以"劝耕贷"为代表的政策性农业信贷担保融资模式将逐步成为未来我省新型农业经营主体的主要融资模式之一。

知识链接　　　　安徽农业信贷担保"劝耕贷"模式

"劝耕贷"系安徽省农业信贷融资担保有限公司找准农业金融供给侧发力点，精准对接中央顶层设计的农业信贷担保创新模式。该模式主要有五大特征：一是乡镇切入。"劝耕贷"在乡镇为所有的新农主体建立信用信息基础档案，优先让符合有信用、有成长的新型农业经营主体获得融资，塑造"成长优先、信用为王"的农业信贷担保经营理念。二是发力精准。"劝耕贷"服务对象锁定为种养大户、家庭农场、农民合作社等农业适度规模经营主体，主要为粮食生产、畜牧水产养殖、农林优势特色产业、农业社会化服务、农田基础设施等提供担保贷款。三是成本可控。获得"劝耕贷"服务的客户融资综合成本（银行利息加担保费）不高于6.42%，这是目前农村信贷市场最低的成本。四是抱团作战。"劝耕贷"打造了政银担"抱团"推动的工作组合。整个操作过程中政府、银行、担保既明确分工，又紧密抱团，实现错位把关、联合发力。五是立体风控。"劝耕贷"构筑了严密的风险防控体系，通过三个层面共同构筑业务流程风控全闭环。

新型政银担合作模式。我省政策性融资担保在全国率先推出"4321"新型政银担合作模式，有力支持了小微企业和"三农"发展。未来我省在推进乡村产业振兴过程中，应充分发挥财政资金的引导作用，依托完善的政策性融资担保体系，大力推广新型政银担合作模式，鼓励支持地方政府推出符合区域特色的政银担金融产品，有效缓解农业生产经营主体融资难题，助力乡村产业加快振兴。

农村产权抵押融资模式。该模式主要指农村承包土地的经营权、农民住房财产权等农村产权抵押贷款模式。2015年国家启动农村承包土地的经营权和农民住房财产权（以下统称"两权"）抵押贷款试点工作。试点地区先后创新推出"两权"为单一抵押的贷款与"'两权'+多种经营权组合抵押""'两权'+农业设施权证""农户联保+'两权'反担保"等模式。2018年底，第十三届全国人大常委会第七次会议审议通过了农村土地承包法修正案，明确土地经营权可以向金融机构融资担保，农村承包土地的经营权抵押贷款模式将在全国全面推广。同时，随着农村土地制度改革三项试点、农村集体产权制度改革的深入推进，农村宅基地、林权、农村集体产权等各类农村产权抵押贷款模式将逐渐推开。我省作为农业大省，推广农村产权抵押融资模式潜力巨大。

知识链接　　　　　**金寨县"两权"抵押贷款改革试点**

　　金寨县是全国13个"两权"（承包土地经营权和农民住房财产权）抵押贷款"双试点"地区之一，也是安徽省唯一的"双试点"县。其贷款模式是：适应小农户资金需求"短、小、频、急"及多元化融资特点，实施"'两权'抵押+担保+银行"模式、"'两权'抵押+农民专业合作社+贫困户"模式、"信用+'两权'"抵押贷款等贷款模式。截至2018年11月，全县"两权"抵押贷款累计发放208笔、共计1.12亿元，其中农村承包土地经营权抵押贷款发放152笔、9054万元，农民住房财产权抵押贷款发放56笔、2167.68万元。全县开办试点业务的银行机构共10家，实现了县域银行机构全覆盖；组建"农村产权流转交易中心"，搭建线上交易平台"金寨县农村综合产权交易网"，打造线上线下"一站式"服务平台；建立涵盖13.7万户农户、1000个新型农业经营主体的农村信用信息基础数据库；构建了政府性融资担保提供一般责任担保，农业保险和农民住房保险发挥保险保障作用，政府财政出资设立"资产收储基金+风险补偿基金"为兜底保障的多层次、全方位风险分担机制。

　　农业供应链融资模式。该模式是商业银行等金融机构通过审查整条农业供应链，基于核心企业、农民专业合作社及农户的真实贸易交易，根据供应链运营中的商流、物流和信息流，以核心企业信用作为担保，对供应链上的所有企业及农户进行信用捆绑的新型融资模式。随着我国农业产业链的不断完善和农业产业集群的发展，很多金融机构特别是互联网金融机构以及农业龙头企业围绕农业供应链开展了一系列金融产品和服务的创新。比如浙农集团、杭州联合银行、浙江农信担保三方合作推出的农业供应链金融产品"e农贷"；"蚂蚁金服"与中华保险等保险公司推出的"互联网信贷+保险+龙头企业+电商"模式的农产品供应链金融解决方案。我省作为农业大省，农业产业化经营发展迅速，农村一二三产业融合发展潜力巨大，涌现出了一大批农业产业化龙头企业，应大力支持各地采用农

业供应链融资模式，以龙头企业的信用优势，带动解决产业链上下游小微农业企业、新型农业经营主体及农户的融资难问题。

知识链接 　　　　　　**蚂蚁金服农业供应链融资模式**

　　2016年，蚂蚁金服携手蒙羊集团，打造了"互联网信贷+保险+龙头企业+电商"创新金融模式。蚂蚁金服、中华保险与蒙羊集团深度合作，为规模化养殖户提供旺农贷，这些养殖户多数与蒙羊集团具有长期稳定的肉羊养殖供需关系。蒙羊集团与养殖户预先签订肉羊养殖收购协议，基于收购订单，中华保险为养殖户提供信用保证保险增信服务，蚂蚁金服则为养殖户发放旺农贷，贷款定向用于通过阿里巴巴农村淘宝平台来购买蒙羊集团指定的品质饲料，农村淘宝相应地将养殖户的饲料信息作为溯源依据同步给蒙羊集团。蒙羊通过与蚂蚁金服的创新互联网金融合作，既帮助农牧民解决了贷款难、养羊难等问题，又完善了蒙羊产品的可追溯体系，确保了蒙羊羊源与羊肉的高品质，从而真正形成农牧民、消费者、企业、金融机构多方共赢的全新发展模式。

2. 生态宜居领域

　　乡村振兴生态宜居建设项目涉及农业绿色发展、农村人居环境改善和乡村生态建设等领域，由于不同领域项目类型、融资主体和融资能力不同，需采用不同的融资模式。

　　农业资源利用等经营性项目。该项目包括农作物秸秆综合利用、畜禽养殖废弃物资源化利用等产业化、经营性项目，融资主体主要是农业产业化企业、规模养殖场等规模经营主体，资金来源多为自有资金和政府资金，融资模式为政策性农业信贷、新型政银担、农业供应链融资等。

　　农村垃圾等污染处理项目。该项目包括农村生活垃圾收运处理、生活污水集中处理、卫生厕所改造等农村环境"三大革命"项目，具有规模大、投资多、建设周期长、有一定收益等特点，建设和融资主体是地方政府，适合采用PPP模式。

　　农村生态保护项目。该项目包括造林绿化、水环境综合治理、湿地保护修复、农业面源污染治理、土壤修复、生物多样性保护等生态环境治理项目，是典型的公共产品。项目具有投资额度大、公益性强、无直接投资回报等特点。因此，该项目必须以政府投资为主，融资渠道主要为财政资金、地方政府债券、开发性和政策性金融等，也可积极争取期限长、利率低的世界银行、亚洲开发银行等国际金融机构的长期贷款。

> **知识链接**　　　　　　　**临泉县村镇生活垃圾治理 PPP 项目**
>
> 　　临泉县村镇生活垃圾治理 PPP 项目是一项重要的惠民工程、生态工程、环保工程。项目采用 TOT+BOT 的运作方式，总投资 16.56 亿元，合作期限 16 年，其中运营期 15 年。项目采用政府付费的模式，运营服务费按月支付，服务人口共计约 200 万人。2017 年 5 月投入运营以来，县域农村人居环境改善明显，群众幸福感、获得感显著增强，在环境、社会、经济等方面取得积极成效。从环境效益来看，项目的实施实现了全县域日日垃圾全清扫，村村都有保洁员。非正规和新增垃圾得到集中收集、及时清运，解决了"垃圾围镇、垃圾围村、垃圾围田"的尴尬状况，显著改善了农村地区生态环境面貌。从社会效益来看，项目的实施进一步完善了临泉县环卫基础设施建设，改善了人居环境，提高了环卫服务管理水平。同时，项目的实施增强了群众自觉维护环境的意识，居民环保素养的提高又持续促进环卫作业的规范化、标准化，逐步形成"绿色、可持续、高质量"的农村环卫管理新局面。从经济效益来看，项目的实施提高了集镇形象，改善了县域经济投资环境。此外，该项目吸纳了 1200 多位贫困户进入环卫保洁队伍，在改善农村环境的同时，还以实际行动助力临泉县打好脱贫攻坚战。

3. 基础设施领域

（1）融资特征分析

农村基础设施建设主要包括农村公路、水利、能源和信息化设施，具有服务的公益性和准公益性、效益的间接性和综合性、建设的整体性和协调性、实施的长期性和周期性等特征。相对于城市基础设施而言，农村基础设施供给较为短缺，资金投入严重不足，融资特点主要表现为四个方面：一是建设资金来源单一。长期以来，由于农村基础设施公益性强，市场化程度低，建设资金主要来源于政府财政投入和村集体、村民自筹。二是市场主体少。乡村基础设施建设项目涉及村集体组织及广大农民的利益，政策风险、社会风险和经营风险较高，社会资本缺乏参与意愿。三是中长期资金不足。农村基础设施建设周期较长，因此融资需求具有中长期特征，且融资短缺现象突出。四是资产资源盘活不够。受农村土地制度的限制，当前耕地、林地、荒地、宅基地、集体建设用地、农房等农村土地资源难以盘活、融资。

（2）融资模式建议

政府和社会资本合作（PPP）模式。该模式是目前城市基础设施建设的主要融资模式。当前，这一模式在农村污染处理等领域已广泛应用，可进一步推广到农村基础设施建设领域。实际项目运作可根据不同管理主体的要求和项目的具体特点，采取 BOT（建设—经营—移交）、BOO（建设—拥有—经营）、BOOT（建设—拥有—经营—移交）、TOT（移交—经营—移交）和 ROT（改建—运营—移交）等多种项目融资模式。我省应加大相关政策支持力度，在农村基础设施建设领域积极推广 PPP 模式，有效破解农村基础设施建设的资金不足难题。

乡村振兴专项债券模式。乡村振兴专项债券是财政部推进项目收益与融资自求平衡的地方政府专项债券的创新品种。2018 年，财政部明确将乡村振兴专项债券列入发行支持范围。2019 年 6 月，《关于促进乡村产业振兴的指导意见》指出，鼓励地方政府发行项目融资和收益自平衡的专项债券，支持符合条件、有一定收益的乡村公益性项目建设。2018 年 8 月，四川省发行了全国首单乡村振兴专项债——四川省泸县乡村振兴专项债（一期）。随后，山东、河北、江西等地区相继发行了乡村振兴专项债。乡村振兴专项债券开始成为地方政府拓展农村基础设施等项目资金来源的重要途径之一。我省也应抢抓政策机遇，探索发行乡村振兴专项债券，缓解农村基础设施建设资金压力。

知识链接　　　　四川省泸县乡村振兴专项债券

2018 年 8 月，四川省在上海证券交易所发行全国首只规模 5 亿元、期限 5 年的乡村振兴专项债券，主要用于改善农村居住环境、改善农村基础设施和交通条件、改善农村生产生活环境、发展特色产业、推动农村文化生态旅游产业发展及法治建设等民生工程。本债券资金具体用于泸县乡村振兴项目建设，包括宅基地制度改革、产业发展、基础设施、生态环境保护4大类项目，拟分3年发行募集。乡村振兴专项债券的还款来源主要是对应项目所取得的政府性基金或专项收入。全国首只乡村振兴债券落地泸县，主要因为泸县是首批全国宅基地改革试点县，宅基地改革带来的收入能为专项债券还本付息提供主要资金保障。

4. 公共服务领域

（1）融资特征分析

乡村振兴公共服务领域主要包括公共教育、医疗卫生、社会保障、文化体育、就业创业等。这些领域大部分属于社会事业，具有较强的公益性，地方政府承担主要责任，是投融资的主体。这些公共服务项目具有投入规模大、建设周期长、运营成本高、资金回收慢等特点，需要稳定的、长期的、低成本的投资来源渠道相匹配。目前我省农村公共服务项目主要依靠国家和地方财政资金、开发性金融贷款等渠道筹措，缺乏多样化、多层次的融资渠道。随着城乡居民收入的持续增长，人们对公共服务产品的需求数量增多、质量提高，单纯依靠政府提供，已经不能满足人民日益增长的美好生活需要。因此，亟须积极拓宽市场化融资渠道，构建起以政府为主导，企业、各类投资机构共同参与的农村公共服务设施建设投融资体系。

（2）融资模式建议

公益性项目。该项目主要包括义务教育、公共卫生、公共安全、公共文化、公共体育等农村公益性民生项目，主要实施政府保障型的投融资模式。积极争取中央财政资金，加大省级财政的转移支付力度。扩大新增地方政府一般债券对乡村振兴的公益性项目建设支持比重。积极利用土地出让收入和城乡建设用地增减挂钩节余指标跨地区调剂交易收入。探索利用PPP模式引导社会资本投入公益性项目建设。鼓励国内外大企业、民间基金会、社会团体和各界人士捐建乡村公益性项目。

准公益性项目。该项目主要涉及幼儿园、职业教育、社区养老、医疗服务、政策性住房、残疾人康复等社会事业项目。准公益性领域不同于一般竞争性领域与公益性领域，有一定的收费机制和资金流入，但项目收益不足以补偿成本。因此，对于这些政府包不下来、市场主体又不愿单独供给的准公益性项目，地方政府财政资金应通过先期投资、财政补助、资本金注入、信贷贴息等多项手段，因地制宜应用 BOT、BOO、BOOT、TOT 等 PPP 模式，积极引导民间资本等社会资本投入，有效弥补政府投资的不足。积极利用地方政府乡村振兴专项债券、政策性银行和开发性金融机构贷款、国际金融机构贷款等低利率的中长期融资渠道。

经营性项目。该项目主要包括民办教育、就业创业服务、高端医疗、健康养老、商业性文化体育等项目。与公益性和准公益性项目不同的是，经营性项目的最大特点就是投资的社会效益（即外部性）较弱，经济效益最强，因此投资主体主要由企业来担任，政府发挥引导作用。经营性项目主体在争取政府专项资金支持的基础上，可以积极利用农行、邮政储蓄银行、农村商业银行等商业银行贷款、政策性和开发性金融贷款以及世界银行等国际金融机构贷款，充分利用股权投资基金、上市、债券、担保、保险等市场化融资渠道。

五、安徽乡村振兴投融资能力对策建议

（一）壮大乡村振兴投融资主体

新型农业经营组织、村级集体经济组织及农民个人是乡村振兴的主要力量，也是主体。提升乡村振兴的投融资保障能力，必须促进乡村振兴投融资主体做大做强，打造专业化乡村振兴投融资平台公司。一要大力培育规范化新型农业经营主体。大力实施新型农业经营主体提升工程，将家庭农场、农民合作社、各类社会化服务组织等新型农业经营主体规范化建设作为重点，深入推进示范创建，将其培育成为合格的市场化经营主体。加快龙头企业转型升级，鼓励建立现代企业制度，重点培育一批引领行业发展的"甲级队"和"排头兵"，提升龙头企业实力和投融资能力。二要培育壮大独立核算的新型农村集体经济组织。深入推进农村集体产权制度改革，推动农村"三变"改革，加快建立产权关系明晰、组织机构健全、经营管理规范、具有独立法人地位的新型村级集体经济组织，明确其组织职能和法人地位。加大对村级集体经济的支持力度，创新发展土地合作型、资源开发型、物业经营型、乡村服务型等村级集体经济发展模式，不断增强村集体经济实力和投融资能力。鼓励金融机构将依法取得法人资格的新型村级集体经

济组织纳入评级授信范围，提供信贷支持。充实完善农村集体产权权能，扩大农村集体资产抵押物担保物范围，鼓励开展生产设施、集体股权等抵押贷款。三要探索建立政府乡村振兴投融资平台。在现有县（市、区）政府投资公司基础上，设立专门的乡村振兴融资平台，承担县域乡村振兴"投资、融资、建设、运营"等各项职能。通过安排预算资金、城乡土地增减挂钩、非公益性政府资产等多种方式，将优质政府资产注入乡村振兴融资平台公司，壮大资产规模和综合实力，打造融资、建设、运营一体化链条，增强乡村振兴融资平台的资信和融资能力。

（二）创新财政支农方式

财政支农资金是政府支持农业农村发展的主要资金渠道，必须建立健全实施乡村振兴战略的财政投入保障机制，创新财政资金支农方式，充分激发社会投资的动力和活力，加快形成财政优先保障、社会资本积极参与的多元化投入格局。一要强化财政资金的优先保障。坚持把农业农村作为财政保障和预算安排的优先领域，确保财政投入力度不断加大、总量持续增加。明确和强化各级政府"三农"事权和支出责任，中央财政和省财政要加大对发展基础薄弱、财力有限的县、市（区）的转移支付力度。二要加大涉农资金统筹整合力度。针对当前涉农资金多头管理、交叉重复、使用分散等问题，推进行业内在预算编制环节源头整合、行业间涉农资金在执行环节统筹，实行"大专项+任务清单"管理模式，实现集中财力办大事。加强财政涉农资金绩效管理，加大对市县乡村振兴工作的绩效激励，不断提高涉农资金使用效益。三要充分利用土地收益用于乡村振兴。坚持"取之于地，主要用之于农"的原则，建立土地出让金用于农业农村稳定增长机制，不断提高农业农村投入比例。支持贫困县和农业大县利用农村土地整治新增耕地指标、城乡建设用地增减挂钩节余指标跨地区调剂收入支持乡村振兴战略。四要发挥财政资金的引导和杠杆作用。创新财政支农投入方式，因地制宜采用政府与社会资本合作（PPP）、政府购买服务、设立基金、资本金注入、融资担保、贷款贴息、以奖代补、民办公助、风险补偿等措施，引导和撬动更多金融资本和社会资本投向农业农村。

（三）推进农村信贷模式和服务创新

银行信贷是乡村振兴资金供给的主渠道，要抢抓农村产权制度等改革机遇，因地制宜加大农村信贷模式和服务创新力度，不断扩大信贷支农的规模和效益。一要支持金融机构"三农"金融服务机制创新。继续发挥农商行系统"三农"主力军作用，鼓励银行业金融机构在县域建立普惠金融事业部或三农金融事业部等专门机制，鼓励和支持农业银行、邮储银行将信贷资源向县域和农村倾斜配置。引导农村商业银行、村镇银行等农村中小金融机构聚焦主业，建立定位"三农"、服务县域的公司治理机制。丰富农村金融服务室（站）功能，推动流动金融服务和互联网金融服务发展。二要创新利用开发性和政策性金融贷款。借鉴湖北"仙桃模式"，支持县、市政府以地方政府融资平台为主体，以新增耕地占补平衡指标和城乡建设增减挂钩指标等土地指标作为质押担保，加强与国家开发银行、农业发展银行等开发性和政策性金融机构合作，争取大额中长期乡村振兴信贷支持。三要加快发展农村产权抵押融资。创新农村融资抵质押方式，借鉴推广农村承包土地经营权收储公司模式，切实赋予农村产权抵押、担保功能，支持金融机构开展农村承包土地经营权、农民住房财产权、林权、集体经营性建设用地使用权、集体资产股权等各类农村产权抵质押贷款业务。四要积极推广农业供应链金融。推广运用人民银行应收账款融资服务平台，支持金融机构依托农业产业化龙头企业开展农业供应链金融服务，鼓励金融机构探索制定适合"乡村振兴"的应收账款融资产品。支持金融科技企业为农业供应链上的核心企业及上下游企业搭建供应链管理云平台。

（四）挖掘"三农"直接融资潜力

直接融资是农村金融的短板，也是最具潜力的"三农"资金来源渠道。应充分利用债券、股票、基金等市场化直接融资方式，加大对乡村振兴的资金支持力度。一要探索发展乡村振兴政府债券。抓住国家大力支持政府债券的机遇，积极发行政府一般债券用于支持高标准农田建设、农村公路、义务教育等乡村振兴领域的纯公益性项目建设。探索发行项目融资和收益自平衡的乡村振兴专项债券，支持符合条件、有一定收益的乡村公益性项目建设。支持符合条件的我省地方法人金融机构发行涉农、小微、创业创新等专项金融债券和开展涉农、小微企业信贷资产证券化工作。支持符合条件的涉农企业在银行间债券市场发行短期融资券。二要拓宽多层次资本市场支农渠道。支持优质涉农企业到主板、中小板、创业板、科创板上市或"新三板"、省股权托管交易中心挂牌融资。鼓励省、市、县金融监管局建立涉农后备上市、挂牌企业库，加大培育力度，有针对性地指导重点涉农企业加快改制上市步伐。三要加快发展乡村振兴投资基金。鼓励省、市股权投资基金设立涉农专项子基金，鼓励有条件的市、县设立政府引导的乡村振兴投资基金，吸引社会资本参与，积极对接现代农业产业园、农村产业融合发展示范园、现代农业示范区、农业科技园区、农产品加工园区等平台，重点支持美丽乡村建设、田园综合体、农村一二三产业融合发展等项目。鼓励风险投资机构、股权投资机构发起设立投资农业产业、农业科技领域的私募股权投资基金。

（五）建立健全农村金融风险分担体系

针对农业经营风险大的突出问题，建立和完善财政风险补偿金为引导，农业信贷担保、农业保险、农业期货联动的风险减缓和分担机制，撬动更多金融资源向农业农村流动。一要建立政府主导型风险补偿基金。从财政一般预算、政府性基金、国有资本金收益以及中央和省级补助资金中安排一定比例资金建立"资金池"，支持金融服务乡村振兴企业项目库的入库企业。鼓励市、县金融管理部门在融资银行开设风险补偿基金专户。二要完善提升政策性农业信贷担保体系。强化担保融资增信功能，做大做强省农担公司，推动其服务网络向市、县延伸，逐步将业务分支机构建在市、县、基层，并将其作为农业信贷担保业务受理的主体，大力推广"政银担"模式和产品，切实打通金融资源流向新型农业经营主体的"最后一公里"。三要推进农业保险增品提质。鼓励开发适应新型农业经营主体需求的保险品种，争取扩大农业大灾保险、水稻等粮食作物完全成本保险和收入保险试点，推动农业保险由"保成本"转向"保收入"。支持市、县自主开展特色优势农产品保险、渔业保险、设施农业保险、天气指数保险、价格指数保险、贷款保证保险等，扩大农业保险覆盖面和提高风险保障水平。拓宽涉农保险保单质押范围和提高融资功能，探索开展投保入股、保险融资、村集体代保、保险合作社等农业保险新形式。深化银行业金融机构与保险机构合作，创新"信贷+保险"服务模式。四要发挥期货市场价格发现和风险分散功能。稳步扩大"保险+期货（权）"试点，探索"订单农业+保险+期货（权）"试点，建立"小农户+大农业"的利益联结机制。

（六）多措并举引导社会资本进入

社会资本是推进乡村振兴的主要力量之一。2018年中央1号文件提出要加快制定鼓励引导工商资本参与乡村振兴的指导意见,《乡村振兴战略规划(2018—2022年)》提出要引导和撬动社会资本投向农村,社会资本参与乡村振兴已经成为我国工业反哺农业、城市支持乡村的重要举措。顺应工商资本、社会资本进军现代农业和农民资金投入乏力的双向需求,鼓励引导各类社会资本投资农业,与农民结成利益综合体,实现资金、技术、管理、人才等各方资源要素的优化整合,为乡村振兴提供有力支撑。一要完善政策支持体系。加快出台我省促进社会资本参与乡村振兴的实施意见,制定财政、土地、金融、税收、价格等扶持政策,发挥政策综合效应,打造法治化、便利化基层营商环境,进一步激发社会资本投资农业农村的积极性。二要搭建投资对接服务平台。借鉴江苏经验,全面加强招商服务、创业孵化、产权交易、科技支撑、人才集聚等政府服务农业农村领域项目平台建设,为社会资本投资乡村振兴提供项目信息、规划、融资、建设、运营等一揽子服务,提高社会资本投资效率,降低社会资本投资风险。三要推广政府和社会资本合作(PPP)模式。PPP模式已成为我国引入社会力量参与公共服务设施建设的重要方式,在乡村振兴领域也有巨大发展空间。应抓住国家推进政府和社会资本合作规范发展的机遇,全面加强政府与社会资本在乡村振兴领域的合作,充分利用社会资本在融资、建设、运营等方面的专业优势,积极筛选培育适于采取PPP模式的乡村振兴领域项目。综合采取资本金注入、财政奖励、运营补贴、投资补贴、融资费用补贴等多种方式,稳定社会资本投资收益预期,同等条件下优先支持民营企业参与。针对公益性和经营性程度不同的乡村振兴项目,因地制宜采用BOT(建设—运营—移交)、BOOT(建设—拥有—运营—移交)、BOO(建设—拥有—运营)、委托运营等具体模式,优先支持农村基础设施补短板以及健康、养老、文化、体育、旅游等基本公共服务均等化领域有一定收益的公益性项目。

(七)营造良好农村金融生态环境

相对于城市,农村金融生态环境问题更加突出,是农村金融建设的短板之一。必须加快完善农村金融基础设施,推进农村信用体系建设,加大农村金融领域风险防范,全面改善我省农村金融生态环境。一要推进农村基础金融服务"村村通"。大力推动移动支付等新兴支付方式的普及应用,鼓励和支持各类支付服务主体到农村地区开展业务,积极引导移动支付便民工程全面向乡村延伸,推广符合农村、农业、农民需要的移动支付等新型支付产品,满足农民便捷、小额、非现金支付需求。鼓励银行、保险公司、证券公司等机构在乡村依法合规设立金融综合服务站，与政府相关部门合作推广医疗、社保、交通等"一卡通"服务，打造集政策传导、咨询服务、业务办理等功能于一体的一站式农村金融综合服务平台，为乡村提供惠农补贴发放、交易支付、税务缴纳、保险购买、信贷融资等金融服务。二要加快推进农村信用体系建设。将金融扶贫、乡村振兴战略、文明诚信建设和基层党建有机融合，加快推进农村信用基础设施建设，建立省、市、县三级农村信用信息系统。全面开展信用乡镇、信用村、信用户创建活动，加强农户、家庭农场、农民合作社、农业社会化服务组织、农村企业等经济主体电子信用档案建设，完善信用评价与共享机制，促进农村地区信息、信用、信贷联动。发挥信用信息服务农村经济主体融资功能，鼓励金融机构加大对信用记录良好经济主体的信贷支持，推行守信联合激励和失信联合惩戒机制，不断提高农村地区各类经济主体的信用意识，努力构建"守信者处处受益、失信者寸步难行"的农村信用环境。三要加强农村金融领域风险防范。创新农村地区防范非法集资宣传教育模式，通过制作专题影视作品、海报、举办展览、金融知识讲座等方式，增强广大农民群众对违法违规金融活动、非法集资活动的防范意识和识别能力，学会利用符合自身风险承担能力的金融工具开展农业生产活动。加大农村金融消费者权益保护力度，完善司法救助机制，切实维护农村金融消费者合法权益。强化对涉农金融活动的风险排查和监测预警，不断完善农村金融领域风险预案和处置化解工作，对违法违规金融活动、非法集资活动做到打早打小，维护农村地区金融安全稳定。

课题组成员：夏兴萍　王　斌

吕朝凤　程洪野

新安江流域产业生态补偿机制建设的建议

一、生态补偿的内涵

（一）生态补偿的概念

生态补偿（Ecological Compensation）是以保护并持续利用生态系统服务，促进人与自然的和谐发展为目的，在产权界定的基础上，运用政府、市场等手段，调节利益相关方不同行为的环境利益及经济利益之间关系的生态环境管理制度。从狭义的角度来说，生态补偿主要是指对生态系统和自然资源保护所获得效益的奖励或破坏生态系统和自然资源所造成损失的赔偿。从广义角度来说，生态补偿还包括对造成环境污染者的收费。

流域生态补偿是生态补偿在流域生态系统的具体应用，是以水资源保护为目的，通过促进流域上下游之间在水环境的整治、保护上形成合力，在合理的责任分配和利益分工的前提下，下游或受益区对上游或保护区让渡的水权益进行补偿的机制。

（二）生态补偿的标准

生态补偿的标准是指在一定社会经济条件和社会公平观念下，对生态补偿支付的依据。总体来看，生态补偿标准的来源包括生态保护者的直接投入和机会成本、生态受益者的获利、生态破坏的恢复成本、生态系统服务的价值等四个方面。实际操作中多采用生态足迹法、机会成本法和支付意愿法等三种方法，同时应根据经济发展和生态环境现状，利用协商和博弈对补偿标准进行动态调整。

（三）生态补偿的方式

生态补偿的方式是指生态补偿责任主体对被补偿主体进行补偿的途径与形式，是生态补偿机制的核心环节。从补偿责任主体的角度出发，根据生态利益享受者与经济利益或其他权益受限者在生态补偿中的密切度，生态补偿方式可分为直接补偿与间接补偿。从被补偿者的角度出发，生态补偿方式可分为货币补偿、实物补偿、政策补偿、智力补偿等。从生态补偿运行机制的角度出发，生态补偿方式可分为政府补偿、市场补偿、政府市场综合补偿方式等。在我国，政府补偿机制是目前开展生态补偿最主要的形式。

产业生态补偿是一种政府市场综合的生态补偿方式，借鉴由经济发展梯度差异而引发的产业转移机制来解决流域的生态补偿问题，能够增强自身"造血功能"，但对产业相关的基础设施与发展环境有一定要求，在各类生态补偿中都具有较强的应用价值。产业生态补偿机制应用于流域生态补偿，就是把具体补偿落实到产业项目上，加快产业转移，强化产业扶持，大力发展流域上游生态产业，缩小上下游发展差距，提高当地人民生活水平。

二、国内外流域生态补偿实践和经验

（一）国外流域生态补偿实践

目前国际上使用的生态补偿概念是生态服务付费（Payment for Ecosystem Services，PES）或生态效益付费（Payment for Ecological Benefit，PEB），关于流域生态补偿机制的研究以及实践最早源于流域的管理和规划。1986 年美国田纳西州为减少土壤侵蚀对流域周围的耕地和边缘土地的所有者和使用权人进行补偿，就是一种政府实施的流域管理计划，也是流域生态补偿机制的雏形。当前，全球多个国家地区开展了流域生态补偿实践。

1. 美国田纳西河流域

为解决田纳西河流域生态发展问题，美国联邦政府于 1933 年成立田纳西河流域管理局，在提高农业产出和农民收入的基础上，综合管理土地资源，大力提倡植树造林开展生态补偿：管理局对流域周围的耕地和边缘土地的拥有者以直接支付方式进行经济补偿；通过研究可高效利用的化肥，倡导流域内各地农民使用，间接给农民带来经济效益以进行补偿。

2. 澳大利亚墨累–达令河流域

在生态环境管理经验的基础上，澳大利亚政府及河流沿岸的各州政府采用市场化手段进行生态补偿：设立河流生态管理机构，统筹协调河流生态资源综合利用管理等问题，推动区域合作发展；实施水分蒸发信贷交易，上游区域的植树造林资金主要来源于下游土地受益者按一定的价格进行支付的费用，从而进行横向生态补偿；实行水权交易，明确生态用水。

3. 德国易北河流域

德国易北河流域的水生态保护补偿是跨国境流域生态补偿的重要实践。1990年德国和捷克共和国对易北河开展流域整治，双方达成采取措施共同整治易北河的双边协议，并成立双边合作组织，由德国政府投资并在捷克城市地区建造大型污水处理厂，两国政府通过财政公共支付的方式进行生态补偿。财政补偿资金主要有两种支付方式：一是通过扣除划归各州销售税的25%后，余下的75%根据各州居民人数直接按比例分配支付给各州；二是财政较富裕的州按照统一的标准进行计算后分拨给财政不富裕的州。

（二）国内流域生态补偿实践

从20世纪末开始，我国在生态补偿领域开展了大量研究和实践。1990年颁布的《国务院关于进一步加强环境保护工作的决定》中明确规定"污染者付费、利用者补偿、开发者保护、破坏者恢复"的原则。1996年《国务院关于环境保护若干问题的决议》开启了我国生态补偿在森林、矿山等领域的尝试和探索，并逐渐扩展到流域领域。2005年，党的十六届五中全会首次明确地提出建立生态补偿机制。党的十九大报告再次明确提出建立市场化、多元化生态补偿机制。与此同时，一系列生态补偿的政策先后出台。近年来，我国各地政府严格落实国家生态补偿政策，积极开展流域生态补偿实践探索并取得显著成效。

1. 新安江流域

2012年起，在财政部、生态环境部的指导下，皖浙两省开展了首轮新安江流域生态补偿机制试点，这是国内首次探索跨省流域生态补偿机制，试点每年设置5亿元的补偿资金，其中中央财政3亿元、皖浙两省各出资1亿元，年度水质达到考核标准，浙江拨付给安徽1亿元，否则相反。当前两轮试点圆满结束，新安江沿岸流域水质为优并稳定向好，形成了"新安江模式"并在全国推广。第三轮试点中生态补偿资金专项用于新安江流域环境综合治理、水污染防治、生态保护建设、产业结构调整、产业布局优化和生态补偿等方面；鼓励和支持通过设立绿色基金、政府和社会资本合作（PPP）模式、融资贴息等方式，引导社会资本加大对新安江流域综合治理和绿色产业的投入力度。

2. 东江流域

东江源区由于常年稀土开采造成矿区地下水污染严重，流域生态环境较为脆弱。江西、广东两省借鉴"新安江模式"，共同安排省级专项资金，对上下游流域进行横向生态补偿。中央政府提供 3 亿元，依据考核结果给予江西奖励资金；广东省和江西省分别出资 1 亿元，依据省界断面处的具体水质标准达标情况进行财政补偿。东江流域生态补偿在省级层面成立了负责流域管理的专职机构，明确了水权管理机制，对供水、分水、水资源管理等进行宏观调控和统一协调。下游较为发达的广东省以共建工业园、投资产业基金的方式带动了上游地区的发展。

3. "引滦入津"工程

"引滦入津"工程是我国第一个跨区域的引水工程。2016—2018 年，河北省、天津市 3 年内每年各出资 1 亿元设立引滦入津水环境补偿资金，用于引滦入津上下游横向生态补偿，中央财政根据年度考核结果拨付给上游省份一定额度的资金。引滦入津水环境补偿方案实施后，缓解了下游河道水质淤积、水体水质富营养化等问题，水质基本达到水环境功能需求。"引滦入津"工程对协同解决上游贫困问题和下游水质问题意义重大，进一步促进了京津冀协同发展。

（三）国内外流域生态补偿经验启示

从国内外流域生态补偿的实践来看，我们可以总结以下几点经验启示：一是提高全社会环保意识，将环境保护和生态治理作为一项可持续发展的事业来坚持，避免陷入"破坏污染—修复治理—再破坏污染"的恶性循环。二是转变生态治理理念，始终把流域的可持续发展作为治理的根本目的，对整个流域系统进行多目标的综合开发，实现生态补偿与综合开发的紧密结合。三是坚持政府主导、市场配合的综合治理及补偿方式，充分发挥市场配置资源的灵活性，将生态资源价值实现与产业发展结合，促进生态资源优势转化为产业发展优势，为生态系统的可持续发展打下牢固的经济基础。

三、新安江流域生态补偿的成效

（一）加强生态环境保护，流域生态环境稳中趋好

自 2012 年新安江流域生态补偿试点工作正式开展以来，安徽省委、省政府把新安江综合治理作为生态强省建设的"一号工程"，黄山市委、市政府也始终将新安江流域生态建设摆上重要位置，分别成立以书记、市长为组长的新安江流

域综合治理和生态补偿机制试点工作领导小组。2013—2017 年黄山市环境保护直接投入分别为 8.42 亿元、11.94 亿元、10.20 亿元、8.01 亿元和 14.03 亿元，年均投入 10.52 亿元。几年来，黄山市通过加快流域水污染防治、着力节约保护水资源、强化水生态保护修复、严格水环境风险管控等方式，不断加强生态环境保护，两轮试点工作圆满收官，第三轮试点工作成效显著。跨省界街口断面水质达到地表水环境质量标准Ⅱ类，千岛湖湖体水质实现与上游来水同步改善，已初步探索了一条上游地区主动加大保护力度、下游地区支持上游加快发展的互利共赢的"新安江模式"。

饮用水水源地保护成效显著。黄山市县级以上集中式饮用水水源环境状况已完成评估，饮用水水源地问题均实施整改。河湖长制全面落实。共设立市、县（区）、镇、村河湖长 1646 名，聘请巡河员、护河员共 1946 名。城镇污水治理水平全面提升。截至 2018 年底，已经建成污水主干管网 604 千米（2018 年新建 62 千米）、清淤检测管网 205 千米、修复管道 106 千米，城市污水集中处理率达 94.86%，县城污水处理率达 93.03%。新安江流域建有污水处理厂 6 座，总处理能力达到 18 万 m^3/日。2018 年共排查全市农村黑臭水体 5 个，农村污水治理 PPP 建设项目已完成投资 7000 万元。工业污染防治不断深入。黄山市全面实施产业准入负面清单制度，关停淘汰污染企业 220 多家，整体搬迁 90 多家，拒绝污染项目 192 个，优化升级项目 510 多个，打造了供热、脱盐、治污"三集中"的循环经济园区。流域化工污染专项整治行动共排查化工企业 52 家，5 家企业的 11 个环境问题已全部完成整治。经济开发区和化工园区建成污水集中处理设施并安装自动在线监控装置。农业污染防治扎实推进。已建成覆盖乡村的农药集中配送网点 468 个。2018 年，全市化肥使用量 3.5 万吨，比 2012 年下降 12.5%；秸秆综合利用率达到 90.22%，畜禽粪资源化利用率达 87.2%，改造畜禽规模养殖场 136 家，关闭禁养区外无法治理的养殖户 133 家。城乡垃圾处理处置能力提升。2018 年底，黄山市生活垃圾综合处理厂投入运行，采用焚烧无害化处置，有效地避免了渗滤液处理中浓缩液回灌对水环境的危害以及城乡生活垃圾对城乡环境、水体的污染；污泥与餐厨垃圾处置项目加快实施，设计能力为日处理污泥 120 吨。2018 年，新安江流域河流总体水质状况优，高锰酸盐、氨氮、总磷、总氮四项考核指标测算补偿指数为 0.87，达到并优于补偿考核要求。

（二）经济保持较快发展，绿色低碳发展效果显著

经济发展稳中有进。2018 年黄山市地区生产总值同比增长 7.7%；分产业看，第一产业增加值为 56.9 亿元，增长了 3.1%；第二产业增加值为 236.6 亿元，增长了 10.2%；第三产业增加值为 384.4 亿元，增长了 6.6%。人民生活水平逐步提高，人均 GDP 达到 48579 元，比 2012 年增加了 12798 元。产业结构不断优化。2012—2018 年，黄山市三次产业结构由 11.4∶46.3∶42.3 调整为 8.4∶34.9∶56.7，"三二一"的产业结构模式进一步凸显。2018 年，三次产业对经济增长的贡献率分别为 3.7%、53.4% 和 42.9%，其中工业对经济增长的贡献率为 42.0%；在第二产业中，工业结构转型升级加快，战略性新兴产业产值增长 16.6%，占规模以上工业比重达 32.1%，全市规模以上高新技术产业产值比上年增长 20.9%，增加值增长 16.8%，传统高污染、高耗能企业全部关停整治。生态经济发展迅速。"生态+精致农业"影响力持续扩大。茶产业、特色种养业做大做强。2018 年，黄山市茶产业产值达 34.28 亿元，出口量和创汇额分别占全省的 79.6% 和 78.9%，占全国的 12.9% 和 11%。"生态+新型工业"模式不断突出。绿色食品、汽车电子、绿色软包装、新材料等特色主导产业发展势头强劲。黄山市相继引进康师傅、六股尖、无极雪等项目，天然饮用水产业蓬勃发展。"生态+全域旅游"快速发展。依托皖南国际文化旅游示范区建设，充分发挥黄山、新安江自然环境优势，推出体育休闲、健康养生、徽文化民宿、茶园体验等一系列新业态新产品。2018 年，黄山市旅游接待 107 万人次，实现旅游总收入 7554 万元，其中乡村旅游接待量占全市游客接待量的三分之二，超 10 万农民从事以旅游为主的第三产业，人均年旅游收入超万元。

（三）生态文明理念巩固，社会参与程度不断增强

政府生态文明理念更加突出。黄山市作为安徽省市县政府分类考核的四类地区，政绩考核由重经济向生态环境保护转变，引导支持黄山市进一步加强生态环境保护，促进新安江流域科学发展。黄山市政府大力推动新安江生态经济示范区建设，充分贯彻"两山"理论，生态环保型产业、绿色种植业、旅游业和服务业快速发展，促进了全流域的均衡发展、绿色发展、和谐发展。同时，黄山市充分发挥政府门户网站中新安江保护专栏信息平台及民生热线栏目的沟通引导作用，保障信息公开，及时了解并解决市民反映强烈的环境热点和焦点问题。新安

江流域生态补偿试点工作的影响力显著提升，社会各界关注热度不断提升。黄山市通过志愿服务、社会监督、投诉热线、有奖举报、媒体曝光、河长包保、村规民约等措施，促使群众认识环保、了解环保、参与环保、监督环保工作，同时积极开展绿色家庭、绿色社区、绿色学校及环境教育基地创建工作，大力引导绿色生活方式，严格落实能源消费总量和强度"双控"制度，公众参与环保意愿不断提升。

四、新安江流域生态补偿存在的问题

（一）补偿方式单一、补偿标准难以体现实际投入和生态价值

补偿方式单一。一是判别方法单一。新安江流域目前开展的生态补偿以及生态产品价值核算，均基于水资源质量，以 P 值（补偿指数）为核心开展。该方法未能充分考虑生态产品的稀缺性和复杂性，特别是未能对森林、湿地、耕地等生态产品的价值进行科学测算，缺乏对上游地区发展机会成本、污染治理成本以及生态系统服务价值等因素的考虑。二是资金来源单一。目前，生态补偿的资金投入来自中央政府和皖浙两省的政府资金，且中央政府资金逐年退坡。

补偿标准低。一是无法覆盖环境保护投入。2012—2017 年黄山市分别获得 4.0 亿元、4.2 亿元、4.2 亿元、8.2 亿元、7.2 亿元和 6.2 亿元补偿资金，分别占黄山市政府环境保护投入资金的 45.77%、49.88%、35.18%、80.39%、89.89% 和 44.19%；年均补偿 5.67 亿元，占黄山市政府环境保护年均投入的 56.36%。二是无法体现生态价值。该区域生态产品类型多、数量大、价值高，是浙皖两省的重要生态屏障，事关整个长三角地区的生态安全。新安江流域生态产品具有重要价值，尤其是新安江、千岛湖的优质水资源，是浙江省重要的饮用水水源地，也是整个长三角地区的战略备用水源，并承担着调节小气候、降解污染、维护生物多样性等生态功能。据不完全测算，黄山市生态系统服务价值为 170.4 亿元，年均补偿金额仅占生态系统服务价值的 3.3%。

（二）上游后续投入压力较大，可持续性难度较大

2012—2017 年，在经济发展新常态下，政府财政收入增长放缓，环境基本公共服务均等化、全面推动脱贫攻坚等工作使政府的财政压力持续增加。一是多年环境保护投入高位运行。黄山市作为我省经济发展较薄弱地区，环保投入一直

保持高位运行。2012—2017 年，历年黄山市政府环境保护支出占全市财政支出的比重基本保持在 6% 以上，远高于全省财政的环境保护支出占比。二是长期依靠本级财政收入难以维系高位环保投入，可持续性难度较大。2012—2017 年黄山市政府环境保护支出分别占当年财政收入的 11.37%、10.39%、13.23%、11.03%、8.09% 和 13.25%，年均占比为 11.23%。如果考虑收入与支出间的时滞，历年环境保护支出分别占上一年财政收入的 13.65%、10.95%、14.74%、11.30% 和 14.17%。

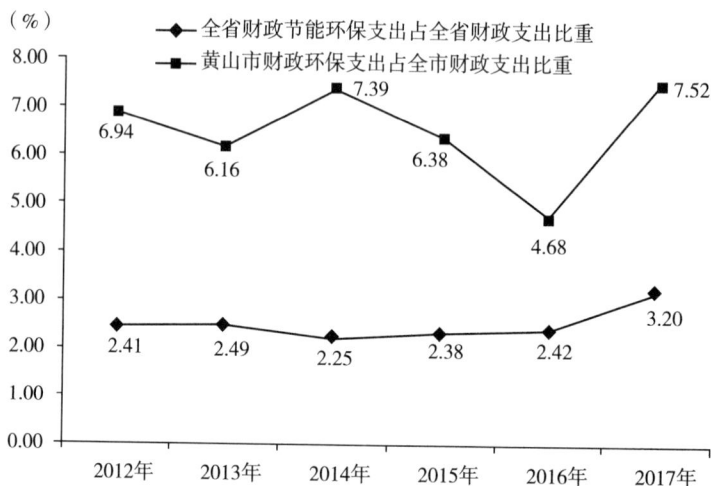

图 1　黄山市财政环保支出比重与全省财政环保支出比重对比

（三）上游"造血"功能薄弱，发展压力持续增大

目前，矿产品采选加工、传统林业等资源型产业依然占据一定比重，吸纳了大量当地就业人口。随着生态文明向纵深推进以及水质保护的需要，资源型产业均被列入各县产业准入负面清单中，面临淘汰退出、控制准入或限制发展的局面。旅游业作为传统优势产业，对地方税收和财力提升贡献有限。生态农林、生态旅游、大健康、养老养生等产业发展速度较快，但总体规模小、发展基础薄弱，存在较强的同质化竞争。流域上下游在人均 GDP、财政收入、城乡居民收入等方面本来就有较大差距，产业基础薄弱的上游地区在工业企业关停并转、产业结构优化上又付出了很大成本和代价，造成其自身造血功能更加薄弱。据不完全测算，2013—2017 年黄山市因生态补偿造成的机会成本损失达到 9.74 亿元 ~ 28.73 亿元/年。

五、新安江流域产业生态补偿机制建设的必要性

（一）是建立市场化、多元化生态补偿机制的重要突破口

建立市场化、多元化生态补偿机制，是推进生态文明体制改革的重大举措。当前，我国以资金补偿为主的生态补偿方式较为单一，与"市场化、多元化"要求差距较大，且长三角地区一体化的发展对生态治理机制创新提出了更高的要求。我省亟须以产业补偿机制为突破口，开展市场化的生态补偿机制探索实践，发挥政府补偿和市场补偿的合力作用，提升生态产品价值测算的科学性，将产业转移机制创新应用于生态补偿，大力发展流域上游产业，从而实现经济与环境的双赢发展，为建成市场化、多元化生态补偿机制增添动力。

（二）是实现流域生态补偿常态化、长效化的科学选择

资金和政策补偿方式能够为流域生态补偿提供持续性的资金投入和倾向性的政策支持，是流域生态保护和经济发展的重要基础，主要适用于补偿前期阶段。但随着生态补偿机制的不断推进，流域上下游基础设施建设日趋完善，经济发展稳步提升，单纯依靠资金和政策补偿方式，流域生态补偿机制所能调动的积极性有限，可持续性略显不足。产业补偿方式能够培育并发展支柱型产业，实现流域生态补偿的自给自足，更适用于生态补偿中后期阶段，是流域生态补偿长远发展的重要保证。

（三）是促进长三角一体化发展的有效手段

随着长三角一体化上升为国家战略，我省可抓住机遇组织搭建协调机制和平台。我省可以产业、项目为落脚点，增强利益分享、成本共担意识，积极引入社会资本和民间资本，将产业转移、产业帮扶作为产业生态补偿机制的重要手段；建立"造血式"的产业生态补偿机制，可以在加快推动生态环境共保联治的同时，强化产业集群建设，联手打造优势产业集群，增加就业机会，提高流域内发展活力；在流域内打造"生态+"项目，推进生态与旅游、文化、体育、健康、养老、养生等产业融合发展，为长三角区域经济一体化发展提供强有力的支撑。

六、新安江流域产业生态补偿机制建设的建议

我省可紧紧抓住长三角更高质量一体化发展的机遇，贯彻党的十九大提出的

"建立市场化、多元化生态补偿机制"的要求，拓展生态补偿方式，依托青山绿水的生态资源和博大精深的徽州文化资源，以产业合作为抓手，因地制宜，探索生态价值实现的路径，探索灵活多样的横向产业合作和产业帮扶等产业生态补偿机制，逐步形成成本共担、效益共享、合作共治的全流域生态补偿长效机制。

（一）加快发展生态产业

深入挖掘新安江流域生态和文化资源，充分发挥生态资源优势，推进生态与旅游、文化、体育、健康、养老、养生等产业融合发展。

加快发展全域旅游。以皖南国际文化旅游示范区建设为统揽，以全域旅游示范区创建为抓手，以"旅游+"为引擎，培育新业态，积聚新动能，推进旅游与农业、工业、文化、体育、健康、互联网等深度融合，以特色小镇、名镇名村为载体，促进线上线下融合发展。加强文化遗存、古村落、古驿道、工业遗产等资源的发掘，提升马拉松、登山等体育赛事水平。做大做强徽州民宿品牌，形成多层次民宿产品和服务。

加快大健康产业发展。充分挖掘和宣传新安医学资源，以新安医学为支撑，培育养生休闲为一体的医养服务业。发挥黄山生态、人文、旅游等优势，积极参与长三角养老产业的分工，引入面向中高端养老人群的高层次养老设施，打造长三角地区的中高端养老产业基地。充分发挥新安医学在健康养老养生中的作用，高水平建设潜口养生特色小镇，加快中药材基地、中医馆建设，推进新安医学与养老、康复、养生、旅游、运动休闲等业态的多元融合。发挥市场和资本力量，促进养老机构与医疗机构共同发展。

着力提升农业和农产品的附加值。推动以茶产业为代表的特色农业转型升级，支持有实力的企业走出去，积极开发和占领国内外市场。完善技术标准和规范，强化农产品质量和安全，建设现代农业、林业示范园区。强化品牌引领，依托龙头企业、专业协会等，打造知名品牌，鼓励企业抱团发展，突出"一村一品""一镇一业"。利用互联网加强绿色有机产品宣传，发展线上和线下多渠道营销，促进电子商务和实体店有机结合。

加快战略性新兴产业和绿色产业发展。壮大战略性新兴产业。积极发展数字经济、汽车电子、高端装备制造等发展环境影响小、资源消耗低、成长性高的战略性新兴产业。依托自然资源优势，发展特色生物制造等新兴产业，壮大文化旅游等新业态，发展合同能源管理、碳排放权交易、水权交易、绿色技术产品认证等绿色服务业。加快产业绿色化。加快循环园区改造，以绿色工厂、绿色车间、绿色园区建设为抓手，提升产业绿色制造水平。

（二）加强流域产业合作

以流域补偿试点为抓手，积极融入长三角高质量一体化发展格局，围绕黄山市生态和文化资源优势转化为产业发展优势，以产业转移、产业帮扶、合作共建等形式，开展流域产业合作。

提升产业转移水平。聚焦产业范围，重点承接浙江新兴产业、绿色产业、生态产业；鼓励本地企业与杭州企业建立产业联盟，强化分工合作，壮大数字经济、新能源及智能汽车、高端装备等创新产业集群。聚焦产业薄弱环节。围绕主导产业、战略性新兴产业、绿色产业发展，将产业链招商作为主要抓手，积极对接杭州地区企业、科研机构，加快相关配套保障，尽快形成产业链。

积极开展园区共建。鼓励黄山市、杭州市各类开发园区建立常态化结对共建机制，在黄山市建立"园中园"，强化转移产业的集聚发展。积极争取杭州未来科技城、梦想小镇等创新集聚平台与黄山市开展合作，着力构造高端产业集聚发展合作示范区。

加强产业帮扶。鼓励黄山市、杭州市县区积极构建常态化的产业帮扶机制。以企业为主体，积极利用杭州"互联网＋产业"和数字经济等行业龙头企业优势，改造提升优势传统产业，推动产业结构转型升级。

构建成本共担、效益共享机制。鼓励流域上下游企业、政府、园区共建产业基金、生态基金；推动各方合作设立创业投资基金和风险投资基金，推进黄山金融小镇与杭州玉皇山南基金小镇合作。按照平等互利原则，协商收益分享机制。积极开展生态价值核算，将黄山市域生态系统价值作为生态补偿标准的参考依据之一。探索生态价值转化的实现路径。在黄山市基础条件好的县区、乡镇、村开展试点，将其生态价值核算、环保投入等折算为双方合作项目、基金的股份。

（三）加快一体化基础设施建设

以一体化城镇化发展为目标，以一体化基础设施建设为抓手，提升流域内供水管网、供气管网、污水管网、公交网络、光纤宽带网络等基础设施建设水平。

探索生态引领的一体化城镇化道路。在现有城镇和农村居民点布局基础上，进一步推动城镇集中集聚开发，空间集约紧凑发展，强化古树、古桥、古道、古村落等保护，以绿色发展引领乡村振兴，把乡村建设成为幸福美丽新家园。积极推动产镇、产村融合，重点打造一批"文化+""生态+"主题鲜明的特色小镇。推进特色产业与文化、旅游的深度融合，因地制宜，建设一批集休闲、养生、旅游观光为一体的田园综合体。采用生态移民搬迁、易地扶贫搬迁、避险解困搬迁相结合的方式，引导人口向区外有序迁移，向重点镇和中心村适度集中。加快补齐公共服务短板，加快实现基本公共服务均等化。扎实开展农村环境"三大革命"，改善乡村人居环境。创造更多的就业机会和增收途径，以生态产业发展带动农民增收，促进生态文明建设成果共建共享。

加快交通和信息基础设施建设。加密黄杭高铁班次，加快公路和高等级公路建设，尽快打通"断头路"。推进5G网络建设和应用，推动杭州数字经济、智慧经济在黄同步应用、协同发展，加快实现"智能+"应用场景。

加强一体化的生态环境保护制度建设。围绕长三角生态环境标准一体化，积极开展新安江流域环保监测设施建设，完善流域生态环境标准征求意见和会商机制，推动区域环保标准信息全过程共享和互动，探索编制重点行业、重点领域环保标准。

（四）构建一体化的发展环境

打造一体化的营商环境。坚持市场化、法制化和国际化原则，积极学习借鉴杭州经验。继续深入推动"放管服"改革，强化事中事后监管。深化"多证合一、证照联办"商事制度改革，推动前置审批事项改为后置审批或取消，构建全口径中介服务清单。推进政府数字化转型。加快推动公共数据开放，建设电子政务云平台，完善"互联网+政务服务"体系，建设全市统一政务服务事项标准化清单，全面实施市场准入负面清单制度。

强化跨区域一体化公共服务。探索建立跨区域医疗联合体，建立居民就医绿色通道。推进实施统一的基本医疗保险政策，完善医保异地结算机制，开展异地就医急诊、门诊医疗费用直接结算。加快交通旅游等领域一体化，积极推行交通出行、旅游观光、文化体验等领域"一卡通"。

（五）强化科技支撑

加快创新合作。加快浙江大学黄山技术转移中心建设，积极对接G60科创走廊合作，鼓励企业与杭州大院大所开展产学研合作，建立常态化科技创新合作机制，推进科技成果转化。围绕产业发展，引进在杭院校、科研机构设立研究院、分支机构等。

加强人才支撑。积极招引产业人才。把人才集聚放在产业发展的核心位置，利用长三角一体化契机，面向杭州等地，加快招引一批产业发展急需人才。建立健全柔性人才使用机制。依托便利交通，建立健全柔性人才使用机制，设立"星期日工程师"、流转博士站，共建产学研基地。优化人才流动的医保、社保、子女就学等保障机制。

指　导：蒋旭东

执　笔：徐　鑫　汤丽洁　张贝尔

孙京禄　陆贝贝　戴家远

安徽省资源环境承载能力超载成因
分析及对策研究

资源与环境是人类赖以生存的基础。科技进步和社会生产力的极大提高，加速了人类文明发展进程，但也导致人口剧增、资源过度消耗、环境污染、生态破坏等资源环境负面问题，资源环境超载日益严重。经济社会发展和国土空间开发格局优化必须注重建设以资源环境承载力为基础，以自然规律为准则，以可持续发展为目标的资源节约型、环境友好型社会。

党的十八大将生态文明建设纳入"五位一体"中国特色社会主义总体布局。十八届三中全会《中共中央关于全面深化改革若干重大问题的决定》和中共中央、国务院印发《生态文明体制改革总体方案》中明确提出资源环境承载能力评价。建立资源环境承载能力监测预警机制是中央全面深化改革重大任务的组成部分，是推进生态文明体制改革的核心制度。2016年10月，国家发改委、国家海洋局等13部委联合印发《资源环境承载能力监测预警技术方法（试行)》（以下简称《方法》），要求各省在《方法》基础上研究形成适用于当地的资源环境承载能力监测预警方法，并进行以县级行政区为单元的资源环境承载能力评价研究。

通过对资源环境承载能力评价和超载成因进行研究，我省可实时掌握省内资源环境开发利用状况和超载情况，针对区域可持续发展状况进行诊断和预判，并对水土资源、环境容量和生态质量超载区域实行差异化的管控与管理措施。

本文在综合分析评判全省县级行政区资源环境承载状况和预警情况的基础上，重点针对资源环境超载成因等薄弱环节开展系统研究，并综合承载力评价结果和超载成因，研究提出分功能区有针对性的对策建议。

一、研究背景

（一）选题背景

资源环境承载能力指一定时期、一定国土空间内自然资源、环境容量和生态服务功能对人类活动的综合支撑水平。资源环境承载能力评价是对自然资源禀赋和生态环境本底的综合评价。近年来，我国面临的资源环境约束持续加剧，资源过度消耗、环境污染、生态破坏等问题日益突出，严重制约了区域经济协调发展和高质量发展，资源环境与经济协调发展问题备受关注。党的十八大以来，我国经济与社会发展已由唯一目标（经济效益）过渡到双重目标（资源环境效益与经济效益），"绿水青山就是金山银山"已成为社会共识。为实现以生态优先、绿色发展为导向的高质量发展，国家将资源环境承载能力监测评价作为各类空间性规划编制的前提和基础之一。《资源环境承载能力监测预警技术方法（试行）》《关于建立资源环境承载能力监测预警长效机制的若干意见》要求各省开展以县级行政区为单元的资源环境承载能力评价研究，解析超载成因，科学设计限制性和鼓励性配套措施。

（二）研究意义

1. 落实生态文明体制改革的重要任务

建立资源环境承载能力监测预警长效机制，是中央全面深化改革的一项重大任务。党的十八届三中全会审议通过的《中共中央关于全面深化改革若干重大问题的决定》，中共中央、国务院印发的《生态文明体制改革总体方案》和中共中央办公厅、国务院办公厅印发的《关于建立资源环境承载能力监测预警长效机制的若干意见》中均明确要求建立资源环境承载能力监测预警长效机制，加强监测预警和超载成因研究。

2. 推进主体功能区建设的重要举措

通过对资源环境承载能力评价及超载成因进行分析，有关部门可针对性地出台管控措施，发挥资源环境监测预警的引导约束作用，有效规范空间开发秩序，合理控制开发强度，优化国土开发格局，切实将各类开发活动限制在资源环境承载能力之内。

3. 编制实施空间规划的重要基础

《中共中央关于全面深化改革若干重大问题的决定》和《生态文明体制改革总体方案》中明确提出，各级空间规划编制前应当进行资源环境承载能力评价，加强对空间布局、产业布局、结构调整的支撑作用。

4. 建设绿色江淮美好家园的必然要求

通过对资源环境承载能力评价和超载成因进行研究，有关部门可实时掌握安徽省资源环境开发利用状况和超载情况，有利于发现各县区在资源开发利用过程中存在的问题，及时制定或优化调整相关政策措施。

（三）国内外研究现状

1. 理论依据

（1）资源稀缺理论

资源的稀缺性表现在资源量的有限性而使人们不能无限占有和使用资源，从而引起资源价值的存在。马尔萨斯在《政治经济学原理》中指出资源的稀缺性表现为报酬递减，且不会因技术进步和社会发展而有所改变。有学者认为，市场机制的自发运行可以解决资源与可持续发展的矛盾，科技水平的提升可以提高土地和其他资源的生产率，从而克服报酬率递减的趋势。资源越稀缺则该种资源的价格就越高，从而增加了人们使用该种资源的成本，这将促使人们去改进技术发明以节约这种资源或是寻找替代品。

（2）增长极限理论

1972年，梅多斯等在《增长的极限》中提出了"经济增长极限论"。该理论认为，对自然资源的开采利用有一个量限，社会经济排放到自然环境的废弃物也有一个量限。如果将自然环境对废物的吸纳降解容量理解为一个仓库的话，那么这一仓库容量就是极限。因此，人类社会在追求经济增长的同时，必须关注资源环境承载力问题。

（3）人与自然和谐理论

乔治·马什在《人与自然》中提出人与自然相和谐的观念，其主要内容是：一是自然界是一个整体，已形成一种牢靠的平衡状态。二是自然界自身有着稳定性和抗逆性的特征。三是自然均衡状态的破坏，将会使地球降低其生产力，从而威胁人类的生存。四是人类对于自然有着破坏性的力量，但人类是可以避免采用这一力量的。人类应当认识并顺从自然，寻求一种人与自然互相依存的和谐状态。

（4）可持续发展理论

1987年布伦特兰在联合国报告《我们共同的未来》中首次使用了"可持续发展"概念，并将其定义为"既能满足当代人的需要，又不对后代人满足其需要的能力构成危害的发展"。可持续发展强调三个主题：代际公平，区域公平，社会经济发展与人口资源、环境的协调性。

2. 国外研究现状

国外资源环境综合承载力的研究最早可追溯到1921年美国学者Park和

Burgess 等提出了生态学领域的承载力概念。随后，福格特、Odum 等学者进一步明确了区域承载力概念，并赋予承载力概念较精确的数学形式。环境承载力由环境容量概念演化而来，最早出现于 20 世纪 70 年代，Bishop、Schneider 等认为"环境承载力是自然或人造环境系统在不会遭到严重退化的前提下，对人口增长的容纳能力"。

自资源环境承载力概念提出后，学术界对资源环境承载力研究越发重视，研究方法推陈出新。20 世纪 60 年代末 70 年代初，D. 梅多斯等学者建立了"世界模型"，采用系统动力学模型评价了全球范围内的资源、环境与人之间的关系。Millington 和 Gifford（1973）采用多目标决策方法，研究了澳大利亚几种不同的发展策略和相应的发展前景，从而计算出该国的土地承载力。英国科学家 Sleeser 提出了增加承载力的策略模型（ECCO 模型）。该方法以长远发展为目标，通过模拟不同发展策略下的关系变化来确定区域发展的最优方案。加拿大生态经济学家 Rees 和 Wackernagel（1992）提出并完善了生态足迹法。1993 年，联合国等国际组织联合推出了环境经济综合核算体系（简称 SEEA），其核心指标 EDP 即绿色 GDP，指在现有国内生产总值的基础上，通过扣减经济发展的环境成本所得到的余值。绿色 GDP 的实质是用产出指标表达的环境承载力。21 世纪初，Brown 把能量作为折算的标准，基于能值分析的方法，计算了美国某地区在资源环境承载力约束条件下的适宜经济规模。此后，多名学者就资源承载力的计算方法、评价系统等方面进行了大量研究。

此外，Joardor（1998）从供水角度对城市水资源承载力进行了相关研究。Harris（1999）着重研究了农业生产区域水资源的农业承载力，将此作为区域发展潜力的一项衡量标准。Saveriades（2000）指出要反映区域的综合环境承载力，须对设施承载力、资源环境承载力、经济社会承载力及社会心理承载力进行研究。Furuya（2004）对日本东北部水产业环境承载力进行了研究。Gerst（2009）以铜资源为例，运用物质流分析和未来情景分析来探索其未来的循环发展及其对环境的影响，从而实现资源的可持续利用。Mckeon 等（2009）研究了气候变化对澳大利亚北部牧场的承载能力的影响。Bernhard（2010）利用物质流分析方法对智利的电脑废弃物进行了评价，以促进电脑废弃物的处置和再利用，从而减少浪费，促进自然环境和社会环境的协调发展。

3. 国内研究现状

国内学者对资源环境承载力的研究起步较晚，然而随着资源短缺、环境污染问题的日益突出，资源环境承载力已经成为我国当前资源环境及经济学领域的研究重点。学者和专家对资源环境承载力的研究也取得了大量的成果。国内资源环境承载能力研究始于20世纪80年代末，在学习借鉴国外研究理论和评价方法的基础上，相关学者结合国内实际情况进行了大量的理论和实证研究。研究主要集中在资源环境承载力的概念界定、理论分析、评价指标体系等方面，并对我国不同空间尺度、不同类型区域的资源环境承载力展开了实证分析，在灾后重建和主体功能区规划中得到了成功应用。

国内学者对区域资源环境承载力的研究经历了从资源承载力到环境承载力再到区域资源环境承载力的逐步演化发展的过程。学者最初只倾向于研究单个资源要素的承载力，研究资源环境对人口、经济发展的支持能力，特别是土地承载力及水资源承载力的研究。近些年来，学者们逐渐将人类的社会经济活动纳入研究范围，提出了一个综合资源环境以及人类社会经济活动多方面因素的综合评价指标，并运用矢量法建立了多指标评价模型。魏文侠等（2010）构建了造纸工业资源环境承载力评价指标体系。李树文等（2010）以地球系统科学、生态学为理论依据，以城市为研究背景，探讨了生态-地质环境评价指标体系的基本构成，建立了生态-地质环境承载力综合剩余率模型。韩立民等（2010）运用模糊数学法对特定海域环境承载力进行了评价。董文等（2011）选取空气、水、土地、能源和生态等五类要素作为主要评价因子，分别从资源属性和环境属性两个角度以及发展潜力总量和质量两个方面，构建省级主体功能区划中资源环境承载力的评价指标体系。

在研究方法领域，张磊等（1997）利用"相对剩余环境容量"的概念，对珠三角经济区城市生态环境承载力进行分析。蒋晓辉等（2001）建立了研究区域水环境承载力的大系统分解协调模型。毛汉英等（2001）提出采用状态空间法作为量度区域承载力的基本方法。马爱锄（2003）选取生态足迹分析方法对西北地区的资源环境承载力进行了分析、评价。闫旭骞等（2005）应用矢量法建立了矿区资源环境承载力评价的多指标评价模型。程雨光（2007）运用主成分分析方法研究了江西省资源环境承载力。陈南祥等（2008）介绍了基于熵权的属性识别模型。樊杰等在《国家汶川地震灾后重建规划——资源环境承载能力评价》和《玉树地震灾后恢复重建：资源环境承载能力评价》中，充分应用GIS和RS技术，对汶川、玉树地区资源环境状况进行了综合评价，该研究引起了非常大的反响，其研究方法在有关规划工作当中具有很大的借鉴作用。吴珠（2011）通过构建状态空间模型，对长株潭城市群不同区域的资源环境承载力进行评价研究。

国内外承载力研究历程总体上是围绕资源规模、环境影响因素和经济社会三方面展开。目前资源环境超载成因分析相对薄弱，多局限于单项评价要素，即以单要素为目标通过探究影响因素与超载或压力特征值之间的关系进行成因解析，而专门针对多要素和多层级评价目标的预警超载成因分析尚存在方法体系缺失和影响因素层序不清等问题。本文试图在安徽省资源环境承载力评价研究基础上，搭建超载成因分析总体框架、阐释关键因素识别和成因分析基本方法，对安徽省资源环境超载成因进行研究，并据此提出对策建议。

二、总体设计与研究方法

（一）总体设计

1. 总体思路

一是资源环境承载能力评价和预警研究。构建适用于我省的承载力评价预警指标体系和技术方法，开展基础评价、专项评价和集成评价，研究分功能区资源环境承载特征。

二是资源环境超载成因分析。构建成因分析解释指标集，通过回归分析等定量化技术手段，筛选各主体功能分区承载力影响因子和超载成因。

三是对策研究。综合承载力评价结果和超载成因，研究提出分功能区有针对性的对策建议。

2. 研究时间

以2015年作为评价年份。

（二）研究方法

1. 评价预警研究方法

（1）评价研究技术流程

以《关于印发〈资源环境承载能力监测预警技术方法（试行）〉的通知》为基础，考虑安徽实际情况和资源环境特征，创新构建适用于我省的资源环境承载能力指标体系、指标获取方法、指标阈值和指标集成方法，并结合安徽实际，利

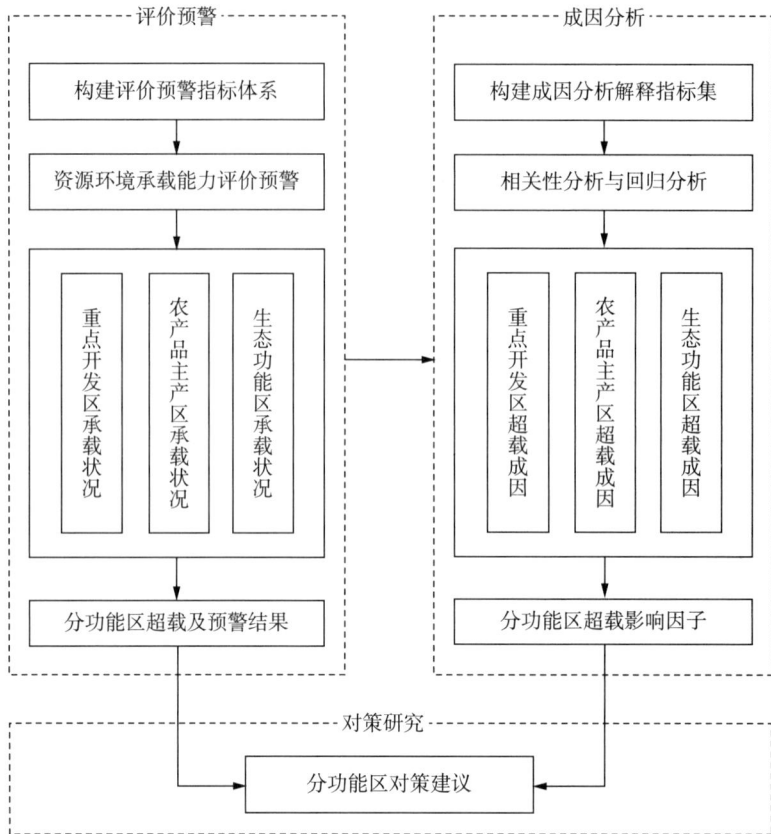

图1 安徽省资源环境承载能力评价研究总体框架

用综合评判法进行超载类型判定和资源环境承载能力预警（如图1所示）。一是开展基础评价。对全省105个县（市、区）采用统一的指标体系进行基础性评价。二是开展专项评价。对不同主体功能定位的县级行政单元采用差异化评价指标，重点考察主体功能的实现程度。三是开展过程评价。对105个县（市、区）的资源利用效率变化、污染物排放强度变化和生态质量变化情况进行评价。四是开展集成评价。综合基础评价和专项评价结果，判定现状超载类型（超载、临界和不超载），通过过程评价判定超载趋势，并对现状超载类型和超载趋势进行综合评判，得出各县（市、区）资源环境承载能力预警情况。

（2）评价指标体系

安徽省资源环境承载能力评价指标体系及指标含义如表1所列。

表 1　安徽省资源环境承载能力评价指标体系及指标含义

评价系统	指标名称		指标含义及计算方法
基础性评价	土地资源压力指数		现状开发程度与适宜开发阈值的偏离情况
	水资源压力指数		水资源使用量是否突破水资源红线上限约束，地下水超采情况
	污染物浓度超标指数		大气和水环境污染超过国家相关环境标准情况
	生态系统健康度		土地中度以上退化（水土流失）面积的比重和生态用地比重情况
专项评价	重点开发区域	单位面积污染物排放压力	二氧化硫、氮氧化物、化学需氧量和氨氮单位面积污染物排放情况
	农产品主产区	耕地生产力	耕地面积变化和耕地质量变化的综合性指标
	水土保持型生态功能区	水土流失指数	水土流失量与允许最大流失量比
	水源涵养型生态功能区	水源涵养指数	因不同土地利用和土地覆盖形成的水源涵养能力差异
过程评价	资源利用效率变化	土地资源利用效率变化	单位建设用地二三产业增加值变化与全国平均水平比较
		水资源利用效率变化	单位 GDP 用水量变化与全国平均水平比较
	污染物强度变化	水污染强度变化	单位 GDP 污染物浓度变化与全国平均水平比较
		大气污染强度变化	
	林草覆盖率变化	林草覆盖率变化	林草面积占国土面积比的变化与全国变化水平比较

2. 成因分析研究方法

选择自然本底、资源利用、环境压力和经济社会发展等指标构建指标集，经相关分析和方差分析筛选出与资源环境超载紧密相关的因子，通过回归系数绝对值大小确定因子对单项指标的影响程度。

— 125 —

（1）构建超载状态指标集

抽取基础评价和专项评价指标，形成超载状态指标集合。为了便于分析，笔者对指标进行归一化处理。归一化处理后，指标线性拉伸至 0 ~ 1，数值越小表示超载压力越低；数值越大表示超载压力越高。

（2）构建成因分析解释指标集

从自然本底、资源利用、环境压力和经济社会发展四个侧面构建成因分析解释指标集，共4个一级指标、11个二级指标、28个三级指标。为了便于分析，笔者对指标进行归一化处理。归一化处理后，指标线性拉伸至 0 ~ 1（见表2所列）。

表2　成因分析解释指标集

一级指标	二级指标	三级指标	指标解释及计算方法
自然本底	地形地貌	平均海拔	平均海拔高度
		平均坡度	平均坡度
		林地比重	林地面积/国土面积
	气候水文	降水量	年均降水量
		水域占比	水域面积占国土面积比重
资源利用	水资源及利用	产水模数	单位面积水资源量
		人均用水量	年人均用水量
		万元GDP水耗	用水量/地区生产总值
	土地资源及利用	人均耕地面积	人均耕地面积
		人均适宜建设土地面积	适宜和较适宜土地面积/常住人口数
		万元GDP建设用地	建设用地面积/地区生产总值
		开发强度	建设用地/国土面积
环境压力	大气环境压力	单位面积废气排放	废气排放量/国土面积
	水环境压力	单位面积废水排放	废水排放量/国土面积
经济社会发展	产业结构	GDP密度	地区生产总值/国土面积
		一产比重	一产比重
		二产比重	二产比重
		三产比重	三产比重
	工业生产	地均工业企业数	工业企业数/国土面积
		地均工业产值	工业总产值/国土面积

（续表）

一级指标	二级指标	三级指标	指标解释及计算方法
经济社会发展	工业生产	高污染产业生产	综合反映化工、水泥、钢铁、有色、造纸等产品生产情况
	农业生产	地均农药化肥施用	综合反映单位国土面积农药和化肥使用情况
		地均畜禽饲养量	综合反映单位国土面积畜禽养殖数量
		作物播种	作物播种面积/国土面积
	人口与城镇化	人口密度	人口数量/国土面积
		城镇化率	城镇人口/总人口
	环境政策	人均环保投入	财政支出中环保支出/常住人口
		环保投入比重	财政支出中环保支出/财政支出总量

（3）相关因子筛选

通过相关分析法和方差分析法，从28个解释指标集中筛选出各主体功能区影响承载能力的相关因子。

（4）影响程度排序

采用多元回归法进一步对相关因子进行筛选和排序，将回归系数绝对值>1的因子作为主要影响因子，将回归系数绝对值>0.4的因子作为一般影响因子，将回归系数绝对值<0.4的因子作为次要影响因子。

（5）确定超载成因

利用上述分析评价结果，综合实地调研和专家经验评判，总结形成分功能区资源环境超载成因。

三、安徽省资源环境概况

（一）资源概况

1. 土地资源状况（见表3所列）

表3　安徽省2015年土地资源利用状况

指　标	面　积（平方千米）	占总面积
总面积	140139.85	100%

（续表）

指 标	面 积（平方千米）	占总面积
耕 地	58766.38	41.93%
园 地	3512.45	2.51%
林 地	37505.92	26.76%
牧草地	4.76	0.00%
其他农用地	11804.23	8.42%
居民点及独立工矿用地	16312.61	11.64%
交通运输用地	1373.91	0.98%
水利设施用地	2064.77	1.47%
未利用地	8794.82	6.28%

2. 水资源状况（见表4所列）

表4 安徽省水资源分流域多年平均水资源量

分区		地表水资源量		地下水资源量（万/立方米）			水资源总量
流域分区	三级分区	毫米	（万/立方米）	平原区（万/立方米）	山丘区（万/立方米）	小计（万/立方米）	（万/立方米）
淮河	湖西区	70.4	2112	5241	0	5188	6412
	蚌洪区间北岸	170.2	298278	302721	18394	315663	521628
	王蚌区间北岸	181.8	349637	330265	0	323904	583827
	王家坝以上北岸	229.9	8506	6561	0	6383	12906
	淮北小计	176	658533	644788	18394	651138	1124773
	高天区	293.9	57017	21171	1283	22177	70587
	蚌洪区间南岸	240.1	166605	5631	23784	29342	170327
	王蚌区间南岸	430.8	875732	108524	83659	219759	895820
	淮南小计	376.4	1099354	135326	108726	271278	1136734
	淮河流域	263.8	1757887	780114	127120	922416	2261507

（续表）

分区		地表水资源量		地下水资源量（万/立方米）			水资源总量
	巢滁皖及沿江诸河	493	1781491	140920	330376	441194	1869598
	江北小计	493	1781491	140920	330376	441194	1869598
长江	青弋江、水阳江及沿江诸河	739.3	2011874	84702	302485	386209	2061972
	湖西及湖区	573	12893	0	1964	1964	12893
	鄱阳湖环湖区	789.7	74153	0	13630	13630	74153
	饶河	995.9	188623	0	35009	35009	188623
	江南小计	755.7	2287543	84702	353088	436812	2337641
	长江流域	612.7	4069034	225622	683464	878006	4207239
钱塘江	富春江坝址以上	1075.2	692423	0	112894	112894	692423
安徽省		467.4	6519344	1005736	923478	1913316	7161169

供水用水量：2016年，全省供水总量为290.65亿立方米。地表水源供水量为256.10亿立方米，地下水源供水量为32.02亿立方米，其他水源供水量为2.53亿立方米。淮北、亳州、宿州、阜阳、蚌埠市等供水以地下水源为主，其他各市主要是地表水源供水。2016年，全省用水总量为290.65亿立方米。全省万元GDP用水量为98.8立方米，人均综合用水量为385.2立方米。

地下水超采状况，如表5所列。

表5 安徽省地下水超采区分布情况表 （单位：平方千米）

市	县区/镇	浅层地下水超采区						深层地下水超采区			总面积	超采区重叠面积
		孔隙第二含水层组			岩溶水			孔隙第三含水层组				
		个数	一般超采	严重超采	个数	一般超采	严重超采	个数	一般超采	严重超采		
阜阳市	阜阳市区	1	750	0	0	0	0	1	920.5	66.5	987	750
	太和	1	85.1	0	0	0	0	1	196.8	0	196.8	85.1
	界首	0	0	0	0	0	0	1	93	0	93	0
	临泉县	1	33.2	0	0	0	0	1	415.6	0	415.6	33.2
	颍上县	1	56.6	0	0	0	0	1	26.2	0	56.6	26.2

（续表）

市	县区/镇	浅层地下水超采区						深层地下水超采区			总面积	超采区重叠面积
		孔隙第二含水层组			岩溶水			孔隙第三含水层组				
		个数	一般超采	严重超采	个数	一般超采	严重超采	个数	一般超采	严重超采		
亳州市	谯城区	1	122.3	3.6	0	0	0	1	407.1	57.9	465	125.9
	谯城区古井镇	1	37.5	0	0	0	0	1	41.9	0	41.9	37.5
	涡阳县	1	112.2	0	0	0	0	1	28.3	0	112.2	28.3
	蒙城县	1	45.7	0	0	0	0	1	100.3	0	100.3	45.7
	利辛县	0	0	0	0	0	0	1	24.1	0	24.1	0
宿州市	埇桥区	1	185.8	0	0	0	0	0	0	0	185.8	0
	砀山县	0	0	0	0	0	0	1	102.6	0	102.6	0
	萧县	0	0	0	1	23.6	0	0	0	0	23.6	0
	灵璧县	0	0	0	1	37.2	0	0	0	0	37.2	0
	泗县	1	32		0	0	0	0	0	0	32	
淮北市	淮北市区	0	0	0	1	123.8	0	0	0	0	123.8	0
	濉溪县	0	0	0	1	123.8	0	0	0	0	123.8	0
蚌埠市	固镇县	1	71	0	0	0	0	0	0	0	71	0
合计		11	1531.4	3.6	3	184.6	0	11	2356.4	124.4	3068.5	1131.9

（二）生态环境状况

1. 大气环境质量

2016年，全省平均空气质量优良天数比例为74.3%，16个设区的市空气质量优良天数比例范围为62.6%（宿州）~97.3%（黄山），日超标污染物主要为细颗粒物、臭氧和可吸入颗粒物。

2. 水环境质量

2016年，全省101条河流、29座湖泊水库总体水质状况为轻度污染。253个地表水监测断面（点位）中，Ⅰ~Ⅲ类水质断面（点位）占69.6%，劣Ⅴ类水质断面（点位）占 6.7%。2016 年，全省实测淮北地区 173 眼地下水井，Ⅰ～Ⅲ类水占 19.1%，Ⅳ类水占 58.4%，Ⅴ类水占 22.5%。

3. 生态环境质量

2015 年全省生态环境状况总体良好。16 个设区的市中，黄山、池州、宣城和安庆生态环境状况为优，六安、铜陵、芜湖、马鞍山、滁州、合肥、淮南、蚌埠、亳州、淮北、阜阳和宿州生态环境状况为良好。

四、评价结果与分析

（一）基础评价结果

1. 土地资源（见表 6 所列）

表 6　安徽省土地资源评价结果

	分区名称	超载县区数（个）	临界超载县区数（个）	不超载县区数（个）
按自然区域划分	皖北地区	1	18	15
	江淮地区	3	7	29
	皖南地区	4	5	23
按主体功能划分	重点开发区域	4	15	29
	农产品主产区	4	15	22
	重点生态功能区	0	0	16
全省合计		8	30	67

2. 水资源（见表 7 所列）

表 7　安徽省水资源评价结果

	分区名称	超载县区数（个）	临界超载县区数（个）	不超载县区数（个）
按自然区域划分	皖北地区	18	14	2
	江淮地区	2	16	21
	皖南地区	5	5	22
按主体功能划分	重点开发区域	13	9	26
	农产品主产区	10	22	9
	重点生态功能区	2	4	10
全省合计		25	35	45

3. 环境评价（见表 8 所列）

表 8 安徽省环境评价结果

	分区名称	超载县区数（个）	临界超载县区数（个）	不超载县区数（个）
按自然区域划分	皖北地区	11	19	4
	江淮地区	4	17	18
	皖南地区	2	4	26
按主体功能划分	重点开发区域	9	26	13
	农产品主产区	8	14	19
	重点生态功能区	0	0	16
全省合计		17	40	48

4. 生态评价（见表 9 所列）

表 9 安徽省生态评价结果

	分区名称	超载县区数（个）	临界超载县区数（个）	不超载县区数（个）
按自然区域划分	皖北地区	6	2	26
	江淮地区	0	12	27
	皖南地区	0	10	22
按主体功能划分	重点开发区域	4	10	34
	农产品主产区	2	4	35
	重点生态功能区	0	10	6
全省合计		6	24	75

（二）专项评价结果

1. 重点开发区域（见表 10 所列）

表 10 安徽省重点开发区域专项评价结果

分区名称	超载县区数（个）	临界超载县区数（个）	不超载县区数（个）
皖北地区	10	2	5
江淮地区	4	1	10

（续表）

分区名称	超载县区数（个）	临界超载县区数（个）	不超载县区数（个）
皖南地区	7	2	7
全省合计	21	5	22

2. 农产品主产区（见表11所列）

表11　安徽省农产品主产区专项评价结果

分区名称	超载县区数（个）	临界超载县区数（个）	不超载县区数（个）
皖北地区	2	6	6
江淮地区	3	7	8
皖南地区	0	1	9
全省合计	5	14	23

3. 水土保持型生态功能区（见表12所列）

表12　安徽省水土保持型生态功能区专项评价结果

分区名称	超载县区数（个）	临界超载县区数（个）	不超载县区数（个）
皖北地区	0	0	0
江淮地区	0	4	1
皖南地区	0	0	1
全省合计	0	4	2

4. 水源涵养型生态功能区（见表13所列）

表13　安徽省水源涵养型生态功能区专项评价结果

分区名称	超载县区数（个）	临界超载县区数（个）	不超载县区数（个）
皖北地区	0	0	0
江淮地区	0	0	0
皖南地区	0	3	7
全省合计	0	3	7

（三）过程评价结果

1. 资源利用效率变化（见表14所列）

表14　安徽省资源利用效率变化评价结果

	分区名称	趋良县区数（个）	趋劣县区数（个）
按自然区域划分	皖北地区	29	5
	江淮地区	38	1
	皖南地区	29	3
按主体功能划分	重点开发区域	40	8
	农产品主产区	40	1
	重点生态功能区	16	0
全省合计		96	9

2. 污染物排放强度变化（见表15所列）

表15　安徽省污染物排放强度变化评价结果

	分区名称	趋良县区数（个）	趋劣县区数（个）
按自然区域划分	皖北地区	21	13
	江淮地区	21	18
	皖南地区	17	15
按主体功能划分	重点开发区域	24	24
	农产品主产区	26	15
	重点生态功能区	9	7
全省合计		59	46

3. 生态质量变化（见表16所列）

表16　安徽省生态质量变化评价结果

	分区名称	趋良县区数（个）	趋劣县区数（个）
按自然区域划分	皖北地区	34	0
	江淮地区	38	1
	皖南地区	30	2

（续表）

	分区名称	趋良县区数（个）	趋劣县区数（个）
按主体功能划分	重点开发区域	45	3
	农产品主产区	41	0
	重点生态功能区	16	0
全省合计		102	3

（四）集成评价结果

1. 现状超载类型判定

从全省现状超载综合评价结果来看，我省资源环境承载现状呈现皖北整体超载、江淮临界至不超载、皖南不超载的格局（见表17所列）。

表17 安徽省资源环境承载能力现状超载类型

	分区名称	超载县区数（个）	临界超载县区数（个）	不超载县区数（个）
按自然区域划分	皖北地区	8	19	7
	江淮地区	0	6	33
	皖南地区	0	7	25
按主体功能划分	重点开发区域	5	20	23
	农产品主产区	3	12	26
	重点生态功能区	0	0	16
全省合计		8	32	65

2. 超载趋势判定

从全省资源环境承载能力超载趋势来看，我省97个县区资源环境损耗指数为趋良，整体趋势较好。全省仅有8个县区资源环境损耗速度劣于全国平均水平（见表18所列）。

表18 安徽省资源环境承载能力超载趋势

	分区名称	趋良县区数（个）	趋劣县区数（个）
按自然区域划分	皖北地区	29	5
	江淮地区	37	2
	皖南地区	31	1

（续表）

	分区名称	趋良县区数（个）	趋劣县区数（个）
按主体功能划分	重点开发区域	41	7
	农产品主产区	40	1
	重点生态功能区	16	0
全省合计（个）		97	8

3. 资源环境承载能力预警

从全省资源环境承载能力预警结果来看，65 个县区为现状不超载的绿色无警状态，几乎全部分布于江淮和皖南。29 个县区为蓝色预警状态，现状临界超载但变化趋势为良。3 个县区为红色预警，5 个县区为橙色预警，2 个县区为黄色预警。这 10 个县区从自然区域分布上看，几乎都分布于皖北地区。从主体功能区上看，红色、橙色和黄色预警区域多数分布于重点开发区域（见表 19 所列）。

表 19　安徽省资源环境承载能力预警结果

	分区名称	红色预警（个）	橙色预警（个）	黄色预警（个）	蓝色预警（个）	绿色无警（个）
按自然区域划分	皖北地区	3	5	2	17	7
	江淮地区	0	0	0	6	33
	皖南地区	0	0	1	6	25
按主体功能划分	重点开发区域	3	2	3	17	23
	农产品主产区	0	3	0	12	26
	重点生态功能区	0	0	0	0	16
全省合计		3	5	3	29	65

（五）资源环境存在的主要问题

1. 皖北地区水资源环境超载严重

一是水资源总量不足。以 2016 年为例，皖北地区单位面积水资源总量、地表水资源量仅相当于全省平均水平的 65%、50%，地下水超采严重。二是河流流量小、流速缓，水环境容量小，但农业面源污染、城乡生活污染普遍存在，淮河北岸支流水质达Ⅲ类水标准的不足 30%。三是水资源超载和水环境超载问题交织叠加，水资源总量不足、生态用水被挤占，导致河流自净能力和河流水质进一步下降；水质性缺水又加剧了水资源供需矛盾。

2. 市辖区资源环境承载压力较大

各地级市市辖区发展基础好、区位优越、发展潜力大，几乎全部被定位为重点开发区域。虽然该区域资源利用效率高、单位 GDP 污染物排放强度低，但是资源损耗和污染物排放总量高，在相对狭小的国土空间内造成极高的资源环境承载压力。44 个市辖区中，仅有 9 个不超载，部分市辖区国土开发强度已突破 30% 的警戒线，各市城区空气质量仅黄山市达二级标准。

3. 沿江、沿淮、环巢湖地区超载风险高

沿江、沿淮和环巢湖地区存在开发方式粗放、开发强度失控、开发空间越位、开发结构失衡等问题，局部地区资源环境压力已接近承载上限，呈结构性超载。长江干流沿线 20 个县区中有 7 个县区为临界超载。淮河干流沿线 18 个县区中有 3 个县区超载、7 个县区临界超载。尽管该区域目前以无超载-临界超载为主，但全省承载状况趋劣的 8 个县区几乎全部位于本区域，未来资源环境超载风险较高。

五、超载成因分析

（一）土地资源超载成因（见表20所列）

表20　土地资源超载成因分析

影响程度	重点开发区		农产品主产区	
	影响因子	系数	影响因子	系数
主要影响因子	人口密度	1.023		
次要影响因子	人均可利用土地	−0.853	人均可利用土地	−0.809
	GDP 密度	0.764	人口密度	0.472
	开发强度	0.430		
其他影响因子	万元 GDP 地耗	0.043	开发强度	0.289
	地均工业产值	0.032	地均畜禽	0.139
	城镇化率	0.009	GDP 密度	0.124
			播种强度	0.041
			三产比重	−0.005

1. 重点开发区

成因 1：人口高度集聚和大规模高强度城镇化工业化建设。人口密度是导致土地超载的最主要影响因子，开发强度是影响因子之一。安徽省重点开发区均为人口密集区域，重点开发区中 85% 为各市市辖区。大规模人口集聚对生活空间、配套基础设施和公共服务空间要求较高，成为影响重点开发区土地承载的主导因素。此外，GDP 密度、城镇化率、地均工业产值等因子也是导致土地超载的影响因子。重点开发区部分地区大规模高强度城镇化工业化建设对国土建设空间需求已逼近或突破土地资源承载上限，导致后备可供建设用地严重不足。

成因 2：适宜建设的土地资源禀赋不足。人均可利用土地数量的多寡对土地资源承载和超载状况有直接影响。全省重点开发区域中，皖南山区受地形影响，适宜开发的土地资源禀赋严重不足；皖江区域特别是皖江各市市辖区面积较小，发展空间受限；皖北部分市辖区人口基数大，人均可利用土地资源也相对短缺。

成因 3：不合理的国土开发方式。万元 GDP 地耗是土地资源超载的影响因子之一。重点开发区域开发时间长、程度深，国土空间开发不合理和土地粗放利用状况尤为突出，主要表现为城镇建设呈蔓延式扩张，工业用地布局较为分散、容积率偏低、农村居民点数量大、布局散，人均农村居民点用地远超相关标准。大量不合理、低效率、与主体功能契合度低的建设用地占用了重点开发区域宝贵的建设用地资源，导致土地资源出现结构性超载。

2. 农产品主产区

成因 1：多因素导致的建设用地资源不足。人均可利用土地不足对土地资源超载有重要影响，人口密度、开发强度、GDP 密度等也对土地资源超载有较大的影响。安徽省农产品主产区虽然地势相对平坦，国土开发地形条件较好，但该区域基本农田保护率高，可供开发利用的建设空间有限。此外，与重点开发区域类似，随着新型城镇化发展和乡村振兴战略的深入推进，基础设施、公共服务等建设用地需求持续增加，土地资源超载加剧。

成因 2：产业结构不优。地均畜禽养殖、播种强度、三产比重等与产业结构相关的解释指标也与土地资源超载相关性较高。其中，农业相关指标对土地资源超载呈正向影响，而第三产业比重对土地资源超载呈负向影响。传统种养业对土地资源需求较高，农产品主产区在实现农产品生产主体功能的同时，进一步优化产业结构和种养结构，适度发展现代服务业等非农产业，可在一定程度上改善土地资源承载状况。

（二）水资源超载成因

通过相关性分析和方差分析，筛选分功能区导致水资源超载的影响因子（见表21所列）。

表21 水资源超载成因分析

影响程度	重点开发区		农产品主产区		生态功能区	
	影响因子	系数	影响因子	系数	影响因子	系数
主要影响因子	降水量	−1.642	降水量	−1.356	—	—
	产水模数	−1.383	平均坡度	1.243	—	—
	一产比重	1.224	—	—	—	—
	万元GDP水耗	1.084	—	—	—	—
次要影响因子	人均用水量	0.864	播种强度	0.551	—	—
	城镇化率	0.518	—	—	—	—
其他影响因子	播种强度	0.359	一产比重	−0.386	平均海拔	−0.207
	平均坡度	−0.162	地均畜禽	0.304	二产比重	0.171
	地均畜禽	0.119	产水模数	−0.213	人均耕地面积	0.110
	—	—	水域占比	−0.213	—	—
	—	—	人均用水量	0.208	—	—
	—	—	万元GDP水耗	0.206	—	—
	—	—	城镇化率	0.167	—	—

1. 重点开发区和农产品主产区

重点开发区和农产品主产区呈现相对一致的水资源超载成因。

成因1：水资源禀赋不足。导致重点开发区和农产品主产区水资源超载的首要成因是自然资源禀赋的不足。从表21中可知，降水量是导致重点开发区水资源超载的最主要因子，表征水资源量的产水模数和与水资源量紧密相关的平均坡度、水域占比等指标也是水资源超载的重要影响因子。我省不同自然区域水资源禀赋差异显著，水资源超载空间上主要表现为皖北地区超载。该地区降水量少，河流径流量小且水质较差，受资源型、水质型缺水共同影响，水资源自然禀赋严重不足。

成因2：水资源利用效率低下，尤其是农业用水效率低下。在重点开发区和农产品主产区，万元GDP用水量、人均用水量等解释因子均对水资源超载影响较大。从全省来看，安徽省万元GDP用水量比全国平均水平高45%以上，是浙江省的3倍，也超过湖南、湖北等中部省份15%左右，提升水资源利用效率将会有效改善水环境超载状况。此外，重点开发区和农产品主产区农业用水量均占水资源使用量的50%左右，农业用水效率低下对区域水资源超载影响显著，尤其是对于农产品主产区，播种强度、一产比重、地均畜禽等农业生产因子影响程度更高。

2. 生态功能区

成因：自然禀赋与产业结构因子复杂作用下的共同影响。生态功能区的三个影响因子的系数均不高，呈较弱的相关关系。其超载成因与平均海拔等自然本底因子相关，同时与一产、二产等产业结构相关，此外还与水资源红线制定等政策性因素相关。

（三）环境质量超载成因

通过相关性分析和方差分析，筛选分功能区导致环境质量超载的影响因子（见表22所列）。

表22　环境质量超载成因分析

影响程度	重点开发区		农产品主产区		生态功能区	
	影响因子	系数	影响因子	系数	影响因子	系数
主要影响因子	单位面积废水排放	1.459	降水量	−1.214	—	—
	降水量	−1.369	—	—	—	—
	高污染产业	1.008	—	—	—	—
次要影响因子	产水模数	−0.603	地均农药化肥	0.450	三产比重	−0.715
	—	—	—	—	—	—
其他影响因子	单位面积废气排放	0.290	产水模数	−0.390	二产比重	0.059
	环保投入比重	−0.016	人口密度	0.385	—	—
	—	—	播种强度	0.240	—	—
	—	—	地均畜禽	0.200	—	—

1. 重点开发区

成因1：大规模高强度工业化开发。单位面积工业污水排放是导致环境质量超载的最主要因子，而单位面积工业废气排放也对环境质量超载具有一定影响。重点开发区承担提供工业产品的主体功能，是全省现代工业化建设的主战场。在大规模高强度工业化建设环境下，局部地区污染物排放超过环境容量红线，造成环境质量超载。

成因2：工业产业结构不优。高污染产业生产是导致环境质量超载的最主要因子之一。在我省工业结构中，化工、水泥、钢铁、有色等高污染产业依然占有一定比重，尤其是在长江沿线和皖北地区，高污染高排放产业比重相对较高，造成较高的环境质量超载风险。

成因3：自然本底差异导致的环境容量差异。降水量和产水模数也是与环境质量超载联系紧密的解释因子。上述因子主要反映当地水环境容量的差异。在皖北等水资源数量较少的区域，水环境容量相对较小，环境质量超载风险较高。

成因4：政策性因素。财政支出中环保投入比重是与环境质量超载相关的解释因子。环保投入比重较高的区域，环境质量超载风险相对较低。

2. 农产品主产区

成因1：自然本底导致的环境容量差异。农产品主产区环境质量超载的最主要原因是水环境容量不足，尤其是我省农产品主产区分布的重点区域皖北平原地区，降水和水资源量相对较少，地表河流径流量小、流速慢，环境容量不足。

成因2：不合理的农业生产方式。地均农药化肥施用量、播种强度、地均畜禽养殖等指标与农产品主产区环境质量超载具有较强的相关性，不合理的农药化肥施用方式、灌溉方式和畜禽养殖污染是农产品主产区农业面源污染的主要来源，是造成区域环境质量超载的重要成因。

成因3：对生活污染物处理能力不足。人口密度也对农产品主产区环境质量超载造成影响。人口集聚带来生活污染物排放上升，农产品主产区的广大农村地区对生活污染物的处理能力不足，大量生活污染物未经处理直排，成为区域环境质量超载的原因之一。

3. 生态功能区

成因：产业结构不优。三产比重和二产比重与生态功能区环境质量超载关系紧密。生态功能区虽然环境质量较高、超载压力较小，但该区域生态环境重要性、脆弱性和敏感性较高，资源开采加工等工业产业对区内环境质量影响较大，而以提升第三产业比重为导向的产业结构调整可有效降低环境质量超载压力。

（四）生态质量超载成因

通过相关性分析和方差分析，筛选生态功能区导致生态质量超载的影响因子（见表23所列）。重点开发区和农产品主产区未筛选出超载影响因子。

表23　生态质量超载成因分析

影响程度	生态功能区	
	影响因子	系数
主要影响因子	平均海拔	−1.210
	平均坡度	−1.004
次要影响因子	人均可利用土地	−0.530
	林地比重	−0.502

生态功能区超载成因1：地形等自然本底。生态质量因子主要反映水土流失等生态退化情况，地形是影响水土流失的重要影响因子。平均坡度越大的地区，生态质量超载风险越高。

生态功能区超载成因2：林地等生态空间质量差异。森林等地表覆盖可有效降低水土流失等土地退化。

（五）专项评价超载成因

通过相关性分析和方差分析，筛选分功能区导致专项评价超载的影响因子（见表24所列）。

表24　专项评价超载成因分析

影响程度	重点开发区		农产品主产区		生态功能区	
	影响因子	系数	影响因子	系数	影响因子	系数
次要影响因子	地均工业企业数	0.642	人均耕地面积	−0.471	三产比重	−0.652
其他影响因子	城镇化率	0.221	一产比重	−0.322	二产比重	0.365
	单位面积废气排放	0.170			城镇化率	−0.337
	高污染高能耗产业生产	0.164			产水模数	−0.131
	人口密度	0.103				

1. 重点开发区（单位面积污染物强度）

成因1：工业产业结构不优。地均工业企业数、单位面积废气排放、高污染高能耗产业生产等是重点开发区域专项评价超标的主要因素。一方面，重点开发区域工业化程度较高，不可避免导致工业污染排放的上升；另一方面，安徽省工业结构有待进一步优化，重点开发区存在资源型产业占比较高、产业层次低等短板，区内省级开发区中，25%以上的开发区将化工、建材、有色、钢铁等资源型产业作为主导产业。资源型产业和高污染高排放产业都进一步加剧了重点开发区专项评价超载程度。

成因2：人口高度集聚和高强度城镇化开发。重点开发区是人口的高度集聚区，以全省23.87%的国土空间承载了全省40%的人口。人口的高度集聚和高强度城镇化开发带来大量生活污染物排放压力，也是重点开发区专项评价超载的原因之一。

2. 农产品主产区（耕地生产力）

成因1：耕地资源禀赋。人均耕地面积低和耕地资源禀赋不足是农产品主产区耕地生产力超载的主要原因。我省农产品主产区自然差异较大，耕地资源禀赋不同。全省农产品主产区中低质量农用地面积占比达60%，部分地区耕地质量和数量受自然条件影响已较难有大幅提升。

成因2：农业发展水平与主体功能不匹配。一产比重过低也是与农产品主产区专项评价超载相关的重要因素。现代农业投入周期长、收益率较低，对农田基础设施和专业技术要求较高，受自然灾害和市场波动影响明显，地方政府和农民对农业生产的积极性相对较低。工业化城镇化发展对农业生产空间的占用和挤压不断持续。

3. 生态功能区

成因1：产业结构不优。生态功能区的主体功能实现对产业结构优化更加敏感。全域旅游、现代服务业等产业发展得益于生态功能区提供的优质生态功能。同时，资源型产业占比过高也会影响生态功能实现，导致生态功能区专项评价超载压力提升。

成因2：城镇化压力。高强度城镇化开发占用了生态空间，也对优良水气环境造成负面影响，导致专项评价超载压力提升。

成因3：自然资源禀赋。水土保持、水源涵养生态功能的实现与区域自然资源禀赋差异紧密相关。资源禀赋不足也是影响专项评价超载原因之一。

六、相关对策建议

（一）坚持承载能力刚性约束

以"十四五"规划和空间规划编制为契机，开展多层级、多尺度的资源环境承载能力评价，按照评价结论重新审视并及时调整城镇边界、城镇规模、人口规模、开发强度等核心指标和控制线。特别是在资源环境超载严重的皖北地区，严格落实"以水定城、以水定地、以水定人、以水定产"原则，适度调整地下水严重超采和水环境严重恶化区的城镇规模。

（二）实施分功能区政策引导

在安徽省分县区承载能力评价和分功能区成因分析基础上，笔者研究提出分功能区差别化对策建议。

1. 重点开发区域

优化开发格局。一是围绕合肥都市圈、沪宁合主轴带、G60科创走廊等资源环境承载能力相对较高的区域，重点布局一批战新产业基地，打造功能完善的产业新城、城市副中心和小城镇，承接超载地区人口和产业转移。二是在超载严重的市辖区及沿江资源环境敏感区，以"降压力、优功能、增活力"为导向，完善开发格局，适度调减开发规模。三是在资源环境承载能力相对较弱的皖西、皖南等区域，控制开发强度，以点状分布的重点开发区域和重点开发乡镇为发展重点。

提升资源禀赋与环境容量。一是加快引江济淮等重大工程实施，提升皖北地区水资源和环境承载能力。二是在环巢湖、沿江、沿淮等区域，有序实施防护林建设等生态工程，提升区域生态功能和环境容量。三是加强城乡污水处理和雨污分流等基础设施建设，减轻市辖区环境压力。

推动绿色低碳发展。一是推动支柱产业高端化、新兴产业规模化发展，促进传统优势产业提升和新兴产业培育，构建高层次、高技术、高附加值、高外向度和具有综合竞争优势的现代产业体系。二是落实产业准入与淘汰制度，控制三高企业进入，加强三废治理。促进企业集聚，推进园区循环化和生态化改造。三是切实推动绿色发展、循环发展、低碳发展。实现企业园区污水处理全覆盖、环保设备运行全覆盖和环保数据监测全覆盖。加强长江、淮河等岸线资源保护和管理。

2. 农产品主产区

提高农业供给质量。一是优化农业生产布局、种植结构和产业结构，提升农业综合生产能力。二是实施高标准农田建设和耕地质量保护与提升行动。

降低水资源和水环境损耗。一是发展节水农业，减少农业水资源消耗。二是防控农业面源污染，推进化肥农药零增长，严格规范畜禽养殖区域，积极推进畜禽粪污和农作物秸秆综合利用。三是一体化推进农村厕所、垃圾、污水专项整治"三大革命"。

适度发展非农产业。实施产业准入负面清单制度，将影响主体功能实现的产业全部纳入清单管理。加大对适宜性非农产业的支持力度。通过财政贴息、以奖代补、先建后补等政策激励手段，积极引导各类资金参与相关非农产业发展。

3. 生态功能区

扩大生态空间。实施天然林资源保护、退耕还林、封山育林等工程。围绕长江、淮河、新安江、巢湖等重点区域，有序实施退耕还湿、退田还湖、退养还湖，保护和恢复湿地与河湖生态系统。大力实施生物多样性保护战略与行动计划。新建一批自然保护区、森林公园、湿地公园和风景名胜区，打造大黄山国家公园。

提升生态产品质量。加强大别山区、皖南山区优良水体保护。加快城乡污水处理设施建设，减少农业面源污染。积极发展农村清洁能源，提升大气环境质量。强化未污染土壤特别是富硒土壤保护，提升土壤质量。

发展生态产业。加快发展全域旅游和大健康产业，加快探索生态产品价值实现机制。因地制宜发展特色农业、绿色农业和休闲农业。优化整合矿产品开采加工等资源消耗性产业。

（三）落实监测预警长效机制

1. 建立标准规范和技术平台

一是在国家技术规范基础上，尽快研究形成安徽省资源环境承载能力评价地方标准。二是建立监测预警数据库。构建覆盖全省的资源环境承载能力监测网络。进一步规范我省资源环境承载能力监测、调查、普查、统计等分类和技术标准，健全监测数据采集、存储与共享服务体制机制。三是建立监测预警信息平台。实现资源环境承载能力的智能分析、综合监管、动态评估、决策支持和可视化演示。

2. 构建超载区"泄压降警"机制

细化落实水资源、土地资源、生态环境等管控要求，形成基于综合超载类型的管控措施。以机构改革为契机，明确管控主体，理顺管控关系，构建单项管控和综合管控操作细则。对红色预警区、绿色无警区以及资源环境承载能力预警等级降低或者提高的地区，分别实行对应的综合奖惩措施。

3. 加强承载力评价结果应用

一是应用于绩效考核评价。将资源环境承载能力监测预警评价结论纳入领导干部绩效考核体系。将资源环境承载能力变化状况纳入领导干部自然资源资产离任审计范围。二是应用于生态产品价值实现。选择我省重点生态功能区和生态文明示范区，率先探索基于资源环境承载能力评价结果的财政转移支付、生态补偿、自然资源定价机制。

指　导：蒋旭东

执　笔：张贝尔　孙京禄

陆贝贝　马金强

淮河（安徽）生态经济带煤化工产业高质量发展研究

一、研究目的和意义

（一）研究目的

淮河是我国 7 大河流之一，全长约 1000 千米，流经河南、安徽、江苏 3 省，与秦岭一起构成了中国的地理南北分界线。淮河流域地处长江流域和黄河流域之间，面积为 27 万平方千米，占全国国土面积的 2.8%，是我国中东部最具发展潜力的地区之一。立足现有基础，深入贯彻落实新发展理念，推动形成人与自然和谐发展的现代化建设新格局，打造水清地绿天蓝的生态经济带，这是其发展方向。

2018 年，按照《国务院关于淮河生态经济带发展规划的批复》（国函〔2018〕126 号）精神，国家发展改革委正式印发了《淮河生态经济带发展规划》（以下简称《规划》）。《规划》明确界定，淮河生态经济带是以淮河干流、一级支流以及下游沂沭泗水系流经的地区为规划范围，以发展生态经济为主要目标的经济区域，包括江苏、山东、安徽、河南、湖北 5 省，共 25 个地市和 4 个县（市）行政区域。淮河（安徽）生态经济带涵盖了蚌埠市、淮南市、阜阳市、六安市、亳州市、宿州市、淮北市、滁州市（以下简称"沿淮 8 市"），规划面积为 7.18 万平方千米，占全省面积的 51.2%。

本文的研究目的为：沿淮 8 市应抓住打造淮河生态经济带发展的契机，通过深入分析煤化工产业发展现状及特征、发展环境与条件，结合自身条件，遵循专业化分工和市场化配置资源的原则，坚持走新型工业化道路，提升煤化工产业层次，同时带动传统煤化工产业转型升级，探索煤化工产业高质量发展的实施路径，建设中国特色非石油路线的煤基新材料和能源产业集群，打造国家级现代煤化工基地，实现淮河（安徽）生态经济带煤化工产业高质量发展。

（二）研究意义

《规划》明确指出，在中国特色社会主义进入新时代和生态文明建设不断向纵深推进的大背景下，加快淮河生态经济带发展，对于推进生态文明建设、促进经济社会持续健康发展、推动区域协调发展、全面建成小康社会具有重要意义，有利于推动全流域综合治理，打好污染防治攻坚战，探索大河流域生态文明建设新模式；有利于打造我国新的出海水道，全面融入"一带一路"建设，打造中东部地区开放发展新的战略支点，完善我国对外开放新格局；有利于推进产业转型升级和新旧动能转换，确保国家粮食安全，培育我国经济发展新支撑带；有利于优化城镇格局，发挥优势，推动中部地区崛起和东部地区优化发展，打赢精准脱贫攻坚战，推动形成区域协调发展新局面。《规划》的批复实施，对我省的影响深远：一是区域地位进一步提升，二是区域联动优势凸显，三是基础设施条件明显改善，四是发展路径进一步优化。

安徽沿淮8市是淮河生态经济带的重要组成部分，资源丰富，煤化工发展条件保障有力；地处长三角地区，已形成高速公路、高速铁路、内河航运等完善的交通体系，是长三角地区产业向中西部转移和辐射最先到达的区域；两淮矿区是全国13个亿吨级煤炭基地之一，淮南、淮北煤田煤炭储量约占全省的99%；沿淮8市水资源较为丰富，可利用水资源总量为364.72亿立方米，占全省的43.6%；煤化工产业基础较好，沿淮8市煤化工产业经过多年发展，在全省煤化工产业中占有重要位置，2018年煤化工总产值占全省的52.9%，规模以上煤化工企业占全省50%以上；全省4大化工基地有3个分布在沿淮8市，其中2个为煤化工园区。

但沿淮8市的各项优势条件并没有得到充分利用，经济发展相对滞后。2018年8市GDP总量为11589.89亿元，占全省比重仅为38.6%；三次产业结构为13.7：44.2：42.1，与全省平均水平8.8：46.1：45.1相比，第二、三产业发展落后；现有的工业主要以资源型产业为主，产业结构较为单一，能耗高，节能减排任务重，环境保护压力大。沿淮8市经济发展水平较落后，究其原因是工业发展水平不够。

淮河（安徽）生态经济带煤化工产业高质量发展研究有利于以煤化工产业高质量发展推进经济发展变革，有利于提升沿淮8市在我省区域经济发展格局中的地位，有利于发挥优势进而带动皖北地区加快发展，对于加快建设五大发展美好安徽具有重要意义。

二、高质量发展内涵

（一）高质量发展内涵

高质量发展是2017年中国共产党第十九次全国代表大会首次提出的新表述，

表明中国经济由高速增长阶段转向高质量发展阶段。2018 年国务院政府工作报告指出，"按照高质量发展的要求，统筹推进'五位一体'总体布局和协调推进'四个全面'战略布局，坚持以供给侧结构性改革为主线，统筹推进稳增长、促改革、调结构、惠民生、防风险各项工作"；"上述主要预期目标，考虑了决胜全面建成小康社会需要，符合我国经济已由高速增长阶段转向高质量发展阶段实际"。

经济社会向前发展的动力是生产力与生产关系的矛盾运动。高质量发展作为高速度发展的质变阶段，是经济社会向前发展的必然结果和现实要求。在这个层面上，笔者认为，经济高质量发展的本质就是在特定历史阶段上的生产力水平的提高以及与之相适应的生产关系的同步发展。

梳理国内经济学家研究经济高质量发展的相关文献，笔者总结出高质量的内涵包括以下几点：一是高质量发展要综合经济发展的几种性质，包括创新性、有效性、协调性、充分性、分享性和稳定性；二是高质量发展需要不断提高全要素生产率，保持经济的持续性发展；三是高质量发展需要继续坚持开放的精神，充分利用五大发展理念，以"创新+绿色"作为经济发展的新动力；四是高质量发展是经济发展质量的高级状态和升级版；五是高质量发展预示着经济发展不只是追求数量的扩张，而是在注重量与质齐升的同时，更加注重以质取胜，促进质与量协调发展，是数量扩张和质量提高相统一的过程。

（二）煤化工产业高质量发展方向

随着能源革命深化和产业转型升级提速，现代煤化工产业的发展也步入高质量转型发展的新阶段，现代煤化工产业将大有可为。未来煤化工产业高质量发展既要注重产品高值化、高端化、差异化的前沿引领技术，又要兼顾节能减排等技术，还要重视集群化发展规模。

1. 技术创新是煤化工产业高质量发展的关键

现代煤化工产业面临着关键技术的挑战和制约，尤其是大型产业化成套技术和重大装备的创新方面。"十四五"时期，政府相关部门及企业应集中力量攻克一批制约现代煤化工产业高质量发展的"卡脖子"技术，甚至是颠覆性技术；探索组建现代煤化工产业公共创新平台或技术创新联盟，并强化创新人才和团队的培育和成长，通过创新引领煤化工产业高质量发展，实现新突破。

2. 绿色发展是煤化工产业高质量发展的根本要求

在全球石化产业结构深度调整的大背景下，绿色发展已是科技革命和产业结构优化升级的主要方向，煤化工产业的特殊性使其在绿色发展方面面临着巨大的挑战。现代煤化工产业高质量发展要加强全过程控制管理，降低"三废"排放强度，提升"三废"资源化利用水平，推动末端治理向综合治理转变；重视能量综合利用、水循环利用、二氧化碳减排及其捕集应用等。

3. 差异化、高端化发展是煤化工产业高质量发展的重要途径

我国油气资源对外依存度高，导致我国部分基础石化产品尤其是高端专用化学品和化工新材料等仍需大量进口。进口石化产品与现代煤化工产业相关产品大都是烯烃、芳烃的下游延伸产品。未来煤化工产业发展要以市场为导向，与石化产业做好协同发展，加大产业链的延伸和产品结构调整，在高质量发展的过程中做好差异化和高端化发展。

4. 集群化发展是煤化工产业高质量发展的重要方向

打造现代产业集群是建立现代经济体系的重要内容。全国共有石化园区676家，收入在500亿元以上的有47家。我国现有沿海7大石化基地和榆林、宁东、鄂尔多斯、新疆准东4个西部现代煤化工产业示范区。煤化工基地应立足自身优势，按照东西部优势互补、差异化发展的原则，突出化工新材料、专用化学品等高端产品链，培育配套性强、产业链协同性强、产业集聚度高、能量梯级利用高的世界级煤化工产业集群，实现煤化工产业基地化、园区化、集约化、一体化的高质量发展支撑体系。

三、发展环境与条件分析

（一）发展环境分析

1. 从战略需求看，发展现代煤化工产业是战略选择

石油、天然气不仅是基础能源，更是重要的现代化工原料，随着我国高端制造业发展，未来市场需求巨大。我国是全球最大的原油和天然气进口国，能源结构以煤为主体，油气保障能力低，能源安全存在较大风险。受油气资源储量约束，烯烃、芳烃、乙二醇等石化产品同样存在对外依赖度过高问题。发展现代煤化工产业能够制取清洁燃料和石化产品，部分替代石油和天然气的消费量，降低油气对外依存度。当前世界能源格局处在重塑阶段，国际油价政治属性加强，中

美贸易摩擦为能源及石化产品进出口带来了较多不确定性。现代煤化工产业发展为我国能源及化工战略资源安全提供了一条具有中国特色的现实路径。

2. 从全国层面看，现代煤化工产业进入成长期

自"十一五"以来，我国现代煤化工产业高速发展，目前技术创新和产业化已走在世界前列，自主开发的大型先进煤气化、大型煤制甲醇、煤直接制油、煤间接制油、煤制烯烃、煤制乙二醇、低阶煤分质利用、合成气变换等技术取得突破性进展，并促进和带动了煤化工装备的开发。2018 年现代煤化工产业规模稳步提升，煤制油、煤制气、煤制烯烃和煤制乙二醇 4 大类已投产项目累计投资约 5260 亿元，年产能分别达到 921 万吨、51.05 亿方、932 万吨、438 万吨，年转化煤炭 9560 万吨。2019 年上半年，上述 4 种产品的实际产量同比增长分别达到 14.1%、25.5%、10% 及 56.4%，详见表 1 所列。

表 1　我国现代煤化工产业规模

项目	煤制油	煤制天然气	煤制烯烃	煤制乙二醇
2018 年新增产能	–	–	60 万吨/年	174 万吨/年
总产能	921 万吨/年	51.05 亿 m^3/年	1302 万吨/年	438 万吨/年
产量	618 万吨	30 亿 m^3	1085 万吨	244 万吨
同比增速	91.4%	14.4%	9.2%	58.5%
产能利用率	67.0%	59.0%	83.3%	55.6%
已投产项目（个）	9	4	13	20
累计完成投资（亿元）	1460	680	2690	430
2018 年转化煤炭（万吨）	2960	990	4730	880

来源：煤化工专委会等（注：煤制烯烃包含甲醇制烯烃）

3. 从长三角区域看，煤化工产业面临难得的产业转移机遇

沪苏浙地区石化产业上下游相关产业发达，产业链较完善。但是，随着发展进入高质量阶段，安全环保要求日益提高，沪苏浙地区未来一段时间，化工产业转移外迁速度将加快。2019 年江苏省共排查出列入整治范围的化工生产企业 4022 家，占比近四成。其中，2019 年计划关闭退出 579 家，计划关闭和取消化工定位的化工园区（集中区）9 个。上海和浙江地区的化工企业转移外迁趋势同样严峻。从中长期看，随着沪苏浙地区化工行业整治提升提速，区域石化产品的

供给侧和需求侧平衡将被打破，化工产业将不得不转移外迁。同时，化工行业的周期属性将被弱化，行业的景气周期将延长，化工行业将具有长期投资价值。沿淮8市资源禀赋较好，环境承载能力较强，承接产业布局和转移空间较大，面临难得的发展机遇。

4. 从产业政策看，煤化工产业应良性有序发展

为促进煤化工产业健康有序发展，国家近年来出台了一系列产业政策。第一阶段（2004—2006年），主要倡导现代煤化工产业发展，产业规模迅速扩大。第二阶段（2007—2011年），严控煤化工产业发展，明确限制煤化工项目建设的类型和规模，提出现代煤化工项目要综合考虑煤炭、水资源、生态环境等多种因素，在重点产煤省区适度布局，其余省区严格限制发展。第三阶段（2012—2015年），国家对发展煤化工产业继续持谨慎态度，重申禁建规模，不宜过热发展。在推进示范工程的同时更加强调环保标准和水资源保障。第四阶段（2016—至今），明确煤炭深加工定位为国家能源战略技术储备和产能储备示范工程，指出我国煤化工产业整体仍处于升级示范阶段，要合理控制发展节奏，强化技术创新和市场风险评估，严格落实环保准入条件，有序发展。

5. 从市场需求看，煤化工产品市场空间大

从全国范围看，我国对油气及石化基础原料仍有巨大的刚性需求。2018年我国原油、天然气自给率仅为29%、58%，仍需大量进口。未来我国清洁燃料需求将保持持续增长，国六标准车用汽、柴油和普通柴油将全面推广，船用燃料油升级步伐加快，天然气汽车、船快速发展，散煤以及高硫煤、石油焦等劣质燃料逐步退出市场，工业窑炉、采暖锅炉"煤改气"积极推进。清洁燃料替代传统燃料步伐加快，煤制清洁能源在燃料结构调整中发挥重要作用。部分石化基础原料对外依存度较高，以当量消费量计算的乙烯和丙烯自给率仅为40%和72%；乙二醇、对二甲苯自给率仅为41%和37%。而下游化工新材料和专用化学品自给率更低，例如高端工程塑料自给率不足40%，高端电子化学品自给率仅为10%。

从区域需求分布看，长三角区域是我国石化产品的消费中心，原油加工和石油制品进口量占全国的47.37%、烯烃进口量占全国的76.65%、芳烃进口量占全国的58.62%、聚烯烃进口量占全国的45.73%。我省可发挥资源禀赋和产业基础优势，大力发展现代煤化工产业，部分替代油气及石化产品的市场空间巨大。

6. 从国际油价看，现代煤化工项目已初具经济性

2019 年国际原油（布伦特）均价为 64.17 美元/桶，全年国际油价走势呈现"涨——跌——涨"的特征。展望 2020 年，整体来看，2020 年国际油价的底部支撑较为稳固，石油输出国组织（简称 OPEC）减产将给予原油市场有力的支撑，但全球经济低速增长、贸易关系的不确定性以及新冠肺炎疫情扩散也将抑制油价涨幅。

我国煤炭市场相对独立，煤炭价格受原油价格影响程度较低，而现代煤化工产品价格受油价低位运行影响较大。由于生产工艺及投资成本构成的差异，油价对现代煤化工产业的影响大于对石油化工产业的影响。从项目经济性的角度看，当油价低于 50 美元/桶时，现代煤化工项目的经济竞争力都不理想；当油价达到 60 美元/桶时，煤制烯烃、煤制油、煤制乙二醇项目初步具有了经济竞争力，对应的煤价分别为 240 元/吨、250 元/吨、270 元/吨，煤制乙二醇可承受的煤价最高，其经济性最好；煤制芳烃暂无大规模工业化装置，其经济性略差于其他项目；当油价高于 70 美元/桶时，现代煤化工产业的经济竞争力将进一步提升。

（二）发展条件分析

1. 有利条件

煤炭资源丰富。沿淮 8 市煤炭储量丰富，两淮煤田是我国重要的煤炭生产基地之一，1200 米以浅煤炭储量分别为 153 亿吨和 149 亿吨。2018 年全省煤炭产能 13251 万吨，产量 11260 万吨，基本上来源于两淮煤田。

水资源丰富。煤化工项目用水量较大。我国西部煤炭资源丰富地区水资源匮乏，许多煤化工项目的发展受制于水资源短缺。淮河流经安徽省境内 430 千米，境内流域面积达 6.66 万平方千米。2018 年淮河流域年降水量为 786.2 亿立方米，水资源总量为 333.88 亿立方米，占全省水资源总量的 39.9%。当前我省正在建设引江济淮工程，到 2030 年引江水量将达到 33 亿多立方米，入淮水量达到 21.36 亿立方米，为沿淮 8 市发展现代煤化工产业提供了较为丰富的水资源保障。

人力资源充足。近年来，我省加快承接东部地区产业转移，从劳务输出大省向用工大省转变，就业环境逐步改善，外出务工人员呈现回流趋势，劳动力后备资源充足。2018 年，沿淮 8 市常住人口 3721.3 万人，占全省的 58.9%；第一二三产业就业人员共 2771.2 万人，占全省的 63.2%；乡村从业人员共 2201.74 万人，占全省的 65.2%。

区位优势明显。我国煤化工产品的消费市场高度集中于东南沿海煤炭资源短缺、经济发达的省份。煤化工产品多属于危险化学品，长距离、大批量运输安全隐患较高。沿淮8市是东部与中部的连接桥梁、南方与北方的过渡地带，紧邻全国最大的化工品消费地区——沪苏浙地区。我省可充分利用区位优势，聚焦紧缺大宗石化产品，发展煤化工产业，将具有广泛的市场空间。

2. 制约因素

环境约束日益趋紧。目前煤化工产业的固废和废气的处置和排放基本可以控制，废水处理难度较大，特别是高浓度难降解有机废水，和其他工业废水治理相比，需要更先进的技术设备和更多的资金投入。当前煤化工行业清洁生产、危化品企业搬迁、治污降霾等方面的压力很大，煤化工项目的用煤①、用水、用能、环境容量指标获取难度越来越大。由于煤化工项目体量大，消耗的煤炭资源多，煤化工产业用煤指标受限，直接影响新项目建设。

碳减排压力上升。与石油路线对比，现代煤化工产业的能效仅为石油路线的50%左右，而碳排放强度是数倍的关系。二氧化碳治理是煤化工产业发展亟须解决的一个问题。经相关部门核查，2017年淮河（安徽）生态经济带主要煤化工企业碳排放约占区域化工企业碳排放量的73%，煤化工产业面临较大的碳减排压力。

区域竞争日趋激烈。从国外看，页岩油气、中东地区天然气和油田伴生气成为影响国际石油天然气市场供需平衡的重要因素，低价页岩油气、天然气及以其为原料生产的低成本化工产品会对煤制化学品生产形成一定冲击。从国内看，随着现代煤化工技术日趋成熟和原料的多元化，煤化工产业产能释放将步入新的高峰期。据统计，到2023年，煤制烯烃产能将达2700万吨，煤（合成气）制乙二醇产能将达1350万吨。随着项目产能的逐步释放，市场竞争将日益激烈，给我省沿淮地区发展现代煤化工及下游产品带来较大冲击。

先进能源技术竞争日趋激烈。新一轮科技革命和产业变革正在兴起，国家出台了一系列能源技术创新战略计划，非常规油气、电动汽车、可再生能源等技术进步十分迅速，未来将压缩煤化工产业发展空间。

---

① 为落实煤炭消费总量控制目标，我省对国家鼓励的现代煤化工项目（原料用煤）新增耗煤，实施煤炭消费等量替代；同时规定，上一年度全省空气质量排序较差的5个市新增用煤项目，实施煤炭消费量2.0倍减量替代。

四、发展现状及存在问题

（一）发展现状

1. 产业初具规模

沿淮8市煤化工产业经过多年发展，在全省煤化工产业中占有重要位置。2018年沿淮8市煤化工产业总产值达230亿元，同比增长16.64%，增长速度快于全省增速2个百分点；占全省煤化工产业中的比例达到52.93%。沿淮8市共有规模以上煤化工企业6家（见表2所列），占全省的50%，主要分布在淮南、阜阳、淮北、滁州等市（见图1所示）。

表2　主要煤化工企业情况表

企业名称	产品结构	2018年产值（单位：亿元）
安徽昊源化工集团有限公司	合成氨、甲醇、尿素、异丙胺、二甲醚	59.3
安徽晋煤中能化工股份有限公司	合成氨、甲醇、尿素	28.7
临涣焦化股份有限公司	焦炭、甲醇、煤焦油、精苯、硫铵	80.87
安徽泉盛化工有限公司	液氨、氨水、甲醇、尿素、过氧化氢	10.82
安徽德邦化工有限公司	纯碱、氯化铵	10.92
安徽金禾实业股份有限公司	合成氨、甲醇、碳酸氢铵、季戊四醇、甲醛、三聚氰胺、硝酸	39
安徽淮化集团有限公司	硝酸、合成氨、尿素、乙二醇等	2019年破产

2. 产业结构以传统煤化工为主

沿淮8市煤化工产业主要涵盖传统煤化工和现代煤化工领域，以传统煤化工为主。传统煤化工主要涉及煤焦化产业链、合成氨化肥产业链等，产品主要涉及合成氨、焦炭、甲醇、尿素等，产品产量在全省占有重要地位，其中合成氨、甲醇、焦炭（独立焦化产量）产量占全省比例达60%以上，尿素占全省比例达70%以上（见表3所列）。

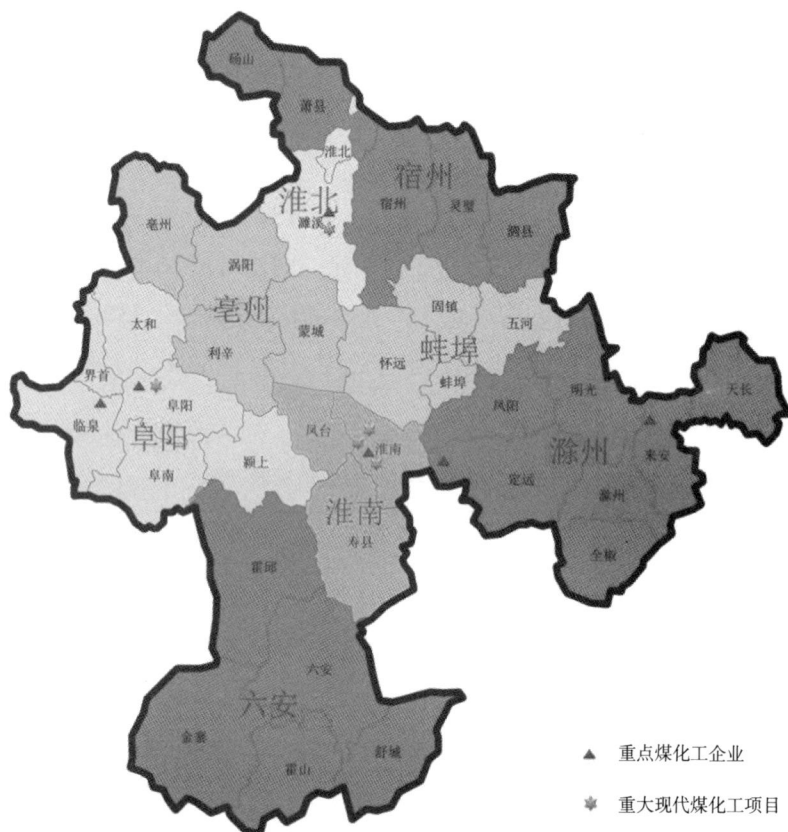

▲ 重点煤化工企业

✦ 重大现代煤化工项目

图1 安徽省重点煤化工企业及重大项目分布图

现代煤化工主要涉及煤制烯烃、煤（合成气）制乙二醇产业链，仅有部分项目建成。煤化工产业链见图2所示。

表3 重点产品产量及全省占比

重点产品	产量（单位：万吨）	占全省比例
合成氨	141.77	62.06%
焦炭	380	63.33%（独立焦化产量）
甲醇	152.9	67.20%
尿素	175.8	73.48%

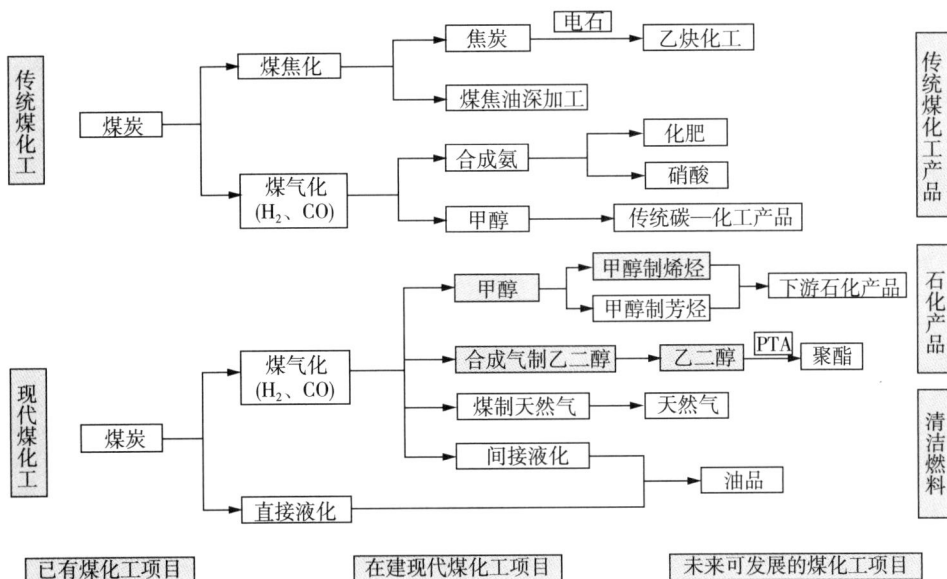

图 2　煤化工产业链

3. 技术基础较好

经过几十年的发展积累，安徽省煤化工行业煤炭清洁高效转化技术创新和产业化均走在了全国前列。在煤炭清洁高效转化技术方面，我省目前已掌握德士古、四喷嘴、航天炉、壳牌、东方炉等一批世界先进煤气化技术，实现了装备大型化、原料多元化、排放超低化。在现代煤化工产业化方面，我省成功实现了航天炉粉煤加压气化技术、万吨级流化床甲醇制丙烯技术、千吨级合成气制乙二醇技术产业化。在节能降耗方面，合成氨、甲醇、纯碱等产品单位综合能耗处于全国领先水平，吨氨煤耗由 1.3 吨降至 1.1 吨，吨乙二醇煤耗由 2.4 吨降至 1.7 吨，能耗水平在全国位居前列。

4. 重大项目持续推进

煤制烯烃、煤制乙二醇和煤制天然气等一批重大现代煤化工项目正在稳步推进中，项目总投资超过 600 亿元（见表 4 所列）。其中，中安煤化一体化项目已于 2019 年 8 月打通全流程，开始试生产，昊源化工甲醇制烯烃项目部分建成投产，淮北碳基新材料项目部分建成投产，其他项目正在开展前期工作。项目建成后预计实现销售收入 500 亿元以上，利税 70 亿元以上。

表4　重大现代煤化工项目进展表

序号	项目名称	投资主体	产品方案	建设地点	投资（亿元）	项目进展
1	中安煤化一体化项目	中石化、皖北煤电	70万吨/年聚烯烃，配套建设400万吨/年煤矿	安徽（淮南）现代煤化工产业园	182.45	2019年9月建成投产
2	中安煤化煤制乙二醇项目	中石化、皖北煤电	90万吨/年乙二醇	安徽（淮南）现代煤化工产业园	90	可研报告初稿编制完成
3	煤制天然气项目	安徽省能源集团、中煤新集能源股份有限公司	40亿立方米/年煤制天然气，一期建设22亿立方米/年煤制天然气，配套建设500万吨/年煤矿	安徽（淮南）现代煤化工产业园	300	2014年经国家发展改革委同意开展项目前期工作，目前正在推进中
4	甲醇制烯烃项目	安徽昊源化工集团	60万吨/年烯烃、26万吨/年苯乙烯、6万吨/年环氧乙烷	阜阳煤基新材料产业园	37.8	苯乙烯、环氧乙烷项目已建成投产；甲醇制烯烃项目推进中
5	碳基新材料项目	临涣焦化股份有限公司	焦炉气综合利用、甲醇制烯烃、煤焦油深加工等项目	安徽（淮北）新型煤化工合成材料基地	70	卓泰一期建成，中试基地二期基本建成
合计					680.25	

（二）存在问题

1. 煤炭清洁利用比例偏低

我省煤炭资源主要分布在沿淮8市，但是煤炭的利用途径主要是发电用煤、建材行业燃料用煤及冶金行业焦化用煤，合计占比达到85%以上；煤炭外销占比达到 10.03%；煤化工行业煤炭消费占比不足 5%，煤炭清洁利用比例偏低。

在污染物排放方面，燃煤发电是现代煤化工的数倍[①]。此外，淮河（安徽）生态经济带地区平均每年为沪苏浙地区供应煤炭 2200 万吨，"皖电东送"累计向沪苏浙地区输送电量近 5000 亿千瓦·时，为长三角经济社会发展提供了坚强的能源保障。但是，煤炭消费量和污染排放量占据了当地发展指标空间。

2. 产业结构不尽合理

安徽省煤化工产业以传统煤化工为主，主要集中在肥料生产和炼焦行业，主要产品为氮肥、磷肥、焦炭、甲醇等传统产品，产品同质化现象严重，产品附加值低，未形成上下游产业链条一体化发展，抵抗风险能力较低；现代煤化工产品少，产业结构亟待优化。

3. 产业布局有待优化

沿淮 8 市共有规模以上煤化工企业 6 家，分布在 4 个地市。其中有 2 家煤化工企业没有完成退城进园，处于城镇人口密集区，安全环境风险较大，发展空间受限，搬迁要求迫切。煤化工属于重化工范畴，沿淮一些煤化工园区及大型煤化工项目处于"严禁严控严管"范围内，未来可利用空间与产业发展矛盾日益凸显，新建项目无处安放，未来沿淮地区煤化工项目布局也将受其影响。

4. 共性核心技术亟待突破

沿淮 8 市煤炭资源丰富、品质优良，是优质的炼焦和动力煤。但因灰熔点高、灰分高和块煤率较低、黏度大等问题，煤炭气化难度较大。煤化工项目基本都需要经过煤气化环节，2018 年沿淮 8 市煤化工原料煤年消耗量约为 420 吨（不含焦化用煤），占全部煤炭消耗量的 76%，主要来源于山西、陕西、内蒙古、新疆等地，需长距离运输。另外，两淮地区煤炭普遍为井工开采，开采成本和安全风险相对较高。一些外购煤炭的到货价格仍低于本地煤炭价格。

此外，一些关键工艺技术尚未突破，导致煤化工产业链短，产品品种少、品质低、同质化现象突出。工艺流程和技术集成尚需优化升级，投运的项目在能源转化效率、煤耗、水耗等技术经济指标方面还有较大的提升空间。

---

① 在污染物排放方面，现代煤化工较燃煤发电优势明显。例如，煤直接液化项目工艺过程单位耗煤量的大气污染物排放（SO_2、NO_X）约为超低排放电厂的一半，仅为传统火电厂（采用燃煤锅炉）的 10%~20%。硫回收方面，现代煤化工经克劳斯工艺制硫黄，硫回收效率可达 99.9% 以上，而火电脱硫以石膏法为主，其脱硫效率低于煤化工项目，且脱硫石膏难以利用。

五、发展重点、布局及路径

（一）总体思路

深入贯彻习近平新时代中国特色社会主义思想，牢固树立创新、协调、绿色、开放、共享的新发展理念，落实高质量发展要求，紧紧围绕统筹推进"五位一体"总体布局和协调推进"四个全面"战略布局，以科技创新为动力，以供给侧结构性改革为目标，坚持生态文明建设理念和绿色发展道路，按照高质量发展要求，促进煤炭清洁高效利用，推动煤制大宗原材料向下游延伸发展清洁能源、化工新材料、高端精细化学品等煤制高附加值化学品，淘汰落后传统煤化工产能，推动技术升级换代，打造特色鲜明、产品高端、安全绿色、经济社会效益突出、产业体系较为完整的国内重要的现代煤化工产业基地，带动下游其他战略性新兴产业集聚发展。

（二）发展重点

"十四五"期间，围绕高质量发展要求，以创新为引领，坚持绿色发展，推进"高效利用、耦合替代、多能互补、规模应用"的差异化、高端化发展路线，探索现代煤化工产业高质量发展路径，推动煤化工产业转型升级，实现淮河（安徽）生态经济带煤化工产业集聚协同发展。

1. 推动传统煤化工产业转型升级

坚持去产能和调结构相结合，严格控制合成氨、化肥、过氧化氢、硝酸、纯碱等传统煤化工产品产能，重点开发高效缓释复合肥和煤焦油、合成氨、过氧化氢、甲醇下游烃、醚、酸、酯等精细化工及碳素材料产品。大力推进节能减排新工艺、新技术的应用，鼓励现有合成氨、尿素、甲醇、硝酸等装置开展技术改造和智能化改造，优化工艺流程，提升装置水平，推动传统煤化工产业提质升级。

2. 加快现代煤化工产业链延伸发展

以甲醇制烯烃、煤制乙二醇、焦炉气资源综合利用、苯加氢制芳烃等项目为龙头，推进现代煤化工产业由大宗化学基础原料延伸至化工新材料、碳素材料、专用化学品等高端领域，做好下游产品开发，提高产品档次。大力推动现代煤化工与石油化工、盐化工、化纤、建材等行业融合发展，提升系统集成优化水平，壮大产业集群，提高产业竞争力。

3. 紧跟前沿技术和发展热点

以我省现代煤化工产业核心共性技术突破为导向，重点开发适应安徽煤种的大型煤气化技术；积极探索大型煤化工项目一体化多联产发展路径。加强与中国科学院、清华大学、华东理工、大连化物所等科研院所和高校的合作和交流，积极跟进煤制芳烃、煤制乙醇等处在产业化前期的现代煤化工技术和项目，促进具有示范引领作用的新项目在区域内落地。瞄准氢能源产业这一重点领域，提前谋划研究利用煤炭制备氢气的技术方案、经济可行性和实施路径，助力我省新能源产业的发展。

4. 做好能源保障技术储备

持续跟踪煤制油、煤制天然气等煤基清洁能源示范项目的产业化技术进展、生产运营态势。立足我省实际，以国家能源安全为导向，依托两淮地区丰富煤炭资源、淮河水资源，探索煤制油、煤制天然气项目在淮河（安徽）生态经济带布局的可行性，适时开展项目前期研究，增强极端情况下油气供应保障能力。

（三）发展布局

依托各地资源禀赋和产业基础，加快产业结构调整，努力探索具有本地特色的高质量发展新道路，坚持差异化布局和优势互补，形成布局合理、错位发展、功能协调的煤化工产业发展集群（如图3所示）。

1. 淮南——重点发展现代煤化工示范项目

以淮南现代煤化工产业园为依托，大力推进中安联合煤制烯烃项目实现满负荷、长周期稳定运行，实现社会效益与经济效益的有机统一；积极推进煤制乙二醇等二期项目实施，加快德邦公司等主城区化工企业搬迁入园，进一步延伸产业链，谋划发展精细化工、专用化学品和化工新材料项目，完善园区周边生产性和生活性服务业，建成全国重要的现代煤化工产业园区。

2. 淮北——重点发展以焦化为龙头的新材料产业

以安徽（淮北）新型煤化工合成材料基地为依托，立足焦化副产品精深加工和循环利用，向下游延伸发展以生态环境材料、工程塑料及合成树脂为主的新型功能结构材料产业，建成国内重要的先进功能结构材料产业基地，推进战略性新兴产业集聚和传统产业升级，为淮北市资源枯竭型城市转型发展培育经济新动能。

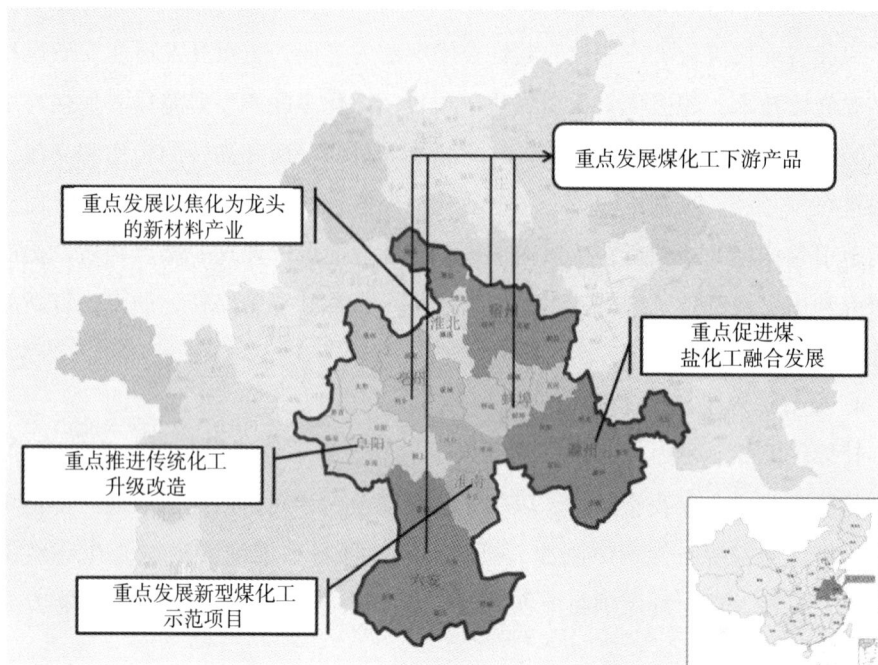

图3 淮河（安徽）生态经济带煤化工产业布局图

3. 滁州——重点促进煤、盐化工融合发展

以定远盐化工业园为载体，促进煤化工与盐化工优势互补、融合发展，围绕烧碱、PVC、纯碱等产品向下游高附加值领域拓展，重点延伸开发含氯高分子材料、氟硅材料、PVC特种树脂、含氯含氟农药医药中间体等高端化工产品。做大做强金禾实业，加快新产品开发应用，不断向食品添加剂产业链横向纵向延伸，完善原材料配套，推进循环经济发展，进一步发挥成本优势，提高企业综合竞争力。

4. 阜阳——重点推进传统化工升级改造

以阜阳煤基化工新材料产业园为依托，推进昊源化工等传统化工企业搬迁改造，进一步推动传统化工产业转型升级，重点发展煤基化工新材料产业，配套发展化学专用品、煤炭及副产品循环经济产业，有选择性引进可与煤化工产业、产品配套的石油化工产业，打造特色的化工新材料制造基地。

5. 蚌埠、宿州、亳州、六安等市——发展煤化工上下游产品

依托各地产业基础，针对其他关联产业配套发展需要，发展煤化工下游的各类新材料及精细化工产品，有力补充和完善煤化工产业链。

（四）发展路径

1. 大力延伸产业链，开发煤基高值产品

以煤炭综合利用和精深加工为主线，围绕甲醇、烯烃、粗苯、煤焦油、苯乙烯等重点原料，推进延链补链，在产业结构上向高端化延伸。重点发展新型功能材料、先进结构材料、高性能纤维及其复合材料等新材料产品，以及电子化学品、消费转型升级化学品等高端专用化学品，有力推动我省的新能源、汽车、电子信息等战新产业优化升级，实现更高质量发展。

2. 培育壮大龙头企业，推动产业集聚发展

大力推动晋煤中能、临涣焦化、金禾实业等龙头企业发展壮大，着力培育一批在国际国内细分行业具有影响力和竞争力的行业"单打冠军"和"隐形冠军"。充分发挥龙头企业的示范和带动作用，围绕产业链主线，开展精准招商，引进互补企业、关联企业，引导相关重大项目和企业集聚发展，推进产业集群化，全面提升煤化工园区的整体竞争力。

3. 深化区域分工协作，科学承接高端产业

科学谋划皖北承接产业转移集聚区，发挥区域内土地、劳动力、产业配套等比较优势，抢抓上海疏解特大城市非核心功能、苏浙制造业和化工等产业转移转型机遇，精准、错位、有序承接符合当地产业发展方向，符合绿色发展理念的高端化工产业及配套产业，深入参与长三角区域化工产业的分工合作，促进产业协同发展。

4. 坚持绿色发展，促进煤炭清洁高效利用

以环保标准为优先考虑因素，推广使用高效污染物脱除技术、多污染物协同控制技术、废水零排放技术以及"三废"资源化利用技术，积极建立绿色现代煤化工产业体系。加快制定科学完善的现代煤化工清洁生产标准与相关环保政策，综合考量大气环境、水环境与土壤环境，科学布局现代煤化工产业，建立现代煤化工项目审批、全过程监管以及后评价的清洁生产管理体系。

5. 强化平台建设，鼓励创新创业

充分利用 G60 科创走廊、长三角科教创新资源，依托企业、高校和科研院所，加速改造提升和新建一批现代煤化工产业技术创新战略联盟和科技创新平台，推进引领产业转型升级的核心关键技术攻关，引领创新链和产业链融合发

展。建设从实验研究、中试到生产的全过程的科技创新融资模式，促进科技成果资本化、产业化。加快发展众创空间等新型创业服务平台，引导大型企业、民间资本和风投机构通过多种方式参与孵化器建设。

6. 推进公共服务，优化发展环境

建立、健全促进产业发展的技术、信息市场，加强技术和知识产权交易等平台建设，积极发展企业管理、法律咨询、信用评估等现代咨询服务业。发挥金融机构与产业主体相互融合、共谋发展的合力，更好地发挥政府作用，降低融资和金融交易成本，提高资源配置的效率和公平性。繁荣化工产业集聚区周边的教育、医疗、卫生、养老等各项社会事业，提升基本公共服务水平，营造宜居宜业的发展环境。

7. 坚持规划引领，打造专业园区

制定指导沿淮8市煤化工产业发展规划，明确发展思路、发展定位和发展方向，进一步优化产业布局，实现煤化工产业集聚发展。制定煤化工清洁发展规划，参照国家提出的有关环境污染的防治指标，提出煤化工园区的污染物指标控制标准。鼓励沿淮8市煤化工企业退城进园，新建煤化工企业和项目一律进入专业园区。园区发展应注重"专、特、优、新"，准确定位和布局产业，防止同质同构、产业雷同、无序竞争。应编制好园区发展产业链，依据产业链着重引进龙头煤化工企业，生产高端、高附加值的特色煤化工产品。

执 笔：潘 淼 王 涛 王淑文
王 燕 宁秀军 邵 超

下篇　对策清样

借鉴池州经验，对我省发展低碳旅游的若干建议

党的十九大报告强调，必须树立和践行绿水青山就是金山银山的理念。低碳旅游作为一种低消耗、低排放、低污染，具有绿色环保特色的低碳经济新模式，是生态文明价值的旅游实现，是践行两山理论的重要手段。近年来，池州市以国家低碳城市试点为引领，建立低碳旅游指标体系，打造近零碳排放示范景区，推动旅游业低碳转型升级。我省可借鉴池州经验，充分发挥低碳旅游示范作用，创新体制机制，加强宣传教育，抢占低碳旅游发展机遇，助力水清岸绿产业优美丽长江（安徽）经济带建设。

据估计，旅游业产生的二氧化碳排放量相当于全球总排放量的5%。而低碳旅游的本质在于以碳排放减量化为抓手，促进旅游能源消耗节约化、经济收益增值化、生态效率最优化，从而形成低排放、低污染、低能耗、高效率的"三低一高"旅游发展格局。池州市紧紧抓住全国低碳城市试点建设机遇，在低碳旅游发展方面走在全省前列。

一、池州市旅游发展基础

（一）交通区位优势明显

池州市位于我省西南部，北接安庆，南邻黄山，东连铜陵，西望庐山，与江西九江、景德镇、上饶毗邻。市域内森林覆盖率近60%，自然保护区面积占国土面积的12%，环境质量在中东部地区首屈一指。池州市拥有162千米长江黄金水道、铜九铁路，沪渝、济广、京台、东九高速，206、318两条国道贯穿全境，九华山机场建成通航，宁安高铁、望东长江公路大桥建成通车，池州港为安徽省唯一国际游轮重点停靠港口，"水陆空"于一体的立体化现代交通网络已经形成。

（二）旅游资源丰富

池州市境内各类景区景点300多个，山水林洞俱全，自然风光和人文景观交相辉映。不同类型的旅游资源和产品在空间和时间上形成组合，呈现风景、风

貌、风情、风物、风尚的完美融合。全市共有 A 级及以上旅游景点（区）39 个，其中 5A 级景区 1 个、4A 级景区 16 个、3A 级景区 16 个，包括以国家 5A 级旅游区、国家重点风景名胜区、中国四大佛教名山之一、国家森林公园——九华山为典型代表，还有被誉为华东"动植物基因库"的国家级自然保护区、野生动植物保护区——牯牛降，被誉为"中国鹤湖"的国家级湿地珍禽自然保护区——升金湖等一大批名山名水。

（三）旅游业发展政策完善

旅游业作为池州市国民经济的支柱性产业，2017 年实现旅游总收入 615.15 亿元，同比增长 12.81%；2018 年 1—10 月份，实现旅游总收入 611.08 亿元，同比增长 12.23%。"十三五"以来，全市坚持《池州市"十三五"旅游业发展规划（2016—2020）》《皖南国际文化旅游示范区建设发展规划纲要》为引领，在全省率先成立了旅游改革发展专家咨询委员会，先后出台了《关于促进旅游业发展的若干意见》《关于贯彻落实皖南国际文化旅游示范区建设发展规划纲要的实施意见》《池州市创建国家全域旅游示范区工作方案》等一系列政策规划，及时编制和完善了《池州市旅游重点建设项目库》，促进全市旅游业稳步发展。

二、池州市发展低碳旅游的经验做法

（一）以低碳城市试点建设为重要平台，形成低碳旅游协同发展格局

2013 年池州市成功跻身我国第二批低碳城市试点，为推动低碳城市试点建设，逐步建立了以低碳为特征的产业体系和消费模式，推进了能源结构优化和节能降耗，提升了城市整体低碳水平。同时，低碳旅游发展与主体功能区建设、全域旅游发展及大健康产业发展相融合，形成协同发展格局。主体功能区建设明确了低碳旅游发展的空间格局，加强了区域内资源的整合提升，推动旅游、健康和商贸融合发展。全域旅游将"旅游低碳、生态为先"原则放在重要位置，低碳旅游随"景区旅游"向"全域旅游"的转变快速发展。大健康产业发展构建了与旅游相融的产业体系，突出"养生+""体育+"两条主线，开发了一批参与式、体验式产品，在打响大健康产业牌子的同时增强了低碳旅游的品牌效应和吸引力。

（二）建立低碳旅游指标体系，保障低碳旅游深度发展

池州市通过对旅游资源、低碳化发展水平以及区域支持政策的深入分析，建

立低碳旅游指标体系，将低碳旅游发展水平细分为五个等级，对全市低碳旅游发展程度进行评价。当前池州市处于中等低碳阶段，绝大部分指标已达到了低碳旅游指标的要求，例如固废回收利用率、绿色饭店数量以及万元 GDP 能耗等，但能源消耗等指标有待提升。同时，池州市还评定了 10 个低碳社区和 10 个低碳景区，客观反映了该市低碳旅游建设的基本现状，为低碳旅游的深度发展提供有力保障。

（三）打造近零碳排放示范景区，树立低碳旅游典型

为深入开展低碳城市试点，树立低碳旅游典型，积极探索"零碳"发展新模式，池州市在全省率先开展近零碳排放景区示范工程，积极创建杏花村文化旅游区近零碳排放景区，目前已编制完成《池州市杏花村文化旅游区近零碳排放景区实施方案》，根据发展清洁高效的低碳能源体系、建设生态休闲的低碳产业体系等实施路径，推动建成具有池州特色的近零碳排放景区。池州市开展近零碳排放景区示范工程，是实现景区节能减排、绿色低碳发展的重要创新举措，有利于探索经济发展与碳排放脱钩的近零发展模式，进而在全社会各行业领域引领"零碳"发展新风尚，为其他地区提供可借鉴、可复制、可推广的实践经验。

（四）坚持创新体制机制，增添低碳旅游发展动力

拓宽宣传途径，借助新媒体积极开展池州旅游官网、微博、微信等系列宣传活动，扩大低碳旅游品牌影响力，增强旅游业工作人员和游客的节能减排意识。形成低碳旅游监督体系，建立完善温室气体统计、核算、考核体系，对部分景区开展能源管理体系和能源审计，全面掌握温室气体排放情况，及时调整低碳旅游相关政策规范。升级现有激励机制，出台《关于促进旅游业发展的若干奖励政策》，"重金+政策"的激励手段为池州市大力实施"旅游兴市"战略，为加快推进低碳旅游发展打上一剂有力的强心针。

（五）完善低碳设施建设，提升低碳旅游品牌形象

开展观光道路、生态停车场、生态堤坝、污水处理、卫生公厕、景区标识牌等基础设施建设，提升道路、山体、建筑物的绿化水平。形成低碳交通体系，新能源和清洁能源营运车达到 2000 台，其中在营液化石油气、天然气公交车及出租车 1300 多台，恒天易开、EVCARD 电动汽车分时租赁业务蓬勃发展，12 个高速服务区充电站点实现全覆盖，首座景区充电站点在杏花村文化旅游区投入使用。大力发展绿色建筑，绿色建筑占城镇新建建筑比例达到 30% 以上，杏花村等风景区通过使用低碳技术及低碳材料，实现绿色建筑占新建建筑比例达到100% 的目标。

三、借鉴池州经验，在我省推广低碳旅游的几点建议

（一）打造皖南国际低碳旅游示范区，推动低碳旅游产业化发展

依托皖南国际文化旅游示范区，推广池州市低碳旅游经验做法，提升低碳旅游产业市场化、规模化、集约化、国际化水平，打造具有较强国际影响力的低碳旅游示范区。贯彻全域低碳旅游理念，打破地域限制，整合旅游资源，打造复合型低碳旅游项目。在已推出的世界遗产之旅、佛教文化观光之旅、生态休闲养生之旅、皖江黄金水道之旅等线路基础上，进一步整合示范区内低碳绿色的旅游景点、产品及服务，打造以"低碳旅游"为亮点的旅游品牌及旅游精品路线，推动"低碳旅游"成为皖南国际文化旅游示范区又一崭新品牌。

（二）结合实际统筹部署，创建近零碳排放示范景区

在省级层面开展近零碳排放示范景区基础研究，出台统一标准的遴选指标，结合景区经济、环境、交通、建筑、管理等多领域进行分析，特别是在皖南国际文化旅游示范区的核心区，选取有基础的景区创建近零碳排放示范景区。创建过程中，一是要加强各项工作的衔接，着力将景区打造成绿色低碳发展的集成性、综合性平台；二是要强调突出特色，需充分考虑景区气候特征、能源禀赋、低碳旅游发展模式和发展特性等要素，因地制宜、科学制定近零碳排放示范景区建设方案及建设目标；三是要加强制度、管理、技术和模式创新，积极探索构建政府—市场—公众三类主体的协同参与机制，积累经验，为全省发展低碳旅游发挥示范引领作用。

（三）拓宽发展路径，挖掘乡村低碳旅游潜力

发展乡村低碳旅游需在可持续发展框架下，作为建设资源节约型、环境友好型社会以及美丽乡村的重点内容，并体现在可持续城镇化的具体实践中。积极构建村落低碳系统，利用太阳能、风能等可再生能源技术，建设低碳旅游能源供应系统。以乡村旅游资源为重点，充分利用乡村自然景观、地方文化、民俗民风等旅游吸引物，结合生态农业及农家乐，开展低碳旅游活动，充分体现不同地区的

旅游资源特点。采用合理有序、可持续的开发运作模式，增添旅游活动的知识性、趣味性、休闲性，树立低碳旅游品牌，形成集观光、休闲、度假及文化旅游于一体的特色乡村低碳旅游区。

（四）创新体制机制，激发低碳旅游发展新动能

构建以低碳旅游评价指标体系、碳排放监测、统计和监管体系、客流及自然条件预测预警体系为核心的低碳旅游监督体系，可根据发展阶段、地理区位、旅游资源及区域环境等情况分类构建低碳旅游评价指标体系，掌握旅游业低碳发展水平，测算及分析低碳旅游发展状态，明确旅游业阶段性减排任务，制定低碳旅游发展目标。推行碳积分制度，景区、游客、酒店等主体可通过自身低碳行为积累碳积分，兑换相应的奖励及优惠。积极推动旅游业纳入碳交易范围，利用金融手段促进景区进行节能减排。健全低碳旅游激励机制，对积极开展绿色创建、节能减排的旅游景区、企业及相关配套部门提供信息和技术等服务，并在政策、财政、税收方面予以优惠支持，使低碳旅游主体之间形成良性互动。创造良好的低碳旅游氛围，营造低碳旅游吸引物，提高游客的低碳认知程度，鼓励低碳行为。

指　导：蒋旭东

执　笔：徐　鑫　张　典

　　　　汤丽洁　杨　庆

当前安徽推动长江经济带高质量发展
面临的突出短板及对策建议

推动长江经济带发展是党中央作出的重大决策，是关系国家发展全局的重大战略。当前，我省推动长江经济带高质量发展进入攻坚克难的关键阶段，面临生态保护与经济发展矛盾突出、短期困难与长期问题交织、体制性矛盾与结构性问题叠加等一系列困难、风险和挑战，迫切需要精准辨证、精准施策，加快构建安徽推动长江经济带高质量发展的新屏障、新动能、新格局和新机制。

一、当前安徽面临的突出短板

我省是长江经济带承东启西的重要节点，是长三角地区和长江中游重要的生态安全屏障，肩负"一江春水出皖江"的重任。同时，我省处于工业化城镇化加速发展阶段，沿江产业沿袭传统发展模式和路径的惯性巨大，经济发展与生态环境保护矛盾日益突出，短期问题和长期累积性风险交织，长江高质量发展面临诸多挑战。

（一）长江污染负荷削减难度大

长江污染物排放基数大，生态环境质量改善与群众期盼仍有差距，生态脆弱状况难以为高质量发展提供有力支撑。一是水质改善不稳定。2015—2017 年，长江（安徽）流域Ⅰ～Ⅲ类水质断面比例由 84.3% 提高到 88.1%，水质有所改善。但长江流域以Ⅱ类水质为主，优质水少、污染河流多的状况尚未得到根本性改变。2017 年，长江干流 20 个断面中，19 个断面水质为Ⅱ类，1 个断面水质为Ⅲ类；46 条支流中，5 条为轻度污染，2 条为中度污染。城市黑臭水体整治出现返黑返臭现象，部分城市黑臭水体还有所增加。二是大气管控不到位。2018 年前 3 个季度，全省 PM2.5 平均浓度为 46 微克/立方米、空气质量优良天数比例为 72.3%，在全国各省区排名中处于靠后位置。城市大气污染精细化管理缺位，城市散煤燃烧、露天焚烧屡禁不止，城区扬尘污染大。进入秋冬季节以来，重污染天气易发多发，不可控因素增多，大气污染防治效果不佳。三是土壤治理欠账大。化肥农药使用量居高不下，土壤板结，肥力下降，存在污染物超标现象。工业固废处置能力严重不足，生活垃圾、建筑垃圾随意堆放，部分固废堆放点只做简单覆盖处理，达不到环保要求。部分城市生活垃圾处理能力不足，规范化处理设施跟不上。

（二）长江生态风险隐患加剧

长江环境风险源多，生态系统净化能力弱，突发性环境风险和累积性生态系统风险并存。一是流域生态功能退化。沿江污水处理厂不达标排放、自然保护区受侵占等现象频发，长江生物多样性持续下降，江豚等珍稀特有物种濒危，经济鱼类资源量接近枯竭，水生生物生存环境急剧恶化。2018年10月以来，我省扬子鳄、长江江豚自然保护区违规侵占问题先后被国家约谈和通报，造成了恶劣的社会影响。二是化工环境风险隐患大。我省沿江分布着众多化工企业，部分企业距离长江干流和主要支流岸线不足1千米，"化工围江"风险突出。近年来，长江干线危险化学品运输快速增长，对危险化学品生产、仓储、装卸、运输、污染物处置等各环节安全管理提出严峻挑战，一旦发生危险化学品泄漏事故，将直接威胁长江水生态安全。三是生态空间被大量挤占。城镇建设、基础设施建设、河湖湿地不合理开发等严重挤占生态空间，湖泊围垦、过度渔猎、江湖隔绝等人为割裂"山水林田湖草"整体系统，森林和湿地生态功能退化。

（三）沿江结构性矛盾突出

沿江产业结构偏重、能源结构偏煤、水运和铁路比重偏低，资源消耗和传统要素驱动惯性大，绿色转型升级任务艰巨。一是产业结构偏重。沿江是重要的能源、原材料和加工制造业基地，汽车、机械、家电、化工、电子等行业在全国占有重要地位，沿江六大高耗能产业产值占全省3/4左右，水泥、平板玻璃、生铁、粗钢、钢材等主要工业产品产量占全省的近85%。沿江传统产业发展面临"进退两难"境地，进则受生态环境保护约束，退则会带来失业、主导产业衰退、地方经济下滑等现实问题。二是能源结构偏煤。我省是典型的"富煤、少气、可再生能源资源不足"地区，2016年被列为长三角煤炭消费减量替代重点省份。2017年，我省煤炭消费总量达16085万吨，已经超过国家2020年14888万吨的控制目标；煤炭消费量占一次能源消费比重达到72.5%，高出全国12个百分点，同期清洁能源消费占比则低于全国11个百分点。三是水运和铁路比重偏低。水运和铁路运输运能大、成本低、节能环保优势突出。目前，长江3万吨级海轮必须在洪水期才可抵达芜湖港，万吨级海轮必须在洪水期才可抵达安庆港，难以适应海运船舶大型化标准化的要求。截至 2017 年末，我省铁路营业里程 4146.8 千米、居全国第 15 位，至长三角、长江中游等周边地区铁路覆盖广度和通达深度不足。沿江多式联运衔接不顺畅，综合交通枢纽建设相对滞后。

（四）区域协同机制不健全

长江岸线开发、环境保护、生态补偿、应急处理等区域协同治理较弱，难以有效适应流域完整性管理要求。一是长江岸线开发不合理。岸线开发缺少统筹规划，一些项目布局在自然保护区、饮用水水源保护区、风景名胜区等生态敏感区，对防洪安全、供水安全、生态安全等带来很多不利影响。部分江段存在抢占岸线、占而不用、重复建设等现象，导致岸线资源浪费。二是环境保护联动不到位。沿江各市污染防治联防联控合作虚多实少，协议内容不完善、操作性不强，提前预报、定期会商、联合检测、联合检查、沟通协调、闸坝调度等具体事项落实不到位。固体危废品跨区域违法倾倒呈多发态势，污染由沪浙苏向我省转移风险隐患加剧。三是生态补偿问题难解决。目前较成熟的新安江流域生态补偿、大别山区水环境生态补偿都不在长江干流范围内，2018 年启动实施的公益林、湿地、耕地、环境空气质量领域生态补偿尚处于起步阶段。现有的生态补偿仍以资金补偿为主，缺少市场化手段，生态效益难以高效发挥。四是应对突发事件协调难。目前应对突发公共事件时，上下游省市间、省内各市间一般采取集体磋商、应急联络等非制度化协调方式，没有建立固定化谈判机制。在涉及实质性利益问题时，各区域往往由于分歧太大而无法协调合作，影响对公共事件的应急处理，尚未形成区域协调应对的良好氛围。

二、对策建议

当前，我国经济已由高速增长阶段转向高质量发展阶段，保护长江是我省破解资源环境约束、化解经济产业发展与生态环境保护矛盾的必然选择。下一阶段，我省要坚持把修复长江生态环境摆在压倒性位置，加快推动质量变革、效率变革、动力变革，以生态优先、绿色发展引领高质量发展，用高质量发展守护一江春水。

（一）构筑长江生态安全新屏障

长江高质量发展的前提是坚持生态优先、绿色发展，确保长江生态功能不降低、性质不改变、面积不减少。一是守住长江水安全底线。把握好以水为中心的生态系统统一性和流域经济整体性，重点防范长江水环境质量可能跃降的问题。深入开展沿江企业、化工企业、危化品运输船舶等重点环境风险排查，尽快消灭劣Ⅴ类水，妥善化解长江水生态安全隐患。二是守住长江污染负荷底线。深入开展入河排污口、长江干流岸线清理、化工污染等专项整治行动，有效降低入河污染负荷。巩固城市黑臭水体治理效果，实施生态修复、补水活水等源头治理工程，确保不返黑返臭。加强大气污染防控，重点对散煤、"散乱污"企业、露天焚烧、工业扬尘等开展排查治理。借鉴苏州市、新安江上游经验，推广农药集中配送模式，从源头上降低土壤污染风险。三是守住长江生态空间底线。坚持一手抓整治一手抓复绿，加快补齐长江干流两岸绿化缺株断带，让长江上下游、左右岸绿起来，打造皖江"最美岸线"。认真抓好中央环保督察"回头看"问题整改，聚焦扬子鳄、长江江豚自然保护区违规侵占等突出问题立行立改，加强森林、湿地、生物多样性等生态系统的保护与修复，稳定长江生态系统。

（二）打造绿色高效发展新动能

高质量发展首先是经济高质量发展，要坚持"破""立""转"并举，破无效供给和落后产能，立产业中高端环节和中高端产业，推动产业和企业绿色化转型，打造沿江具有综合竞争优势的产业群、创新群和企业群。一是破除旧动能。坚决淘汰落后产能，抓好"散乱污"企业整治，妥善处置僵尸企业，从源头上减排降耗，为培育发展新动能腾出空间。充分发挥市场化手段，针对企业个性问题，实施"一企一策"方案，如借鉴江苏"老树开花"（即支持企业加大技术改造力度，通过增资扩股、重组嫁接等路径，盘活存量、就地转型）、"插柳成荫"（即围绕战略性新兴产业、现代服务业等吸引企业投资）等模式，推动企业绿色化转型。二是积蓄新动能。对标高质量发展要求，稳步推进新型显示、智能语音、高端装备、集成电路等战略性新兴产业集聚发展基地建设，突破一批产业前沿引领技术，集聚一批具有创新能力和市场竞争力的国际级领军企业，构建创新引领、协同发展的现代化产业体系。加大与下游重点行业的对接与合作，加快技术研发与创新步伐，打造有机衔接的产业链条，培育具有竞争力的自主品牌，推动自主创新实现内涵式增长。

（三）完善综合立体交通新格局

高质量发展要以通达的基础设施互联互通作为支撑和保障，要充分挖掘皖江黄金水道潜力，着力提高绿色交通能力。一是做好水运文章。加强长江水运综合整治，逐步取缔长江水上过驳，加强应急救援和安全保障，维护长江沿线交通生态环境安全。推进港口岸线资源整合，强化港口分工协作，加快实现船型标准化。加大长江航道安徽段疏浚力度，提高芜湖港、安庆港等港口直达能力，提高内河高等级航道里程，建设绿色水运网络。二是做好陆运文章。加快皖江、皖北城际铁路网建设，打造以合肥为中心的放射状城际交通网，建设沿江综合交通通道。加快高速公路网络化建设，尽快实现"县县通高速"，提高普通公路、农村公路通达通畅水平。推进航空、港口、过江通道等重大基础设施建设，加快建设多式联运中心，提高交通枢纽的辐射能力和运输效率。三是做好跨省文章。加强与长三角地区、长江中游城市群之间跨省重大通道合作，重点打通省际断头路，加快推进跨省高速、铁路、国省干线等重大项目在我省境内实施进度，不断提高皖江承东启西、贯通南北的综合交通枢纽地位。

（四）创新生态协同治理新机制

长江经济带是流域经济，高质量发展必须做好区域协调发展"一盘棋"这篇大文章。一是深度融入长三角一体化。紧紧抓住长三角一体化发展上升为国家战略这一重大机遇，以城市群为抓手，加快提升合肥都市区国际化水平，在科技进步、制度创新、产业升级、绿色发展等方面深度融入。高水平参与G60科创走廊建设，推动合肥滨湖科学城与上海张江科学城"双城同创"，联手搭建长三角科技创新网络。强化生态环境风险前置意识，高水平承接长三角产业转移，打造园区共建、旅游开发、制造业联盟、农产品基地等产业合作品牌。加强长三角生态环保协作，健全源头联防、过程联控、后果联惩机制。二是健全生态补偿机制。总结推广新安江模式经验，完善生态补偿评价指标体系，建立省内流域上下游生态补偿机制。采用资金补偿、对口协作、产业转移、人才培训、共建园区等多种方式，加快形成多元化、可持续的生态补偿机制。三是积极探索生态产品价值实现机制。借鉴丽水市深入践行"两山"理论的经验，重点围绕生态产品价值评估核算、生态产品价值挖掘、生态产品交易市场培育等领域，加强制度创新和政策供给。

指　导：樊明怀

执　笔：王　娟

坚定信心　主动作为
为经济高质量发展注入新动能

——2018 年全省经济形势分析及 2019 年展望

2018 年以来，面对错综复杂的国内外形势，省委、省政府坚持稳中求进工作总基调，牢牢把握"六稳"要求，扎实推进供给侧结构性改革，深入实施五大发展行动计划，全省经济运行大局平稳。展望 2019 年，外部环境复杂严峻，机遇与挑战并存。我省立足长期发展优势和新的战略机遇，进一步增强信心，锁定高质量发展目标，坚持以新发展理念破解当前发展中存在的阶段性困难和问题，在改革、开放、创新上谋实招、探新路，积极培育发展新动能。

一、2018 年我省经济运行情况

2018 年，全省经济运行平稳，总体呈现"总体平稳、稳中有进、稳中有好"的特征。一是主要指标总体平稳。前 3 个季度，全省 GDP 增长 8.2%，居全国第 7 位，连续 7 个季度稳定在 8.0% ~8.5% 之间。就业形势稳定向好，前 3 季度新增就业 64.5 万人，超额完成全年目标任务；城镇登记失业率 2.78%，创 2010 年以来新低。物价水平总体稳定，CPI 小幅温和上扬、PPI 缓慢回落。二是发展动能稳中有进。前 11 个月，规上工业增加值增长 9.1%，居全国第 5 位，比去年同期加快 0.3 个百分点。战略性新兴产业产值增长 17.5%，占规上工业的 29.3%，同比提高 4.5 个百分点。固定资产投资增长 12.2%，居全国第 2 位，比去年同期加快 1.6 个百分点，其中民间投资增长 18.9%，同比加快 12.4 个百分点。进出口总额增长 16.1%，高于全国 5.0 个百分点。三是质量效益稳中有好。前 11 个月，全省财政收入增长 10.3%，创近五年来新高；全省新登记各类市场主体增长 16.8%，其中新登记注册企业增长 23.7%。10 月份，规上工业企业利润增长 15.3%，其中私营企业拉动 12.6 个百分点。城镇、农村居民人均可支配收入增速均超过全国平均水平，农村居民人均可支配收入接近全国平均水平。

同时，我省经济平稳运行的基础并不牢固，一些结构性矛盾需要引起重视。

从供给看，行业分化、企业分化态势明显，新动能培育还在路上。一是行业分化较为明显。建材、钢铁、水泥、化工、电力等能源原材料价格高位上涨，带动上游工业行业利润大幅增长，对全部工业利润增长贡献超七成。11月份，全省工业生产者出厂价格同比上涨1.6%，工业生产者购进价格上涨3.0%，中下游企业盈利空间继续受到挤压。二是市场主体继续分化。11月份，全省大、中型企业制造业PMI为51.6%和50.7%，仍位于扩张区间，而小微企业降至47.1%，面临收缩风险。前11个月，全省国有工业企业增加值增长13.6%，股份制企业增长8.6%，而其他类型企业为-0.5%。三是创新成果转化不足。高校院所成果转化机构、院士工作站等创新创造活力尚待有效激发，市场化的科技中介服务发展不充分，科技成果转化渠道不够通畅，前11个月全省吸纳各类技术合同达191.3亿元，同比下降13.6%。

从需求看，投资、消费增长乏力，外需不确定性增大。一是三大投资增长压力持续加大。下半年以来，房地产市场触顶回落，前11个月全省房地产开发投资增长9.1%，较上半年回落13.4个百分点，同比回落13.2个百分点；土地购置费同比回落46.9个百分点。制造业投资后劲不足。全省百家企业问卷调查显示，11月份计划增加投资的企业占比为37%，远低于去年同期水平。受防范地方隐性债务风险等制约，基础设施投资持续回落。二是消费受增收放缓和购房挤出等影响明显。受实体经济困难影响，前三个季度全省城镇居民工资性收入仅增长6.2%，同比下降1.6个百分点；受部分收益较高的不合规理财陆续被清理、股票市场持续低迷等影响，居民财产性收入增长放缓。前一轮房价高增长透支了居民消费能力，全省家庭债务杠杆率从2016年初的不到50%提高到2018年10月的67.4%，2017年人均归还住房贷款564元，较2013年翻一番。同时，车辆购置税优惠政策取消，对市场需求也形成一定冲击。三是外贸"抢出口"效应接近尾声。外贸前高后低、增速下滑态势明显。11月份，进出口总额同比增长10.9%，较上月下滑11.4个百分点。制造业PMI新出口订单指数和进口指数为48.2%和43.6%，环比分别下降1.3和3.1个百分点，持续位于临界值以下。

从要素看，综合成本持续上升，结构性、制度性矛盾突出。2018年以来，企业生产成本不断高企，经营压力持续加大。11月份全省百家企业经营问卷调查显示，79%的调查企业认为生产成本增加是当前影响和制约企业发展的首要因素，较年中提高了 4 个百分点。其中，49% 的企业用工成本上涨，19% 的企业融资成本上涨，分别较年中提高了 2 个和 1 个百分点。除此之外，制度性、结构性矛盾突出。一是企业政策获得感不强。调研中，多家企业反映符合相关奖励优惠政策，实际申报后却因资金额度限制无法享受。重复性检查过多，安庆一家企业反映，过去一年接待各级各类检查高达 786 次。二是用地保障压力增大。国家下达我省新增建设用地计划同比下降 22%。多地反映交通水利能源等基础性建设项目受土地制约无法按期开工。预计今后工业农业争地、城镇农村争地、生活生产生态争地的矛盾更加突出。三是精准治污难度较大。生态环保领域部分简单的行政性执法一度带来企业安全感下降、原材料成本高涨等问题，一些地方在关停之外手段有限，治污的精准性和科学性尚有待加强。

二、2019 年我省发展环境和条件

展望 2019 年，国际国内宏观环境总体偏紧，但我省也具备长期发展的综合优势，迎来重大战略机遇。

从国际看，全球经济复苏动能减弱，贸易摩擦升级、流动性收紧等风险叠加。全球经济虽然保持增长，但经贸扩张势头放缓，金融市场脆弱性上升，地缘政治矛盾加剧。IMF（国际货币基金组织）提出，当前全球国际关系框架和经济政策正处于"不确定性增加的时期"。一是全球经济见顶回落风险增大。三个季度以来，美国、欧元区、日本、新兴经济体等增长势头均出现不同程度放缓。IMF 在 10 月发布的《全球经济展望》中，将 2018 年和 2019 年全球经济增长预期下调 0.2 个百分点，为 2016 年以来首次下调。二是多边贸易格局面临重塑。中美贸易摩擦虽暂时缓和，但边打边谈、打打谈谈将是长期走势。随着贸易单边主义和保护主义抬头，WTO 所代表的多边贸易框架受到严重挑战，地区性贸易协定主导地位凸显，全球经贸活动的系统性风险增加。三是发达经济体货币政策收紧加剧外溢风险。美联储加息缩表已经导致部分新兴经济体货币大幅贬值、资本大量外流，加之欧洲央行也即将停止购债和启动加息进程，主要发达经济体货币政策外溢效应更加明显，全球金融市场预计更加动荡。

从国内看，坚持稳中求进工作总基调，宏观调控突出供给侧结构性改革推动高质量发展。2018 年，全国经济持续健康发展，社会大局稳定。展望 2019 年，国内经济有望继续保持平稳发展势头，宏观调控政策强化逆周期调节，在稳定总

需求的同时，深化供给侧结构性改革。减税降费力度更大。财政政策更加积极，财税体制改革不断深入，企业增值税并档及税率下调、个人所得税专项附加扣除、社会保险费率下调等有望实施，2019 年减税降费规模预计超过 1.5 万亿元。货币政策传导机制更加优化。货币政策聚焦更好解决民营企业和小微企业融资难、融资贵问题，在稳健的基础上适时预调微调，民营银行和社区银行有望获得更大支持。各项改革全面深化。强化竞争政策的基础性地位，国资国企、财税金融、土地、市场准入、社会管理等领域改革持续深化，市场配置资源的决定性作用得到更大发挥。

虽然全球经济格局深度调整、国内发展方式加速转换，但立足更长周期、把握深层次规律，我省依然具备保持长期平稳健康发展的良好条件。

第一，我省创新资源富集，可以在高质量发展中抢占先机。随着经济发展进入新时代，区域竞争优势更多依靠技术、人力资源为代表的创新要素。我省创新资源丰富，原始创新活跃，拥有高等院校 119 所，居全国第 8 位；研发人员全时当量 14.0 万人年，相当于全国的 3.5%；2017 年规上工业有效发明专利数量居全国第 4 位。通过进一步夯实创新平台、畅通创新链条、完善创新创业环境，我省有望在新一轮区域竞争中实现从跟跑并跑向并跑领跑转变。

第二，我省实体经济厚实，可以在供给侧结构性改革中提升能级。目前，我省四大家电产量占全国的 1/4，汽车产量居全国第 9，汽车整车出口连续 8 年位居全国第一，贡献了全球 20% 的智能手机液晶屏、30% 的平板电脑显示屏和 1/10 的笔记本电脑。通过紧抓国家政策机遇，促进先进制造业与现代服务业深度融合，我省产业发展迎来提质增效的新机遇。

第三，我省市场腹地广阔，可以在培育形成强大国内市场中提升枢纽地位。我省处于国内外产业溯江而上梯度转移的前沿地带，以合肥市为核心、500 公里为半径，辐射我国中东部 8 个省市、近 5 亿人口、12 万亿元消费市场，生产力布局和城镇化发展空间广阔。通过进一步畅通国内市场与生产主体良性循环，可以进一步提升枢纽地位。

第四，长三角一体化上升为国家战略，我省可以在更大范围、更高平台上参与竞争和合作。通过一体化发展，我省有望将原始创新优势、生态资源优势、特色产业优势、区域交通优势转化为经济社会发展胜势，对标补缺、导入资源，实现借梯登高，步入开放合作最前沿。

综上，我省具有长期向好的光明前景，2019 年有望继续保持平稳较快增长的良好势头。

三、相关对策建议

（一）加强政策协同，更大力度降低企业成本

成本高、负担重仍是影响广大企业高质量发展的突出问题。下一步，要切实落实省委、省政府相关政策举措，将降低制度性交易、社保、用地、用能成本的各项举措细化落实到位。特别是加大宣传解读，让企业知晓政策、监督落实政策。在制定各类优惠举措或奖励政策之前，加强对覆盖范围和资金规模的预测核算，以防符合条件的企业享受不到相关政策，反而额外增加人力物力成本，影响企业获得感。聚焦民营企业和小微企业融资难融资贵问题，加强模式创新，引导金融机构创新年审制贷款、循环贷款、无还本续贷等还款方式，实现企业贷款到期与续贷无缝对接，提高对民营企业金融服务的能力和水平。

（二）畅通技术供需对接渠道，增强产业创新能力

创新是企业转型、产业提升的必经之路。在当前外部环境趋紧的背景下，进一步倒逼企业创新。建议进一步优化各类技术供需平台，提升现有知识产权对接交易平台，培育发展全省统一的科技交易大市场。引导各市县围绕主导产业集聚创新发展需要，定期编制企业技术创新需求目录，拓宽企业与高校、科研院所科技成果对接渠道。搭建生产性服务机构与传统制造企业合作桥梁，引入专业机构对研发设计、工艺流程进行再造，推行安徽省先进制造业与现代服务业深度融合试点工作。依托科研院所、高校、企业，以及技术转移示范机构、孵化器和产业园等，扶持建设一批专业化的中试基地，缩短从实验室到工厂化生产距离。成立进口替代专项基金，对已经攻克的、具备产业化条件的"卡脖子"技术，鼓励支持进口替代和应用推广，加大国内优势企业示范引导，推动形成规模优势。

（三）完善促进消费体制机制，释放居民消费潜力

着力完善让消费者"愿消费""敢消费""能消费"的体制机制。加快完善有利于提高居民消费能力的收入分配制度，落实个人所得税专项附加扣除政策，实施机关事业单位地区附加津贴制度，扩大高校和研究院所收入分配自主权，完

善企业工资分配的宏观指导制度。探索出台生育补贴、完善家庭福利制度，引导社会力量规范举办普惠性幼儿园和托幼机构。加强高端消费品供给，围绕智能语音、智能机器人等领域，认定一批省级智能消费产品，建设若干省级智能消费体验中心，推动形成一批具有安徽特色的高端智能消费产品、品牌。运用大数据等技术，打造全省"互联网+商务诚信"综合公共服务平台，营造"守信得益、失信受制"的良好信用环境。研究制定服务消费和消费新业态新模式的统计分类，形成涵盖商品消费、服务消费在内的消费领域统计指标体系，更加全面反映居民消费发展情况。

（四）发挥比较优势，深度参与长三角一体化发展

抢抓长三角区域一体化发展上升为国家战略的重大机遇，对接上海、携手苏浙，立足省情、扬皖所长，引领带动全省高质量发展。推动长三角科技创新圈建设，共同建设长三角科技创新圈联盟，设立长三角科技创新联合基金、长三角科技研发和技术攻关专项资金；引导张江实验室、之江实验室等来皖设立分支机构，鼓励上海研发公共服务平台等在皖设立分中心，共享创新资源、成果。打造长三角产业合作示范区，突出"高""新""绿"产业导向，开展"飞地经济"等模式创新。坚持生态优先绿色发展，建设新安江-千岛湖国家生态补偿机制示范区，探索建立生态环境和生态产品评价指标、补偿指标形成机制。更大范围探索农业生态补偿、综合性生态保护补偿等制度创新。推进公共服务普惠共享，扩大异地就医直接结算联网定点医疗机构数量，鼓励组建跨区域的医疗联合体，鼓励各类教育机构来皖建立分校、分院、分园，共建基础教育校长及教师培训联动平台。

（五）对标国际化营商环境，提升制度型开放水平

加强同国际经贸规则对接，持续深化"放管服"改革，全面落实准入前国民待遇加负面清单管理制度，强化知识产权保护。进一步深化金融、教育、医疗、养老等领域对外开放，在服务业领域实施高水平的贸易和投资自由化、便利化政策。清理规范民间投资审批流程，着力解决民营企业反映突出的部门之间协同不够、基层承接能力不足、流程复杂周期长等问题。持续推进"证照分离"改革工作，推进企业登记全程电子化，大幅压缩企业开办时间，完善市场主体便捷退出机制。积极探索提高知识产权损害赔偿标准，加大惩罚性赔偿力度，合理分配举证责任。强化公众参与、专家论证、风险评估、合法性审查、集体讨论决定为法定程序的依法决策机制，着力提升依法决策能力。创造公平竞争的制度环境，促进各类市场主体持续健康发展。

指　导：樊明怀　胡功杰

执　笔：窦　瑾　张淑娟　陈　香

余茂军　江　鑫

"2018 国宏经济论坛"暨第二十四次全国发展改革系统研究院（所）长会议观点综述

12月25至26日，"2018国宏经济论坛"暨第二十四次全国发展改革系统研究院（所）长会议在北京召开。本次会议的主题是"改革：活力之源　开放：必由之路"。来自国家发展改革委宏观经济研究院和各省、自治区、直辖市发展改革系统研究院（所）的领导和专家学者参加了会议，与会代表围绕议题展开讨论，形成了一些对各省区经济社会发展具有指导和借鉴意义的观点。

一、完善现代市场体系，协同推进问题导向与目标导向改革

国家发展和改革委员会原副主任、中国经济体制改革研究会会长彭森作了标题为《改革永远在路上》的报告。他通过对40年改革历程回顾，阐述了改革的长期性、复杂性、艰巨性，从中总结了改革的基本经验，并提出下一步改革的方向建议。

他认为，中国改革之所以取得巨大成就，得益于以下基本经验。一是始终坚持党的领导。二是始终坚持解放思想、实事求是的思想路线。三是始终坚持发展是第一要务。以生产力标准作为检验改革成败的标准。四是始终坚持渐进式改革道路。五是始终坚持市场化改革方向。

他提出，中国改革推进的方式可分为问题导向和目标导向两类。过去四十年主要完成的是问题导向改革。当前，我国需更多关注涉及体制性短板的目标导向改革，做到问题导向和目标导向改革相统一。按照党的十九大要求，围绕发挥市场在资源配置中的基础性作用这一目标导向，积极推进产权制度、要素市场化配置等重点领域和关键环节改革的攻坚突破。进一步深化土地制度改革。进一步扩大现有33个县"三块地"（农村土地征收、集体经营性建设用地入市、宅基地制度）改革试点范围，推动农村土地制度改革取得突破。落实好公平竞争审查制度。通过公平竞争审查，防止和限制错误的产业政策、企业补贴政策和地方保护主义对市场竞争机制的破坏，加快建立统一开放、竞争有序的现代市场体系。此

外，国资国企改革、财政体制改革、收入分配改革以及民生相关改革均是目标导向改革必须迈过的重要关口。

二、贸易保护主义、美联储加息、地缘政治冲突风险叠加，世界经济维持弱势复苏态势

国家发展和改革委员会宏观经济研究院副院长毕吉耀作了标题为《世界经济形势及面临的主要风险》的报告。他指出，2018年以来，世界经济总体延续复苏态势，但全球经济、贸易、投资、生产等活动放缓，主要经济体走势分化，金融市场和石油等大宗商品价格大幅波动，不稳定、不确定因素明显增多，下行风险明显加大。展望2019年，世界经济有望维持弱增长态势。

世界经济面临的主要风险。一是美国在全球制造贸易摩擦给世界经济稳定增长造成巨大风险。特朗普政府大搞单边主义和保护主义，造成全球范围内贸易紧张局势，不仅严重冲击多边贸易体制和国际贸易秩序，而且扰乱了全球产业链正常运转，动摇了投资者信心，引发金融市场动荡，给全球贸易、投资、生产活动和世界经济稳定增长带来巨大风险。二是美联储加息缩表进程的外溢效应可能引发新的金融危机。随着美联储继续推进加息缩表进程，全球美元流动性将进一步收紧，加之欧央行也即将停止购债和启动加息进程，主要发达经济体货币政策外溢效应将更加明显，一些金融体系脆弱、经常项目长期逆差、对外资流入依赖较大的新兴经济体将承受更大的压力，不排除爆发金融危机的可能。同时，美联储继续加息也会加剧美国经济放缓甚至引发衰退，投资者风险偏好降低和金融资产价格重估势必导致国际汇市、债市、股市更加频繁调整，全球金融市场进入动荡期势所难免。三是地缘政治冲突频发和大国博弈加剧给世界经济带来诸多不稳定、不确定影响。特别值得关注的是，如果美国继续收紧对伊朗原油出口限制，或者中东地区再现乱局，石油价格可能再度大幅上涨；如果美俄交恶升级为全面对抗，世界经济发展的和平环境将受到严重威胁；如果中美在经贸领域的冲突继续升级并向其他领域扩散，将对世界经济和国际局势产生难以预估的重大影响。

世界经济仍将艰难前行。国际金融危机爆发以来，世界经济在大调整大变革中艰难走向复苏。一方面，以互联网、大数据、人工智能为代表的新科技革命不断催生新产品、新模式、新业态和新产业，并加速向传统产业渗透融合，全球产

业链和价值链加速调整重塑，数字经济、共享经济、智能制造成为全球经济增长新动力；另一方面，金融危机重创美欧发达国家经济，特别是中产阶级和传统产业部门，而过度依赖量宽货币政策刺激经济复苏进一步拉大贫富差距，导致社会政治层面民粹主义盛行，经济贸易领域逆全球化潮流高涨、保护主义大行其道，给全球贸易投资环境带来巨大的不确定性。从近期看，世界经济仍将维持复苏态势，但要实现中长期强劲可持续增长，仍需加强经贸合作和政策协调，深化结构性改革，推动建立开放型世界经济。

三、推动制造业高质量发展，增强现代化经济体系新动能

国家发展和改革委员会宏观经济研究院产业所所长黄汉权作了标题为《推动制造业高质量发展的思考与建议》的报告，深入阐述了制造业高质量发展的内涵特征，深刻剖析了当前我国制造业发展面临的主要痛点和难点，并针对性地提出建议。

什么是制造业高质量发展。制造业高质量发展在"产业迈向中高端"提法基础上延伸提出，内容更加丰富、全面，是"三大变革"思想（质量变革、效率变革、动力变革）和"五大新发展理念"（创新、协调、绿色、开放、共享）的深度融合，特别体现在动力变革和创新驱动的融合上。其特征表现为多维度。在质量维度，表现为供给与需求的有效匹配；在效率维度，表现为投入产出比的不断提升；在动力维度，表现为从要素驱动转向创新驱动；在协调维度，表现为城乡区域利益的协调；在绿色维度，表现为可持续发展；在开放维度，表现为产业迈向全球价值链中高端，拥有一批竞争力强的跨国公司；在共享维度，表现为公平和获得感的提升。当前，我国推进制造业高质量发展已经具备了很好的基础。一是我国工业基础已经较为雄厚；二是创新能力不断增强；三是市场规模庞大；四是制造强国发展的制度框架基本形成；五是社会各界已形成普遍共识。

我国制造业高质量发展面临的痛点和难点。一是企业发展信心不足，"脱实向虚"形势没有扭转；二是关键核心技术受制于人，大中型高技术制造企业对外技术依赖程度高；三是我国制造业增加值率低，产业在全球价值链中层次偏低；四是制造业中低端产品过剩，中高端供给不足；五是关键要素支撑能力不强，科技创新、金融体系、人力资源均存在短板制约；六是中美贸易摩擦影响逐步显现，部分工业品供应链转出中国，核心技术引进受阻，延缓产业转型升级进程。

如何推进制造业高质量发展。一是要大力振兴实体经济，通过减税清费降成

本，让企业活下去，通过优化营商环境，提振民营企业发展信心。二是要大力提高产业技术创新能力，提高创新成果供给质量，助推创新成果的转化应用；攻克一批"卡脖子"技术瓶颈；加强一批先进成熟技术的推广和扩散。三是要增加与高质量发展相匹配的人才供给，培育一批具有国际视野和开拓精神的企业家、拥有跨学科知识的复合型人才、掌握先进制造技术工艺的工程师和产业工人。四是要修好金融"活水"流向实体经济的三条导流渠，充分发挥资本市场、民营银行和中小银行、科技金融体系等积极作用。五是要加强标准、诚信等软环境建设，加大财产权和知识产权保护力度，对标发达国家提高行业标准，大力培育精益求精的工匠精神。六是要深度融入全球产业链分工合作，高水平引进来，全方位走出去。

四、重塑政府与相关主体关系，建设人民满意型政府

国家发展和改革委员会宏观经济研究院体改所所长银温泉作了标题为《深化政府管理体制改革的重点环节》的报告，从当前改革的总体评价、改革的目标和重点几个方面进行了阐述。

政府改革的总体评价。"十三五"以来，简政放权进展显著，激发了市场活力；市场体系逐步完善，推动了公平竞争；公共服务职能强化，促进了社会平等；创新政府治理，提高了履职效率；政治生态整体改善，明晰了执政理念。同时，政府改革仍存在一些问题：一是政府"越位""缺位""错位"；二是依法行政任重道远；三是利用市场履职能力不强；四是履责效率和能力亟待提升；五是梗阻问题突出、改革落地不足；六是部门协调、基层首创不足。

政府改革的主要目标。党的十九大提出政府改革的总体目标是建设人民满意型政府。这具体可分为三个方面：一是突出人民主体地位；二是强调责任、效率、法治，突出人民满意服务标准；三是强调清正廉洁，突出人民满意底线条件。

推动政府改革的五个基本维度。以改革再出发的态度改革政府，处理好政府与政府、政府与企业、政府与市场、政府与社会、政府与公民五个维度的关系。具体而言，第一，府际关系改革的重点在于把转变政府职能放在首位，理清中央与地方以及地方各级政府事权关系，推进政府治理法治化、政府履职高效化、政府公共服务市场化和社会化。第二，明晰政府与企业关系的重点在于深化国企改

革。进一步完善产权制度发展混合所有制，完善公司治理，保护中小股东利益，贯彻竞争中性原则。同时，要明晰民营经济地位，改善民企发展环境，落实民企发展政策，构建民营经济危机预警与管理机制。第三，重塑政府与市场关系重点在于建立完善的现代市场经济体制，推动市场化的价格形成机制，把公平竞争审查制度作为基本制度，推动市场监管的现代化。第四，政府和社会关系改革重点在于社会治理现代化。培育社会组织，向社会组织赋权。第五，重塑政府和公民关系重点在于建设中国特色的福利社会，建立普适性的社会保障制度和多层次的社会保障体系。

五、继续深化交通运输体制改革，建设交通强国

国家发展和改革委员会综合运输研究所所长汪鸣作了《辉煌交通　中国交通运输改革与探索》的报告。他在回顾改革开放 40 年交通运输改革历程和总结经验的基础上，提出下一步交通运输改革的发展方向。

改革开放 40 年交通运输经历了三次角色转换。改革开放初期，交通运输释放了被压抑的要素流通活力。20 世纪 90 年代中后期开始，交通运输通过多元化、大规模投资拉动经济增长。到第三阶段，交通运输更多服务经济转型升级和人民美好生活。不同阶段的角色反映了不同经济社会发展阶段对交通的不同要求。过去 40 年交通运输改革发展的经验核心在于简政放权、激发交通运输的投资建设服务主体活力。

继续深化交通运输改革应从四个方面着手。一是进一步推进市场化改革。加快铁路市场化改革步伐，建立绩效考核指标体系和政绩考核指标体系。推进航空资源管理改革，加大对低空、高空空域的开放力度，鼓励航线资源市场充分竞争。二是加大交通基础设施投融资改革创新。进一步放宽市场准入，广泛吸引社会资本，减少对外资、民营资本占比和准入门槛的约束。三是加强行业统筹管理。各行业条块化管理依然较为普遍，综合客运枢纽因条块化管理存在换乘不畅、重复安检等问题，亟待进行管理模式创新，增强民众出行获得感。四是探索适应交通发展新业态。增强对"互联网+"交通等新业态、新模式的开放包容性和管理高效性。

整　理：窦　瑾　王业春

当前企业生产经营存在问题及对策建议

——关于节后企业生产经营情况的调研报告

为准确把握节后实体经济运行情况，更好研判全省经济形势，近日安徽省经济研究院赴肥西县开展企业生产经营情况调研，现将有关情况报告如下。

一、总体情况

本次调研选取了肥西县经开区 10 家不同行业、不同规模、不同所有制类型的企业作为样本，通过发放调查问卷以及实地座谈，系统了解企业运行情况。总的来看，调研企业生产经营稳中趋紧，10 家企业中，1 月份产品销售持平的 6 家、回落 2 家，大部分企业对今年市场行情不乐观。与此同时，企业之间分化发展仍是主线，一些专注创新、专注差异化发展的企业适应市场变化能力更强。如锦瑞汽车部件公司在汽车行业不景气的大背景下，着力提升自主研发能力，去年研发投入超千万元，企业预计 2019 年产值可翻一番。颂智实业作为一家线上杯壶产销企业，聚焦女性群体，提升产品设计水平，在网上销售中保持领先水平。合电正泰也在逐步从生产商向服务商转型。

二、主要问题

调研企业普遍反映，效益不佳、成本上升、融资困难等问题制约企业发展。

一是企业盈利能力下降。在当前市场竞争激烈的大环境下，企业普遍采取降价等手段保持市场份额，多数企业面临增产不增收、利润降低的局面。瑞森汽车贸易公司 2018 年销售收入增长 29%，但由于单车售价降低，企业利润下降了50%。合电正泰、固泰自动化等企业均表示，工程领域"最低价中标"政策导致"劣币驱逐良币"，过去一年企业合同额虽有所增长，但基本没有利润。

二是用工成本刚性上涨。调研企业节后员工到岗率均超过 95%。但从用工成本看，企业作为市场价格的接受者，用工工资随行就市，每年上涨 6% ~ 10%已是常态。TCL 家电反映，社保费率总体水平偏高，从技校招工还需要额外向中介支付费用。除显性工资外，一些企业反映，由于园区公交不完善，企业不得不为员工购置交通班车，增加成本。

三是融资难问题依然突出。2018年下半年以来，金融环境趋于宽松，金融支持实体经济政策相继出台，但调研企业并没有太多获得感，银行放贷门槛高、限制多、慎贷惜贷现象仍然突出。锦瑞汽车部件公司反映，往年用5.7万平方米厂房可抵押贷款1800万元，当前仅能贷款1200万元，而且手续烦琐、放款周期长。

四是制度性交易成本高企。安利材料反映，"煤改气"后，2018年企业用能成本增加了3000多万、超出企业全年利润，去年底供气企业单方面要求涨价30%，令企业不堪重负。TCL家电、亿昌兴精密机械均反映，我省公路治超力度超出周边省份，推高了企业物流成本。

三、对策建议

一是坚定不移多措并举推进降成本。加大对物流发展的支持力度，改善物流环境，降低物流成本。加快燃气管网建设，降低天然气管输费，取消天然气短输费，推进非居民用天然气价格市场化改革。加强校企合作，创新运用订单式培养、委托培养、顶岗实习等模式，降低企业用工成本。严格落实个人所得税专项附加扣除暂行办法，切实提升员工收入水平。加快开发园区生活配套设施建设，支持发展园区企业定制公交。

二是切实增强金融服务实体经济能力。根据企业资金需求特点，引导和鼓励各类金融机构开发简式快捷贷款、跟单贷款、库存商品抵押贷款、流动资金循环贷款等多种形式服务中小企业的金融产品。鼓励企业借助"支付宝"订单贷款等方式，拓展融资渠道。帮助企业进入新三板、创业板挂牌上市，提前对接科创板。

三是持续深化"放管服"改革。加大对政策落实的跟踪问效，破解"最后一公里"难题。针对"最低价中标"问题，扎实推进招投标制度改革，综合审查企业资质、技术水平、信誉度、社会影响力等因素，并做好市场质量监管，实现事前规划、事中检查、事后管理。

审　稿：樊明怀

指　导：胡功杰

执　笔：窦　瑾　余茂军　江　鑫

关于舒城、天长、霍邱、颍上
经济形势的调研报告

为做好一季度经济形势分析工作，近期省经济研究院赴舒城、天长、霍邱、颍上等县（市）开展调研，召开部门和企业负责人座谈会，发放企业问卷调查表。笔者调研发现，今年以来县域经济延续了总体平稳、稳中有进态势，但一些问题与挑战凸显，有必要强化问题导向，加大改革创新力度，不断增强发展新动能，确保经济稳定健康发展。

一、基本情况

2019年以来，各地深入落实高质量发展要求，扎实推进供给侧结构性改革，经济运行总体平稳。企业生产经营状况良好。前两个月，天长、颍上规上工业增加值同比分别增长13.8%、11.8%，比去年同期提高5.8、0.7个百分点。一季度，霍邱、舒城规上工业增加值预计达到10%、9%，分别高于去年全年3.2、1.8个百分点。从企业问卷反馈情况看，产品旺销或平销的企业占比达到100%，实现盈利或效益持平的占75%，订单增长或持平的占80%。天长市智能仪表电缆行业年后一周内销售收入已达11.5亿元，同比增长35.2%。消费市场繁荣活跃。前两个月，舒城、天长、颍上限额以上社会消费品零售额同比分别增长20.5%、19.0%和24.7%，比去年同期提高12.6、0.8和0.5个百分点。霍邱预计一季度社会消费品零售总额同比增长11.4%，高于去年同期3.0个百分点。有效投入持续扩大。前两个月，舒城、天长固定资产投资同比分别增长16.0%、14.8%，比去年同期提高2.0、8.9个百分点。一季度，霍邱固定资产投资预计增长25%，高于去年同期14个百分点。颍上在建亿元以上重点项目44个，完成投资29.5亿元，占年度计划的25.1%，快于序时进度8.4个百分点。财政收入稳中趋缓。从调研来看，在大规模减税降费情况下，各地财政收入稳步增长，但增速慢于去年同期。前两个月，舒城、天长、颍上财政收入分别增长11.1%、10.6%和21.7%，比去年同期下降12.0、1.8和43.9个百分点。霍邱预计一季度财政收入增长 8.2%，比去年同期下降 13 个百分点。就地就近就业逐步增加。2019 年以来，各地积极推动就业创业，就业形势基本稳定。舒城实施"凤还巢"工程，通过创业带动就业 1 万余人；开展"春风行动"，促进农民工就业创业，实现县内就近就地就业 1000 余人。天长约 50% 的农村剩余劳动力实现就地就近就业，今年新增农村转移劳动力 1.2 万余人。

在外部环境复杂多变的背景下，各地经济运行稳中向好主要得益于"一稳、一进"。一是传统优势产业的"稳"。随着供给侧结构性改革深入推进，煤炭、钢铁落后产能逐步退出，产业集中度上升，相关行业经营效益明显好转，霍邱铁矿采选、颍上煤炭等首位产业增长较快。天长仪表电缆产业坚持质量为本，在创新发展中提质增效，2018 年增速高于全市 10 个百分点以上。二是县域消费的"进"。县域居民消费理念和消费意愿正快速提升，消费升级态势明显。以汽车、数码通信为例，天长联网直报的 10 家限上汽车销售公司在春节期间汽车销售额同比增长 22.8%，苹果手机销售额同比增长 30% 以上。随着国家促进消费政策红利释放，县域消费有望成为居民消费升级的突破口。

二、值得关注的问题

笔者调研发现，县域经济高质量发展进程中也面临一系列新情况、新问题、新挑战，一些潜在风险需要引起重视。

一是新兴产业脆弱性风险上升。从调研来看，县域新兴产业多处于价值链末端，产业发展对个别龙头企业依赖性强，抗外部风险能力整体较弱。舒城新能源汽车龙头企业沃特玛受总部资金链断裂影响，产能利用率由 80% 左右锐减为不足 20%，同时连带冲击创新联盟上下游企业，成为全县工业发展的"黑天鹅"事件。颍上大力培育的光伏产业在"531"政策调整后，整体发展困难。

二是县域金融风险增大。在国家引导金融支持实体经济背景下，县域贷款增长较快，但小微企业特别是轻资产企业融资难、融资贵困境仍难以缓解。金融机构为防范风险，惜贷、压贷、抽贷现象均不同程度存在。部分企业短期资金链出现问题，由互保、联保引发链式反应，波及一批生产正常企业，甚至影响整个县域融资环境。天长受蓝德等企业债务问题影响，信贷规模被整体压缩，融资环境有所恶化。

三是房地产发展有所放缓。近两年，县域发展对房地产依赖性较强。舒城、颍上房地产投资占固定资产投资比重均超50%。在国家房地产调控政策下，县域房地产整体呈现投资放缓、销售趋冷态势，部分地区库存高企。截至2019年2月末，天长非住宅去化周期35个月，霍邱乡镇商品房去化周期高达174个月。面对可能出现的发展失速、资金链断裂、维稳信访等风险，"去库存"与"稳产业"还需协同发力。

四是农业生产经营困难。近年来，农业市场风险与自然风险叠加，粮食价格下行、农资等成本上涨、气象灾害频发，种粮大户土地流转积极性明显降低，退租、降租现象普遍。颍上反映土地流转价格由之前700~800元/亩降至400~450元/亩，且流转面积下降5%左右；天长土地流转价格由之前500斤稻降至450斤稻左右；舒城春播面积较去年同期减少3万亩。

五是企业政策获得感有待加强。调研中一些企业反映，"四送一服"等惠企政策力度很大，但部分政策不接地气，与企业实际需求脱节。例如，政策规定企业研发费用可享受所得税加计扣除，但由于扣除部分不视同税收增长，导致企业在申报"三重一创"等项目时，达不到三年税收连续增长要求。又如，对企业设备改造补贴要求必须整机购买，企业购买相关配件组装则不予奖补，降低了政策获得感。此外，随着消防、环保等执法趋严，企业规范整改压力较大。

三、对策建议

针对当前县域发展的突出问题，有必要进一步增强忧患意识，未雨绸缪，精准研判、妥善应对可能出现的风险，坚持新理念引领，扎实推进供给侧结构性改革，为高质量发展构筑新优势、增添新动力。

一是打造产业发展"双引擎"。进一步坚定高质量发展定力，坚持传统产业和新兴产业"两手抓"，形成县域经济持续稳定发展的双动能。评估优化新兴产业选择标准和发展方向，聚焦龙头招引、链条培育和平台打造，强化政策、技术、资金、人才等供给。围绕智能化、绿色化方向，运用先进技术、先进工艺、先进管理改造提升传统产业，打造共性创新公共服务平台，强化质量标准支撑。有序化解落后产能，清理"僵尸企业"，提高闲置土地、空置厂房利用率。

二是着力释放城乡消费潜力。鼓励各地制定促消费政策举措，营造良好消费环境。加强县城养老、托幼等消费配套设施建设，改善服务供给。统筹布局县域商业网点，做好商业综合体、物流园区等设施规划，避免盲目投资和重复建设。

在农村地区开展汽车、家电等耐用消费品普及行动。畅通城乡联动销售渠道，鼓励地方政府联合大型电商平台打造农产品区域公用品牌。

三是多措并举缓解融资难题。进一步调整完善信贷准入标准，增强服务民营和中小微企业能力。着力提高技改项目中长期贷款比重，探索开展动产抵质押贷款业务，创新发展上下游企业供应链融资产品。主动对接国家融资担保基金，探索通过"投保联动"等合作方式，扩大对中小微企业的融资覆盖面。加强政、银、企联动，切实加强实体企业、房地产企业担保圈、资金链的风险防控和应急处置，稳步化解存量风险，维护涉险企业正常生产经营。

四是对标提升发展理念。把握长三角一体化国家战略机遇，深化长三角交流合作内容，以"结对县、结对园区、结对平台、结对学校"为载体，对标提升发展能力。继续深化"放管服"改革，改进网上审批和服务，加快实现一网通办、异地可办。聚焦聚力公正监管，强化中小企业生产经营规范化摸排，稳步推进达标改造。鼓励民营企业建立现代企业制度，激发企业家精神，进一步规范公司经营管理，推动地方实体壮大。

审　稿：樊明怀

指　导：胡功杰

执　笔：窦　瑾　余茂军　陈　香

　　　　江　鑫　张淑娟

下好军民融合先手棋，激活科技创新新动力

长三角更高质量一体化发展、合肥综合性国家科学中心等重大战略和重大工程推进和建设，都对我省创新资源和要素提出了更高要求。我省应充分挖掘军民融合创新潜力，下好网信军民融合这一先手棋，激活科技创新新动力，为加快美好安徽建设提供科技支撑。

2018年4月，习近平总书记在全国网络安全和信息化工作会议上强调："网信军民融合是军民融合的重点领域和前沿领域，也是军民融合最具活力和潜力的领域。"这一论断，为我省推进军民融合深度发展指明了前进方向。因此，要下好网信军民融合这一先手棋，激活我省科技创新新动力，为加快美好安徽建设提供更持久、更强劲的动力。

一、我省网信军民融合发展现状

近年来，我省大力加强创新能力建设，网信领域军民融合项目不断涌现，一批网信军民两用技术取得新突破，网信军民融合氛围日益浓厚，已经初步形成了"天时""地利"和"人和"三大优势，为后续开展网信军民融合发展奠定了良好的基础。

——天时。党的十八大以来，我省大力推动创新驱动发展，坚持将创新发展行动作为五大发展行动计划之首，创新型省份和五大发展美好安徽建设取得重要进展，一大批高精尖技术取得突破。军民融合发展国家战略的出台、长三角更高质量一体化发展上升为国家战略、长三角科技创新圈开始建设、合肥综合性国家科学中心扬帆起航等形成多重叠加的乘数效应，我省多年积聚的创新动能正在加速释放，高质量发展前景广阔。

——地利。随着五大发展行动计划的实施推进，我省在关键性技术研发、先进设备制造等军民两用领域，涌现出一批具有代表性的军民融合项目，一批网信军民两用的高精尖技术取得新突破。一是网信军民融合项目多。众多科研院所、网信企业积极参与网信军民融合发展，如中科院量子信息重点实验室多次参与部

队保密通信系统建设，并被中央军委嘉奖；合肥工业大学已拥有军工科研保密、质量和武器装备生产许可等军工科研"三证"；中航华东光电公司研发的高端光电器件已广泛应用于航空航天、歼20等军事装备。二是网信军民两用的高精尖技术取得新突破。众多地方和军事科研院所大力开展全球先进关键技术研发，如中国科技大学成功发射"墨子号"量子科学实验卫星，实现洲际量子加密通信；中国电子科技集团有限公司38所研发的"魂芯二号"DSP芯片采用自主体系架构，实现了对国外同类产品性能的超越。网信企业全力开展应用型关键技术研发，如四创电子研发出世界先进、国内领先的各种雷达技术；科大讯飞公司研发出世界一流、国内领先的智能语音处理技术。

——人和。我省地方、军工科研院所以及创新型企业积极参与军民技术互融发展，涌现出一批军民融合型领军企业，形成了浓厚的网信军民融合氛围。一是"民参军"意愿持续高涨。我省众多地方科研院所依托先进的技术实力，积极主动与国防科技大学、驻皖部队开展项目合作、技术交流以及人才培养等网信领域深度军民融合。此次调研中，中科大先进技术研究院、芜湖中德中小企业合作区的众多创新型企业利用先进技术，积极参与国防、军事装备研发，已形成十分浓厚的军民融合发展氛围。二是"军转民"氛围日益提升。国防科技大学电子对抗学院、陆军炮兵防空兵学院等军工科研院所，通过脉冲功率激光技术国家重点实验室等技术平台，大力推进激光、电气自动化等先进军事技术民用化，通过技术转让和服务等方式加速关键技术商业化运用，已成功帮助我省美亚光电、泰禾光电等企业上市。

二、网信军民融合存在的主要问题

当前，我省网信军民融合发展呈现全面展开、加速推进的良好态势，取得了显著成绩，但总体上看仍然存在着沟通交流不畅、政策制度滞后、设施资源浪费、技术体系分割、产业体系散乱等突出问题，很大程度上制约了融合发展效益提升。

（一）沟通交流不畅

在调研过程中，笔者发现军事单位与地方政府、地方企事业单位之间存在沟通机制低效、沟通渠道匮乏等问题。一是沟通机制低效。地方政府与军事单位之间沟通效率低，现行公文系统对接所需时间过长，难以达到预期的沟通效果，导致双方沟通不足、缺乏了解。如国防科技大学电子工程学院、陆军炮兵防空兵学院与地方政府缺乏沟通，对我省科技创新、三重一创等政策缺乏了解，难以借助地方扶持政策，进行技术研发和转化以及与业务需求对接。二是沟通渠道匮乏。地方企事业单位与军事单位之间缺乏沟通渠道，双方对技术、服务和产品缺乏了解，导致业务需求对接不畅、共用设施和资源浪费。如笔者在调研过程中发现，驻皖空军某旅一直缺乏日常通信监控管理软件和网络军情监控软件，而地方公司正好拥有成熟的技术和产品，两家单位却缺乏了解，不能实现业务对接。

（二）政策制度滞后

受以往军地、军民部门条块管理的影响，虽然我省军民融合发展在一定程度上取得了显著成效，但还存在现有政策过时、制度不完善等问题。一是现有政策过时。由于以往军地、军民部门条块管理，出台的法规制度也各成体系，存在着许多不利于网信军民融合条款。如笔者在调研过程中发现，军事采购中除了要求传统的军工三证，还有各类准入目录和资质。地方企业即使拥有成熟的产品和技术，也难以实现"民参军"。二是制度不完善。当前，网信军民融合发展工作还处于初期阶段，尚未出台网信军民融合的管理机制、协调机制、沟通机制、扶持政策等。如网信军民融合领域的企业认定、资金管理、知识产权、技术成果转化、行业标准、资质管理等相关政策制度都存在缺失，导致网信军民融合发展工作难以落地。

（三）设施资源浪费

受以往军地、军民部门条块管理的影响，军地、军民基础设施、网信资源和关键技术大都分头推进、泾渭分明，存在网信基础设施重复建设、军地资源浪费等现象。一是网信基础设施的重复建设。地面通信光缆、云计算、大数据等网络基础设施，军地、军民都建有各自的运行系统和技术服务，两条线运行，运营成本高昂。二是军地科研院所和企业资源闲置浪费。军地、军民相关单位大都拥有较多专业设备、测试仪器、系统软件、技术数据等资源，但由于管理体制、沟通交流等原因，这些闲置资源却难以实现共享。如陆军炮兵防空兵学院拥有许多成套检测设备，平时使用时间较短，而地方"民参军"企事业单位却无法实现共享使用。

（四）技术体系分割

长期以来，军品、民品独自研发和管理，形成了各有特色的技术体系，但也导致了军民融合发展中存在技术体系分割、不兼容的问题。一是技术标准存在壁垒。由于军品、民品对技术和产品的要求不同，且军民之间技术方面沟通交流、参与互动较少，军用技术和民用技术形成了各自的技术标准，也导致了技术标准之间存在壁垒。如笔者在调研过程中发现，军事单位就担心"民参军"企业的技术产品不兼容、软硬件不配套等问题。二是技术协同创新缺乏。军地之间、军地各部门之间各自开展技术研发，力量分散且缺少交流与协作，导致关键基础技术研发缺乏协同，军民技术转化不够顺畅。如笔者在调研过程中发现，军方科研院所就亟须地方参与先进技术研发，但受制于种种原因，地方科研院所和企业参与较少，技术协同创新较低。

（五）产业体系散乱

由于以往缺乏军民融合发展战略的指引，我省"民参军"企业比例低、区域和行业分散，缺乏龙头和平台引领带动，军民融合产业呈现散乱现象。一是区域、行业分散。参与军民融合的企事业单位分散在合肥、芜湖各个产业园区，涉及的行业既有量子通信、卫星、网络信息等高精尖技术产品，又有后勤保障、普通设备等低端产品。二是缺乏龙头和平台引领带动。我省军民融合产业中，既有规模较大的 38 所、43 所、科大讯飞等拥有高精尖技术的单位，又有华东光电、合肥高维数据、中科迪高微波等众多创新型中小企业，但企业之间合作交流较少，缺乏龙头和平台引领带动，难以形成集聚发展。

三、国内外网信军民融合经验做法

通过总结分析网信军民融合方面国内外优秀的经验和做法，并根据我省实际情况加以借鉴，有利于推进我省网信军民融合深入发展。

（一）信息基础设施和资源共建、共享、共用

信息基础设施资源军民合建共享是世界各国推进网信领域军民融合的普遍做法，可以降低军民两条线的运营成本。2004 年，美国国防部制订联合转型路线图，对网络基础设施分地面段、无线或无线电段和空基段进行重点建设。地面军用光缆采用自建、租用商业光缆等多种方式，无线或无线电段采用局网预留民用接口方式，便于以后利用民用网络资源；资源勘查和导航中则主要使用军民两用卫星。俄罗斯则统筹规划军民通信需求，建立顶层设计和一体化管理，在固定网、卫星网等方面都实现了一定的军民融合。英国、法国的军事系统也都预留民

用接口，便于以后的民用网络使用。

（二）建立军民共用技术体系

加快网信军民融合，必须打破技术标准壁垒，打通军民两用产品、技术的通道，建立军民共用技术体系。一是建立统一的技术标准。1992年，美国发布《国防工业技术转轨、再投资和过渡法》以及"构建军民统一的工业基础"构想，推进军用标准改革，鼓励军工企业积极参与行业协会制定技术标准，使民用技术更好地服务于军用标准。1994年，美国国防部直接淘汰非军专用与不利于民品采购的军用技术标准，优先采用民用技术标准，促进大量先进民用技术与通用产品应用于武器装备，取得显著军事和经济效益。美国国防部在C4ISR系统研制和采购过程中，还规定只允许对作战软硬件和专用传感器软硬件采取军用定制的方式，而对通信软硬件、指挥控制软硬件必须遵守军民兼容的准则，尽量采购成熟商用货架产品。二是技术协同创新。20世纪90年代，英、法等国组建了推进军用技术转民用工作的"国防技术局"，实施国家大型军民两用高新技术计划，加大国防科技成果在国民经济中的推广应用。1995—2003年，美国通过多项政策措施，鼓励投资开发军民两用基础技术、关键技术，将国防科研成果转移到民用部门产业中，将民用资源移植到军用领域，促进了军民技术快速提高，也推动了全社会产业发展。

（三）培育发展军民融合产业集群

在网信军民融合发展中，积极发挥大型龙头企业引领作用、培育发展中小企业协作、打造军民融合产业集群是世界大多数国家的普遍做法。以色列实行以军带民、以军转民政策，在国防科技领域培育高新技术产业，对主要军工企业和科研部门实行商业化管理，赋予更大的自主权，鼓励军工企业生产民品，形成了众多高新技术产业集团。美国在大力扶持洛克希德·马丁、波音、雷神等大型军工集团的同时，积极鼓励掌握创新技术的中小企业进入国防领域，形成了龙头企业带动、众多中小企业协作的军民融合产业格局。日本和美国一样，众多拥有自主独特技术的中小企业在三菱重工、川崎重工等大型龙头企业的带动下，积极参与国防和军工工业建设。

四、我省网信军民融合对策建议

深入贯彻落实习近平总书记在全国网络安全和信息化工作会议上重要讲话精

神,我省应下好军民融合先手棋,加强系统谋划,让网信军民融合成为我省创新发展新动力。

(一) 加快完善政策法规和机制体制

一是积极与中央军民融合发展委员会办公室协调沟通,在完善国家军民融合配套政策时,力争提供安徽建议。二是系统推进全面创新改革试验,以合芜蚌为重点,创新网信军民融合沟通协调、需求对接、资格认定、技术成果转化、资金管理等各项机制体制,解决网信军民融合过程中多头领导、分散管理、沟通不畅等问题。三是加快组织编制省、市网信军民融合发展总体规划和专项规划,形成覆盖网络空间联防联保、信息基础设施合建共用、信息资源共享利用、网信技术协同创新、网信产业一体发展、网信人才共育共用等规划计划体系。四是完善军队网信技术产品竞争性采购和军民技术转化配套法规,加快推动"民参军""军转民"便利化。

(二) 推进网信设施和资源合建共享共用

一是充分利用国家完善新一代高速光纤网络、5G 技术商用、北斗导航卫星等契机,统筹协调好军队光纤骨干通信网、移动通信网等信息基础设施建设,通过设置军民不同权限、预留接口等方式,强化通信设施共建共用。二是建立健全军民共用关键装备目录和信息资源共享目录,探索测绘气象、灾害预警、医疗防疫、交通监控、电磁频谱管控、网络安全等军民两用相关服务管理规范,创新军民两用技术公益性应用和增值开发模式。

(三) 推动技术体系合理融合

一是组建军民融合技术标准专家委员会,积极开展现有关键技术民用标准的军用适用性分析、军用标准与民用标准的整合修订、先进技术标准军民相互转化,推动建立军民标准转化衔接和通用化的长效机制。二是组建网信涉密技术专家委员会,由专家委员会对涉密技术进行脱密处理,破解"军转民""民参军"过程中科技信息共享、科研设施设备共用和科技成果共享难题,推动军民两用科技成果转化。三是聚焦量子通信、北斗导航、芯片、人工智能、核心关键元器件等关键技术和重大工程,充分调动军地各方面技术资源和力量,支持涉军科研院所与地方高等院校通过项目合作、互聘兼职、双向挂职等方式,推动军民人才、技术深度融合、协同创新,加快构建完善网信军民融合协同创新体系。

（四）培育发展网信军民融合产业集群

一是依托合肥众多军地科研院所、国家和军队重点实验室、高新企业等资源优势，规划设立合肥国家军民融合创新示范区，重点加强量子通信、北斗导航、芯片等产业技术、产品研发和产业配套，创建网信军民融合深度发展公共支撑平台，推动将技术链、产业链、价值链有机融合，共同培育发展军民一体的自主可控网信产业集群。二是加快制定我省军民两用网信技术、网信关键基础技术、关键产品生产许可申报项目审批、金融融资、专利管理、税收优惠等扶持政策。三是大力扶持中国电科38所、安徽军工集团等拥有先进技术和产品的地方龙头企业发挥带动作用，形成"龙头企业+众多中小创新型网信企业"参与网信军民融合的发展格局。四是支持中科大、中科院、合工大等地方科研院所和驻皖军事科研院所在示范区内推进军民两用技术成果转化。五是依托安徽省委军民融合发展委员会，组建网信军民融合产业联盟或协会，定期组织我省网信企业参与军方、公安部等组织的军事、公共安全装备、技术展览会，拜访军事采购部门，加强军地沟通合作。

构建我省"制造业高质量发展评价指标体系"的几点思考

制造业高质量发展是经济高质量发展的重中之重，主要表现为高端制造、精品制造、高效制造和绿色制造，需要依托创新驱动、数字化引领两大动力，以及服务供给、要素供给、制度供给、开放市场等支撑条件。在评价指标设置上，应突出安徽"制造强省"、改革创新、区域协调、绿色发展等特色。据此，可设置10项一级指标、41个二级指标，构建我省制造业高质量发展评价指标体系。

习近平总书记指出，制造业特别是装备制造业高质量发展是我国经济高质量发展的重中之重，是一个现代化大国必不可少的。构建符合安徽省情的制造业高质量发展评价指标体系，对落实中央和国务院关于高质量发展的决策部署，推动安徽"制造强省"建设具有重大而迫切的现实意义。

一、发达地区推动制造业高质量发展的经验举措

制造业高质量发展主要表现为高端制造、精品制造、高效制造和绿色制造，必须借助科技创新和数字化引领"双轮驱动"，同时需要服务、要素、制度和市场"四大供给"作支撑。从实践来看，发达地区紧紧围绕制造业高质量发展的内涵要求，正在潜心研判、精准施策、加快推进。

高端制造。这是指加快制造业结构变革，推动产业高端化升级。目前，上海市全力打造汽车、电子信息两个世界级产业集群，积极培育民用航空等四个世界级产业集群；广东省要在电子信息、绿色石化、汽车、智能家电、机器人等五个方面建设世界先进制造业产业集群；福建省形成以宁德时代为龙头的新产业新优势。

精品制造。这是指实施质量变革，加快制造业由数量扩张向品牌提升转变。比如，上海市启动实施"上海制造"等"四大品牌"建设，全面开展品牌建设三年行动计划及专项行动；浙江省持续推进标准强省、质量强省、品牌强省建设，着力打响"浙江制造"品牌；江苏省着力打造集成电路、生物医药、人工

智能等高端制造品牌。

高效制造。这是指通过效率变革，大幅提高制造业全要素生产率。2018年1月，浙江省印发《关于深化"亩均论英雄"改革的指导意见》，率先启动"亩均论英雄"改革；同年11月，上海市出台产业发展"双高意见"，全面拉开"以亩产论英雄、以效益论英雄"效率变革序幕。2019年，广东省等多个省市开展制造企业"亩均效益"综合评价试点。

绿色制造。良好生态是普惠的民生福祉，绿色发展是制造业高质量发展的基本内涵。上海市在推动制造业效率变革的同时，统筹开展"以能耗论英雄、以环境论英雄"行动；湖北省将"含绿量"作为衡量制造业高质量发展的重要标准；江苏省为沿海三市设置"化工园区整治""入海河流水质改善"等指标，以底线思维倒逼制造业绿色转型。

创新驱动。这是指深入推进动力变革，让创新成为驱动制造业高质量发展的第一引擎。上海市按照国际标准推进张江综合性国家科学中心建设，加快建立世界一流的大科学设施群；江苏省深入推进苏南国家自主创新示范区建设，积极构建"十联动"创业创新生态圈；浙江省联动推进杭州城西、宁波甬江、温州环大罗山等科创走廊建设；广东省着力打造广深港澳科技创新走廊。

数字化引领。信息已成为产业体系的核心要素，数字化是推动制造业高质量发展的新引擎。为此，浙江省将数字经济作为政府"一号工程"，全面推进制造业数字化转型，争创国家数字经济示范省；上海市加快智慧城市建设，深入实施智能网联汽车等一批产业创新工程；江苏省全面开展"企业上云"等计划，推动"江苏制造"向"江苏智造"转变。

服务供给。在产业融合的大趋势下，制造业服务化日益凸显，高质量服务供给是制造业高质量发展不可或缺的支撑条件。在此背景下，浙江省大力实施服务业重点领域高质量发展行动，全力打响"浙江服务"品牌，支撑制造业服务化良性发展；江苏省加快现代物流、工业设计、金融服务等现代服务业发展，推动高质量制造业与高质量服务业融合互动。

要素供给。制造业只有依靠科技进步、资本配置优化和劳动者素质提高，才能真正实现高质量发展。2018年，南京市"一号文件"就是人才安居实施意见，在全国率先启动"抢人"大战。目前，上海市实施人才高峰工程，浙江省实施"百千万"高技能领军人才培养工程，江苏出台促进科技与产业深度融合等政策，各地加快推动制造业与现代要素协同发展。

制度供给。制造业高质量发展离不开政府的制度创新与服务优化，尤其是需要良好的营商环境。当前，江苏省持续深化"不见面审批（服务）"改革，已将"一次办好"纳入法制化轨道；山东省同步开展优化营商环境10个专项行动，"一次办好"事项清单实现全覆盖；湖北全省政务服务"一张网"基本实现五级联通。

开放市场。统一开放的市场体系不仅是要素供给、服务供给的平台，而且是制度供给的根本，因此是制造业高质量发展的基础。现在，各地普遍重视开放发展，积极把握"一带一路"倡议等机遇，深化区域开放与合作，推动贸易和投资自由化、便利化，持续营造有利于制造业高质量发展的市场环境。

二、我省制造业高质量发展指标设置应突出的几个方面

制造业高质量发展评价关系到对产业现状的研判及未来政策的制定，评价指标的设置既要对标中央要求和发达地区做法，更要突出安徽特色及战略重点，及时把我省高质量发展的目标任务具体化、指标化，从而有效发挥指标评价体系的考核、诊断、纠偏和引导作用。

一是突出打造"制造强省"战略部署。制造业高质量发展是打造"制造强省"的必由之路，"制造强省"是制造业高质量发展的最终目标。我省应立足"制造大省"的基础，瞄准"制造强省"目标，一方面设置冶金、建材等优势传统产业改造提升评价指标，另一方面设置新一代电子信息、智能装备等12个高端制造进展指数，引导全省加快制造业高端化转型，打造国际先进制造业"新高地"。

二是突出五大发展行动计划。五大发展行动计划是当前和今后一个时期我省经济社会发展的总抓手。我省应按照这一行动计划，坚持以新发展理念统领制造业发展全局，尤其要把创新摆在制造业高质量发展的核心位置，通过设置合肥综合性国家科学中心建设指数、G60科创走廊安徽进展指数、"四个一"平台及"三重一创"进展指数等指标，引导全省用新动能推动制造业高质量发展。

三是突出安徽改革先行的优势条件。我省应发扬敢于改革的创新精神，以系统推进全面创新改革试验为契机，通过设置"放管服"改革成效指数、政府网上政务服务能力指数、营商环境指数、民间投资在制造业投资中的比重等指标，

引导我省推动制度创新率先突破，协调推进"四大供给"，增强我省制造业高质量发展的支撑条件。

四是突出长三角一体化等有力支撑。我省应充分发挥处于"一带一路"和长三角一体化重要节点的优势，通过创新设置合肥都市圈高端制造业产业集群在全国的比重上升幅度、参与长三角更高质量一体化进展指数、对"一带一路"区域货物出口和投资增幅等指标，推动我省加强区域合作，引导过剩产能"走出去"，强化制造业高质量发展的开放市场支撑。

五是突出长江经济带绿色生态廊道的责任担当。我省应立足长江经济带绿色生态廊道，强化生态优先、绿色发展的理念，通过设置规模以上单位工业增加值能耗下降幅度、单位工业增加值二氧化碳排放量下降幅度、单位工业增加值用水量下降幅度、工业固体废物综合利用率等指标，全面对接《中国制造2025》和我省五大发展行动计划，推动制造业绿色转型与高质量发展。

三、构建我省制造业高质量发展评价体系的建议方案

笔者根据上述分析，按照科学性、客观性、导向性和可操作性构建原则，结合国家政策导向和制造业发展趋势，将评价指标体系设置为两级指标：一级是表征指标，是"制造业高质量发展"的特征表现，包括高端制造、精品制造、高效制造、绿色制造、创新驱动、数字化引领、服务供给、要素供给、制度供给、开放市场，共10项；二级是具体指标，即具体统计数据或相关指数（见表1所列）。

表1 安徽制造业高质量发展评价体系

内涵要求	一级指标	二级指标	评价维度
"四个制造"	高端制造	新一代电子信息、智能装备等12个高端制造业产值增速	反映落实省五大发展行动计划，培育高端制造业新增长点的进展情况
		冶金、建材等优势传统产业改造提升进展指数	反映制造业高端化结构升级情况
		中国企业500强、中国民营企业500强总部企业、独角兽、新经济企业数量占全部工业企业数量比重	反映高端制造业市场主体状况
		"三重一创"建设目标完成指数	反映高端制造业未来发展潜力

（续表）

内涵要求	一级指标	二级指标	评价维度
"四个制造"	精品制造	采用国际制造标准管理体系的企业占比	反映制造企业标准化实施情况
		制造业质量竞争力指数	《中国制造2025》指标，反映制造业质量变革成效
		中国500最具价值品牌中的制造业品牌数量	反映制造业品牌建设情况
		"名牌名品名家"计划成效指数	
	高效制造	制造业增加值率提高	《中国制造2025》指标，分别从产值、劳动效率上反映制造业效率变革情况
		制造业全员劳动生产率增速（%）	
		规模以上制造业主营业务收入利税率（%）	《中国制造2025安徽篇》指标，从利税率角度反映制造业效率变革情况
		单位产出使用建设用地下降率	借鉴发达地区做法，从用地角度反映制造业效率变革情况
	绿色制造	规模以上单位工业增加值能耗下降幅度	《中国制造2025安徽篇》指标，分别从节能、节水、废气排放、固废利用角度反映制造业绿色化发展情况
		单位工业增加值二氧化碳排放量下降幅度	
		单位工业增加值用水量下降幅度	
		工业固体废物综合利用率（%）	
"双轮驱动"	创新驱动	规模以上制造业研发经费内部支出占主营业务收入比重（%）	《中国制造2025安徽篇》指标，分别从科技投入与产出的角度反映科技创新能力
		规模以上制造业每亿元主营业务收入有效发明专利数（件）	
		合肥综合性国家科学中心及G60科创走廊、"四个一"平台综合建设指数	反映科技创新平台支撑
		"双创"指数	反映科技创新基础和动力源泉
	数字化引领	宽带普及率（%）	《中国制造2025安徽篇》指标，反映"互联网+"技术平台情况
		数字化研发设计工具普及率	《中国制造2025安徽篇》指标，凸显制造业数字化发展方向
		关键工序数控化率	
		制造业两化融合指数	综合反映信息化与工业化融合程度

（续表）

内涵要求	一级指标	二级指标	评价维度
"四大供给"	服务供给	生产性服务业占地区生产总值的比重	反映生产性服务业发展程度及对制造业的服务能力
		科创服务业集聚区发展指数	反映高质量服务业集聚发展状况及供给能力，是制造业高质量发展的重要支撑
		服务型制造示范企业占比	反映制造业在生产环节的业态变化，是制造业服务化的最直接体现
		企业网上销售占比	反映制造业在商业流通环节的模式变化及个性化定制状况
	要素供给	制造业科技进步贡献率	反映科技要素与制造业协同状况，引导产学研紧密结合
		经济证券化率	反映金融要素与制造业的协同状况，引导企业通过资本市场融资
		制造业投资占比与制造业增加值比重的比率	反映制造业相对于其他行业投资增长情况，是制造业高质量发展的基本保障
		规上工业企业科研人员占比	反映高素质人力资源要素及与制造业的协同状况
	制度供给	营商环境指数	引导各地深化"放管服"改革，提高政府对制造业高质量发展的服务能力
		政府网上政务服务能力指数	引导各地实施"互联网+政务服务"，提高服务效能
		民间投资在制造业投资中的比重	引导各地提高制度供给水平，培育激活微观市场主体
		意向投资、拟建投资、拟建项目转化率	从项目投资角度反映制度供给水平

（续表）

内涵要求	一级指标	二级指标	评价维度
"四大供给"	开放市场	利用省外境外资金占全社会固定资产投资比重	反映市场开放程度及投资自由化便利化水平
		合肥都市圈高端制造业产业集群在全国的比重上升幅度	反映省内区域一体化及对制造业高质量发展的支撑
		参与长三角更高质量一体化进展指数	反映国内区域一体化及对制造业高质量发展的支撑
		进出口总额占地区生产总值比重	反映经济外向度及开放水平
		对"一带一路"区域货物出口和投资增幅	引导企业"走出去"，带动低端制造业去产能

指　导：樊明怀

执　笔：张　峰

参与讨论：王业春　饶　磊　夏　飞

　　　　　吴葆红　王　蕾

增强内需动力　积极开拓我省农村消费市场

近年来，消费对我省经济增长的贡献率逐步提高，已成为经济增长的第一动力。其中，农村消费增速连续 7 年超过城镇。但农村消费水平低，对经济增长贡献率不高问题仍很突出。当前，要保持我省经济稳定增长，必须充分发挥农村消费的动力作用，着力挖掘农村消费市场潜力，千方百计扩大农村消费规模，加大农村基础设施投资力度，为稳投资、扩内需不断注入动力。

一、当前我省农村消费的主要特点

第一，农村消费占比小，增长快，但消费水平偏低。自 2012 年以来，我省农村消费增速开始超过城镇，7 年间农村消费年均增速高于城镇 2.2 个百分点。2018 年，乡村消费品零售额占全省消费品零售总额比重达到 19.6%，高于全国近 3 个百分点。但农村消费水平偏低问题仍然突出。2017 年，我省农村居民人均消费水平为 9610 元，居全国第 25 位、中部末位，比全国平均水平低 2094 元，是全国最高江苏省的 36%。同期我省农村与城镇消费水平比为 1∶2.5，全国最低的浙江为 1∶1.6。

第二，农村生存型消费下降，但消费层次仍然不高。2018 年，我省农村居民恩格尔系数为 33%，与 2010 年相比下降 7.7 个百分点，下降幅度快于城镇 0.7 个百分点，但仍高于城镇 2 个百分点，并高于全国 2.9 个百分点。与全国及苏浙等发达地区相比，我省农村居民生存型消费占比仍然较高。2017 年，农村居民居住支出占比达 23.6%，高于全国 2 个百分点。平均每百户农户拥有小汽车 14.6 辆，分别比全国、江苏和浙江少 4.7 辆、12 辆和 18.7 辆。生活用品及服务、教育文化娱乐、交通通信等服务型消费占比均低于全国平均水平 1 个百分点左右，其中交通通信占比为 12.1%，而江浙为 17% 左右。

第三，皖北地区农村消费规模大、增长快，人均水平不高。2018 年，皖北 6 市的乡村消费品零售额占全省乡村消费的比重达到 38.4%，高于同期 GDP 占全省比重近 10 个百分点。2011—2017 年，皖北 6 市乡村消费年均增速达到

16.2%，高于全省 2.7 个百分点，蚌埠更是以 30.3% 的年均增速居全省第一。但皖北地区农村人口多，人均消费支出水平偏低。2018 年，皖北六市农村居民人均消费支出均低于全省平均水平。其中，蚌埠为 7950 元，比全省最高的合肥低4709 元。

第四，农村消费方式发生改变，传统模式仍占主导。近年来，随着农村宽带和城乡双向流通网络等基础设施改善，我省农村电商消费等新型消费业态快速发展。目前，全省 76 个县（市、区）电商公共服务中心、农村电商物流配送中心建成运营，1.4 万个行政村实现电商服务网点全覆盖，农村产品网络销售额突破400 亿元。但消费方式仍然落后，全省农村居民通过互联网购买商品或服务人均支出 45 元，而城镇居民接近 200 元。

二、影响我省农村居民消费的主要因素

第一，现代农业和农村一二三产业发展相对落后制约农民收入增长。2018年，我省农村居民人均可支配收入 12758 元，比全国低 674 元，仅是浙江的 1/2左右。其中，工资性收入和家庭经营性收入均低于全国平均水平。全国及江浙农民收入以工资性收入为主，占比均超过 40%，比我省高 13 个百分点。我省农民收入以家庭经营性收入为主，比重高达 52.2%，但我省农业大而不强，农村一二三产业融合发展滞后，对农民收入增长形成制约。目前，我省规模农业经营户占比低于全国平均水平 0.8 个百分点，农产品加工产值与农业总产值之比低于全国平均 0.1 个百分点，开展旅游接待服务的村占比为 6.6%、而浙江为 10.1%。

第二，城镇化带来消费外移。近 10 年来，我省城镇化率提高了 12.6 个百分点，越来越多的农民工及其家庭常年在城镇工作生活，带动农村居民消费向城镇转移。同时，农村留守人口多为老人、妇女、儿童，消费能力弱，也对农村消费形成影响。笔者对我省 16 市农村消费进行比较分析，城镇化与乡村消费高度相关，城镇化率越高，乡村消费占比越低。2018 年，合肥市城镇化率达到 75%，乡村消费占比仅为 2.8%；阜阳市城镇化率为 43.3%，乡村消费占比为 22.8%，远高于全省农村消费占比。

第三，消费环境制约农村消费潜力释放。这主要表现在：一是一些工业产品和服务不适合农民消费特点，乡村精神文化消费品相对匮乏。二是农村水、电、道路、通信等基础设施不健全、不完善，幼儿教育、医疗、养老等基本公共服务

供给不足等，对农村居民消费梯次升级形成制约。三是农村消费信息相对滞后，部分平台缺乏自律，少数商贩把农村当成倾销滞销商品和假冒伪劣商品的场所，大量假冒伪劣产品泛滥。另外，农村服务业发展滞后，家电等产品的售后服务无法保证，也间接地抑制了农民的消费需求。

三、对策建议

第一，加大对农村新消费热点的培育。激发农村消费，重在补短板挖潜力，促进消费转型升级。一方面，要针对农民需求开发适销对路的商品，增加农村消费产品的多样性，满足多元化消费需求。如实施新一轮家电产品下乡，提高农村居民家电消费水平；增加智能手机、热水器、空调、汽车、教育、休闲娱乐、母婴、体育等方面的产品，拓宽农村消费产品的可选择性。另一方面，要加大对农村消费的支持。实施新一轮家电产品下乡补贴政策，支持农村汽车更新换代，选择有条件的地方开展对农村居民报废三轮汽车、购买 3.5 吨及以下货车或者 1.6 升及以下排量乘用车等，给予补贴试点，引导农村汽车消费升级。

第二，支持消费新业态、新模式向农村市场拓展。挖掘农村消费潜力，要进一步加大农村基础设施和公共服务设施投资力度。加强农村水电路气、信息等基础设施建设和改造，继续加大农村公路投资力度，在"村村通"的基础上，进一步推进通村民组道路建设和农电提质改造，着力提高农村偏远地区的宽带网络覆盖水平。引入社会资本，推动电子商务向广大农村地区进一步延伸和覆盖，满足农村地区信息消费需求，挖掘农村网购潜力，让更多农民群众能够共享信息通信技术发展带来的红利。

第三，千方百计促进农民增收减负。挖掘农村消费潜力，促进农民增收是关键。要着力推进农村工资性收入增长，进一步优化农民经营性收入。把推进农村三次产业融合发展作为激发农民增收和扩大农村消费的主抓手，注重发挥现代农业对农民增收的压舱石作用。加强农民职业技能培训，促进就业创业。着力提升家庭农场、农民合作社的发展质量，以"合作社+农户"方式带动农民就业增收。不断增加农民财产性收入，积极推广农民流转土地收租金、要素入股分红等模式，大力发展农村集体经济，积极开展农民住房财产权和农村土地承包经营权抵押贷款试点，盘活农村资产资源。同时，要加大力度推进农民减负。加强对农业生产、农机服务等领域收费和价格的治理和监管，进一步完善农村基本公共服务，积极开展移风易俗减负等活动。

第四，加快构建农村消费政策支持体系。拉动农村内需要建立和完善农村消费政策支持体系。在政府层面，加强医疗、教育、养老等农村公共服务供给，切实增强农民消费保障；在财税方面，加大对农村新业态经营场地的补贴力度，进一步减免农产品运输交易等环节相关费用；在金融方面，加快构建农村消费金融"生态圈"，积极发展农村消费信贷，对接新型城镇化、农民市民化进程中产生的住房、就业、教育、养老等各类金融需求，创新方式方法，完善农村信用体系，建立农村消费金融大数据，多措并举支持农村消费信贷发展。针对农村消费信贷需求金额小、客户相对分散的特点，优化农村消费信贷管理模式，创新农村消费信贷产品。积极推进农村金融"最后一公里"建设，为新农保、新农合、涉农补贴、水电缴费等提供便利金融服务。

第五，着力优化农村营商和消费环境。一方面，要把加快农村物流体系建设作为扩大农村消费的重中之重，打通"工业品下乡"和"农产品进城"双向通道，提高流通效率，降低流通成本，满足农村居民消费需求。要借助民营、个体商业的活跃性，建立起多载体、多层次和多渠道的农村商品流通网络体系。以县城和中心镇为重点，积极发展新型流通业态，把城镇连锁经营、物流配送、代理、租赁、直销、代销等流通形式引入农村市场，为农民提供物美价廉的商品。另一方面，要加强对农村消费者的权益保护，严厉打击不法商家假冒伪劣的生产与销售行为，把售后服务、技术支持等延伸到农村，让农民买得放心、用得安心。同时，要加强宣传，培育农村居民的消费习惯和消费方式，引导树立正确的消费理念，鼓励合理消费，做到物质消费和精神消费并重。

审　稿：樊明怀

执　笔：夏兴萍　吕朝凤

一季度合肥、芜湖战略性
新兴产业发展情况调研报告

2019 年一季度，我省战略性新兴产业（以下简称"战新产业"）增长放缓，合肥、芜湖下滑影响突出。为摸清两市战新产业增速回落原因，把握产业未来变化趋势，近日，省经济研究院会同省发展改革委高技术产业处，赴芜湖、合肥开展专题调研，召开了由两市相关部门、重点园区和"三重一创"项目单位负责人参与的座谈会。现将有关情况报告如下。

一、两市战新产业回落总体情况

2019 年一季度，合肥、芜湖两市战新产业产值自有战新统计以来首次同时低于两位数增长，分别为 5.8% 和 8.8%，较去年同期回落 7.6 和 9.6 个百分点。8 个战新行业中，合肥市有 7 个、芜湖市有 6 个增速低于全省平均水平（见表 1 所列）。重大新兴产业基地中，合肥新能源汽车、创意文化、芜湖现代农业机械等 3 个基地产值同比出现负增长。

表 1　一季度合肥、芜湖战新产业同比增长情况　　　　　　（％）

	合肥	与全省相比	芜湖	与全省相比	全省
八大战新产业	5.8	−7.5	8.8	−4.5	13.3
新一代信息技术	20.2	3.7	5.6	−10.9	16.5
高端装备制造产业	4.2	−13.2	10.9	−6.5	17.4
新材料产业	0.2	−17.6	12.7	−5.1	17.8
生物产业	6.1	−15.2	18.4	−2.9	21.3
新能源汽车	−18.8	−13.5	6.7	12	−5.3
新能源产业	−1.2	−3.1	12.4	10.5	1.9
节能环保产业	6.4	−7.3	6.3	−7.4	13.7
数字创意产业	−8.7	−17.6	−26.1	−35	8.9

笔者调研发现,本轮战新产业的回落呈现一些新的变化特征,值得关注。

一是具有行业传导性。汽车、家电是两市支柱产业,也是战新产业的主要应用领域。受汽车(含新能源汽车)、家电等终端销售放缓影响,电子信息、工业机器人、金属材料、智能语音等主要关联行业出现减产降价,导致两市高端装备制造、新材料等产业出现不同程度的回落。

二是具有头部带动性。合肥市一季度战新产值减少亿元以上的企业有22户,较去年同期增加了12户,影响全市战新产值增长7个百分点。两市领军企业中,江淮、国轩高科、通威太阳能、安科生物、中联重机、大陆电子、长虹实业等销售收入均出现较大幅度回落。

三是具有潜在回落性。一季度,两市战新行业中仅有合肥新一代信息技术保持了20%以上增长,这主要得益于京东方10.5代生产线、康宁10.5代玻璃基板两大项目顺利爬坡,全面量产。行业整体仍处于调整阶段,产品价格下降压力大,预计全年增速将趋于回落。

二、原因分析

通过分析,两市战新产业回落主要是政策调整与行业周期叠加的结果,加之企业内功不足,在经济放缓、中美贸易摩擦等外部冲击下,形势更加严峻。

第一,政策退坡是部分行业减速的直接原因。这主要反映在新能源汽车和光伏两大领域。一季度国家新能源汽车补贴及产品技术标准不明朗,导致行业普遍存在观望情绪,加上地方补贴政策持续退坡预期强烈,主机厂压力逐步向配套企业传导。一季度合肥市新能源汽车基地配套企业产值占比超70%,65家配套企业中45家产值同比下降,17家降幅超30%。可以预见,两市新能源汽车行业还将面临调整。光伏"531新政"[《关于2018年光伏发电有关事项的通知》(发改能源〔2018〕823号)]发布后,光伏上网电价与火电上网电价接轨,产业链上所有产品价格大幅下降,导致企业产值与产量背离。以龙头企业通威太阳能为例,一季度产量同比增长13%,但工业产值同期下降28.5%。预计此趋势还将延续两年。

第二,市场需求放缓和产业周期调整是行业面临的共性问题。多个行业增长由增量市场转向存量市场。新型显示产业仍处于周期调整中,随着国内多条高世代液晶面板生产线在2018—2019年投产运营,超大尺寸面板价格持续下降,面板行业竞争格局更趋复杂。农机行业处于近十年来调整转型的谷底，以粮食作物机械、大型机械为主的传统市场已经饱和，经济作物、小型机械等"小众市场"增长空间虽大，但容量有限。机器人行业经过数年高速发展，传统的、成熟的应用场景逐渐饱和，新的应用场景由于研发瓶颈及资金等制约，尚未得到有效开发。

第三，关键环节和核心技术缺失是向上突破的主要瓶颈。合肥市适用于人工智能终端元器件、整机、关键配件的高端设计业、精密制造业基础相对薄弱，半导体、集成电路相关专业人才储备不足，产业链部分关键环节缺失。芜湖市工业机器人、通用航空等核心部件和技术长期依赖进口。去年以来，中美贸易摩擦不确定性增加，"中兴事件"和"晋华事件"发酵，美国对我国进行高端技术封锁、高端设备出口设限，增大了产业发展困难。在缺乏技术和成本优势情况下，部分企业以"性价比"打开市场，产品集中在中低端领域，导致盈利空间缩减。

三、对策建议

针对当前战新产业出现的新情况，有必要加强研判，查找问题，精准施策，避免短期回落演变成趋势性下行；同时，着眼长远，不断增强创新动力和驾驭市场能力，推动战新产业持续稳定发展。

第一，强化跟踪调度和为企服务。结合省"三比一增"专项行动，引导各地进一步加强对战新产业的重视。强化战新产业运行跟踪监测和战新项目调度。用好"四送一服"平台，完善服务企业工作机制，加大政策宣传和精准服务力度，紧盯重点行业、重点企业，排查分析企业资金需求、要素供应、市场销售等问题，建立帮扶措施和责任落实清单。

第二，加强应用端行业政策接续。加强对国家新能源汽车和光伏政策框架调整的跟踪研判，适度加大地方政策扶持力度，尽可能保持行业政策的延续性。借鉴河南、深圳、成都等地做法，创新新能源汽车扶持环节和方式，在充电电价优惠、停车费补贴、充电桩等基础设施建设运维补贴方面出台针对性政策。加大光伏应用环节补贴，提高新能源尖端技术研发补贴力度等。

第三，积极拓展市场新空间。顺应行业增长模式转变，引导企业强化市场导向，通过产品和行业模式创新，不断抢占细分市场、延伸服务市场、拓展国际市场、稳住内部市场。促进企业主动适应"互联网+智能制造"新趋势，加强工业设计，更加注重用户评价，创新开发行业"爆品"。加大专利奖补和保护、特定领域消费补贴力度，加强出口帮扶、行业信息服务和舆论宣传，助力企业拓展市场空间。

第四，深度挖潜创新动能。充分发挥合肥综合性国家科学中心等平台作用，推动科创资源与战新企业深度对接；借鉴"深圳创意+东莞制造"、杭州整合经开区和大江东产业集聚区等战略思路，推动园区、区县间战略协作；加大对行业新增长点、新动向的跟踪支持，如支持氢燃料电池示范应用、智能网联汽车测试场建设等。引导战新企业做好前沿技术研发、人才储备、产业链整合等"逆周期"调节，为后续增长积蓄动力。

第五，着力优化人才、用工环境。针对战新企业普遍反映的人才引进难、留住难问题，积极做好已出台人才激励政策的兑现。加强战新集聚区内居住、商业、休闲文化等配套设施建设，为人才扎根营造优良环境。加大对战新企业自主培育人才的奖补力度。引导战新企业与劳动市场对接，针对性解决新上项目大规模集中用工难题。

省经济研究院、省发改委高技术产业处联合调研组

抓住国家宏观政策机遇，借鉴省外经验，促进我省经济行稳致远

2019年以来，我国稳增长政策持续加码，宏观政策更加明显地转向促增长。目前来看，经济发展取得了良好开局，但我省经济运行中的一些问题仍较突出，增长下行压力较大，必须积极抓住当前我国宏观政策调整机遇，借鉴外省经验做法，乘势而上，攻坚克难，促进我省经济持续健康发展。

一、当前我国宏观政策的着力点

第一，积极财税政策发力减税降费，适度加杠杆，防控债务风险。一方面，2019年以来，我国进一步加大减税降费力度，减税红利加快向实体经济传导。另一方面，中央财政适度加杠杆，承担更多投资事权。提高地方政府专项债新增额度，助力基建投资。今年一季度，全国企业债券市场及政府专项债券市场分别多增3801亿元和4622亿元。地方债发行任务将提速至第三季度完成。同时，地方版减税降费新政密集出台，浙江、山西、北京、内蒙古、福建、山东、四川、云南、吉林、黑龙江等超过20个省（区、直辖市）相继发布了减税降费新政。公布的方案均为最高幅度顶格减税。

第二，稳健金融政策发力服务实体经济，货币政策松紧适度保持流动性合理充裕。当前，我国去杠杆政策逐步转为稳杠杆政策，货币政策松紧适度是主基调，保持流动性合理充裕，保持货币信贷及社会融资规模合理增长，扩大再贷款、再贴现等规模。尽管近日央行已决定针对中小银行实行定向降准，但我国货币政策工具仍有操作空间。金融政策着力发展普惠金融，支持企业融资，切实解决中小微企业融资难融资贵问题。支持商业银行多渠道补充资本金，引导商业银行提高信用贷款比重，落实政策性银行加大对CRM投入等。推广债券融资支持工具，加大股权融资力度。

第三，投资政策发力补基建短板，通过改善投资环境促进民间投资增长。2019年以来，我国稳投资加力提速，交通、水利等传统基建着力补短板，切实

加大关键领域和薄弱环节投资力度。新型基建以高质量发展为支点,重点加强5G、人工智能、工业互联网、物联网等新型基建投资。同时,进一步强化政府投资决策项目监管,创新项目融资方式,适当降低基础设施等项目资本金比例等,吸引更多民间资本参与重点领域项目建设。浙江滚动实施省市县长项目工程,促进民资、国资、央企投资、外资"四个轮子"一起转,着力推进数字经济、生命健康、高端装备、文化旅游、能源环保等5个千亿投资工程;北京、上海、广东、湖南等地加快5G基础设施建设;江苏、浙江、四川、贵州等省加大交通领域投资;江西全面开展"大干项目年"活动等。

第四,消费政策发力消费升级,不断增强消费对经济增长的动力作用。2019年新年伊始,国家10余部委联合出台促消费行动方案,方案提出6个方面24项措施促进消费。同时,20多省市也陆续推出消费惠民政策,央地联合部署消费升级行动计划,重点瞄准中高端消费新增长点。重庆、西安、海南、上海等地都提出加快建设国际消费中心;北京、南京、成都等11地将重金打造高品位、国际化步行街;北京率先出台实施新一轮为期3年的节能减排促消费政策,各地新一轮促消费政策密集落地。下一步,商务部等相关部门还将推出多项促消费举措,包括逐步扩大步行街改造提升试点范围,出台国际消费中心城市培育建设指导意见,制订推动便利店连锁化、品牌化、智能化发展的指导意见,优化升级千亿级商品交易市场等。

第五,产业政策发力促升级,大力引导产业发展由产能扩张向质量提升转变。2019年以来,国家产业政策继续围绕供给侧结构性改革,促进产业调整升级,注重提升产业链水平,利用技术创新和规模效应形成新的竞争优势,培育和发展新的产业集群,促进产业迈向中高端水平。各省市纷纷出台支持发展先进制造业和新兴产业,抢占产业发展制高点的政策举措,新兴产业竞争日趋激烈。浙江深入实施数字经济"一号工程",力争创建制造业高质量发展国家级示范区;上海加快发展集成电路、人工智能、生物医药等产业,深入实施智能网联汽车等一批产业创新工程;江苏聚焦数字经济、物联网、集成电路、生物医药、人工智能、共享经济等重点领域;广东重点培育电子信息、绿色石化、汽车、智能家电、机器人等世界级先进制造业集群。

第六,外贸政策发力稳中提质,多措并举保持和增强外需动力。在中美经贸摩擦成为常态,全球经济贸易形势复杂多变的情况下,2019年我国外贸政策将着力实施市场多元化战略,把"一带一路"沿线国家作为拓展市场的主攻方向,加快提升通关便利化水平，支持跨境电商等外贸新业态新模式发展，培育一批有实力、有影响力的大企业和跨国公司，打造大型"外贸航母"。同时，实施进出口平衡战略，积极扩大进口和加强服务贸易。浙江发布 10 条政策措施，建立贸易摩擦常态化应对工作机制，推动外贸稳定增长；江苏制定 7 个方面共 26 条实施意见，大力推进"一带一路"交汇点建设，推动开放型经济高质量发展；上海出台深化跨境贸易营商环境改革 22 项措施，持续提升上海跨境贸易便利化水平；广东发布稳外贸若干政策措施，推动外贸强省建设。

二、促进我省经济高质量发展的对策建议

第一，抓要素资源，更好地保障促增长。鼓励各地借鉴"G60 科创走廊人才"和"轨道人才"发展经验，实施更加优惠的人才政策，探索项目式、兼职式、候鸟式、联盟式、咨询式等人才流动模式，做到"政策引人、服务留人、产业聚人"。同时，要深入推进技工大省建设，加快实施职业技能提升行动。在资金方面，要充分利用上海国际金融中心和江浙民营经济发展好的良好条件，积极引进利用国际金融资本和江浙地区的民间资本，参与我省重大项目建设，促进与国内外、省内外资本"联姻"，为我省经济增长提供充足资金保障。

第二，抓企业培育，更好地促进添活力。企业资源匮乏是当前我省经济增长的最大瓶颈和制约。既要招大引强，积极招引外资、央企、国企等大型企业，也要引进培育一批专精特新中小企业。要抓住长三角一体化机遇，以开发区创新升级为抓手，强化精准招商，大力招引智能制造、新材料、电子信息、新能源汽车等先进制造业龙头企业，吸引上下游产业链企业加速集聚，促进中小企业配套合作对接。推动大型企业、科研机构、高等院校向中小企业开放共享资源，培育发展一批专精特新"小巨人"企业。鼓励有条件的县设立中小企业发展基金，用好天使基金、种子资金、股权投资等，引导和带动社会资金支持初创期、成长期科技型中小企业发展。

第三，抓创新引领，更好地推进增动力。充分利用长三角科技创新共同体和 G60 科创走廊宣芜合段建设机遇，积极推进长三角区域协同创新，强化高端科技引进与研发，加快构建"高新基"全产业链。充分利用合肥综合性国家科学中心建设机遇，深化大数据、人工智能、云计算、物联网等新一代信息技术研发应用。依托安徽创新馆，打造具有全国影响力的科技大市场和科技成果交易中心。

高质量推进江淮知识产权对接交易平台、省军民科技协同创新平台、省区域性股权市场科技创新专板等建设。争创国家科技成果转移转化示范区，建设全国科技成果转移转化新高地。

第四，抓项目储备，更好地促进稳投资。推进项目储备机制创新，拓宽谋划渠道，充分发挥企业和企业家在项目谋划实施中的主体作用，调动社会各界积极性，形成项目谋划整体合力。发挥合肥综合性国家科学中心等平台作用，着力加强战略性新兴产业项目储备和实施工作，对战略性新兴产业项目谋划给予经费补贴支持，推广合肥经验，支持科技型中小企业集合发债，加大战略性新兴产业投资力度。提高政府项目决策水平，瞄准能源、交通、水利等重大基础设施，以及生态环保、教育、医疗、养老、体育、文化等重点领域，加大补短板、强弱项、提质量力度，提高项目投资的精准性和有效性。

第五，抓消费升级，更好地增强内需动力。一要扩大高端消费供给。以建设长三角一体化新零售网络为契机，鼓励引进国内外知名品牌商和零售商，增加新品、名品、精品、进口商品等中高端商品消费。二要培育消费新增长点。鼓励信息消费体验中心建设，培育智能家居、母婴儿童、文体健康、教育培训等消费新增长点；鼓励发展"夜经济"，支持各地打造标志性夜生活集聚区。争取将基础条件好、知名度高的特色街区改造纳入国家试点。三要培育一批线上线下融合发展的商务企业和现代供应链企业。推动天猫、京东等连锁化、品牌化企业进社区设立便利店、社区超市等。同时，要大力发展智能出行、远程教育及医疗等新兴服务业态和模式，鼓励各地开展旅游节庆活动，对节庆旅游消费给予优惠。

第六，促外贸增长，更好地扩大外需。密切跟踪中美经贸谈判进展，建立省市县分级、重点行业分类的监测预警机制。推进我省外贸企业与长三角外贸企业联合或重组，借助沪苏浙外贸优势，推进我省外贸上台阶。支持外贸企业参加境外重点展会，积极开拓"一带一路"沿线及非洲、拉美等新兴市场。加强合肥、滁州等国家外贸转型升级基地建设，推进合肥、芜湖、马鞍山等综合保税区争创中国（安徽）自由贸易试验区。复制推广自贸试验区改革试点经验，进一步提升贸易便利化水平。加快中国（合肥）跨境电子商务综合试验区和省级产业园区建设，争取开展国家级市场采购贸易方式试点。

指　导：樊明怀

执　笔：夏兴萍　王　斌　吕朝凤

推动我省重点开发区域
主体功能区建设的对策建议

在主体功能区中，重点开发区域以提供工业品和服务产品为主体功能，是新型工业化城镇化开发的主战场。本文从完善规划体系、优化开发格局、提升集聚能力、推动绿色低碳发展、完善配套政策等方面，提出加快推动我省重点开发区域主体功能区建设的对策建议。

推进主体功能区建设，是我国经济发展和生态环境保护的大战略。中共中央、国务院印发《关于完善主体功能区战略和制度的若干意见》（中发〔2017〕27号）提出：到2020年，按照不同主体功能定位的差异化协同发展格局趋于完善，国土空间开发保护质量和效率全面提升。重点开发区域以提供工业品和服务产品为主体功能，是我省工业化和城镇化的主要板块。推动重点开发区域主体功能区建设，对实现主体功能区战略精准落地、促进经济高质量发展具有重要意义。我省重点开发区域集中连片分布于皖江城市带，并在皖北、皖西和皖南各市市辖区呈点状分布，包括41个市辖区和7个县，国土面积3.35万平方千米，占全省的23.87%。

一、安徽省重点开发区域主体功能区建设现状

（一）集聚能力显著提升

重点开发区域是全省重要的人口承载区和经济集聚区，以全省23.87%的国土空间承载了全省40%的人口，贡献了全省60%以上的GDP，经济密度比全省平均水平高1.5倍，城镇化率比全省平均水平高近20个百分点。2013—2017年五年间，重点开发区域城镇化率提升近8个百分点，城镇化工业化集聚发展特征明显。

（二）国土开发效率逐步提高

重点开发区域内可开发利用土地资源丰富，开发强度比全省平均水平高5个

百分点左右，2013—2017 年开发强度小幅增长，年均增长 0.26 个百分点。土地利用效率逐年提升，亿元生产总值建设用地降至 44.39 公顷，比全省平均水平低 45% 左右。

（三）产业创新要素集聚加快

重点开发区域内有 19 个省级战略性新兴产业集聚发展（试验）基地、57 个战略性新兴产业重大工程、重大专项，分别占全省总数的 79% 和 89% 以上。区域内形成全省战略性新兴产业集聚发展高地和创新策源地，对全省产业转型和供给侧结构性改革形成引领带动作用（见表 1 所列）。

表 1　2013—2017 年安徽省重点开发区域部分经济社会指标

	2013 年	2014 年	2015 年	2016 年	2017 年
区内常住人口（万人）	/	2468	2491	2511	2536
区内常住人口占全省常住人口比重	/	40.57%	40.55%	40.54%	40.55%
区内城镇人口（万人）	1003	1011	1084	1191	1229
区内城镇人口比重	41.46%	41.42%	44.30%	48.07%	49.33%
全省城镇人口比重	22.92%	22.69%	27.58%	29.52%	31.06%
区内地区生产总值（亿元）	11698	12857	13455	14739	16392
地区生产总值占全省比重	60.83%	61.67%	61.14%	61.11%	61.44%
区内国土开发强度	/	19.45%	19.66%	19.86%	20.49%
全省国土开发强度	/	14.01%	14.09%	14.22%	15.76%
区内单位生产总值建设用地（公顷/亿元）	/	48.12	47.71	44.50	44.39

二、安徽省重点开发区域发展面临的突出问题

（一）建设用地结构性短缺

重点开发区域正处于高速增长向高质量发展转变关键阶段，必须保障高质量的生活空间、高效的生产空间和完善的配套基础设施空间，建设用地需求旺盛。我省重点开发区域开发强度高，后备可供新增建设用地资源严重不足，以合肥市重点开发区域为例，后备可利用土地资源不足 0.4 亩/人，部分地区发展受土地

要素制约严重。同时，重点开发区域开发时间长、程度深，长期以来积累的国土空间开发不合理和土地粗放利用状况尤为突出，存在大量不合理、低效率、与主体功能契合度低的建设用地，影响了新型城镇化工业化建设和重大项目落地实施。

（二）产业低层次同质化竞争

我省重点开发区域依然存在资源型产业占比较高、产业层次低、同质化程度高、产业创新能力不足等短板。重点开发区域内的省级以上开发区中，25%以上的开发区将化工、建材、有色、钢铁等资源型产业作为主导产业，30%以上的开发区将服装、轻纺、食品、农副产品加工等劳动密集型产业作为主导产业，产业层次不高且存在路径锁定效应风险，产业同质化竞争现象严重。

（三）资源环境超载风险加大

一是长江干流沿线与重点开发区域高度重合，该区域开发园区众多，工业企业特别是重化工企业较多，区域资源环境承载压力较大。二是皖北各市城区水资源禀赋严重不足、地表水环境较差，受资源型缺水与水质型缺水双重影响，水资源和水环境已难以承载人口规模持续增长和工农业用水需求，存在较高资源环境超载风险。三是合肥都市圈地区人口密集、工农业发展加快，污染物排放强度较高，随着工业化城镇化建设推进，预期未来该区域资源环境承载压力将持续加大。

三、加快推进安徽省重点开发区域建设的对策建议

（一）完善规划体系

一是适时开展规划修订。《安徽省主体功能区规划》已颁布实施几年，国内外、省内外环境已发生巨大变化，生态文明思想进一步确立，长江经济带绿色发展成为区域发展共识，区域协调发展向更高水平、更高质量迈进。相关部门应对《安徽省主体功能区规划》和已公布实施的市级主体功能区规划进行相应的修编，调整完善主体功能分区和发展目标任务。二是加快形成国家、省、市、县、乡镇五级国土空间规划体系，通过国土空间规划，为重点开发区域的国土开发行为划定空间、限定强度、确定内容、排好时序。

（二）优化开发格局

一是在各市辖区核心区和老城区，以盘活和调整存量建设用地为主，以"增

功能、增空间、增活力"为导向，实现城市有机更新。优化布局公共服务和基础设施空间、着力增加城市生态空间和公共活动空间、适度扩大现代服务业发展空间、改造提升居住空间，逐步置换调减区内工业用地，促进低效土地二次开发。二是在城市周边地区、城市新区和重点开发区域，适度扩大城镇建设空间，重点保障战略性新兴产业和现代服务业发展空间，控制资源型产业生产空间，优化农村居住空间。引导产业向园区集中，促进产业集聚发展。

（三）提升集聚能力

一是围绕合肥都市圈、沪宁合主轴带、G60科创走廊等发展潜力大、资源环境承载能力相对较高的区域，拓展重点开发区域范围，将部分发展潜力较大的区县纳入重点开发区域，并适度提升国土开发强度。重点布局一批战略性新兴产业集聚发展基地，打造功能完善的产业新城和城市新区，进一步提高人口和产业集聚能力。二是在皖北、皖西、皖南等区域，以点状分布的重点开发区域和重点开发乡镇为重点，进一步完善"据点式"开发模式。依托要素成本等优势，积极承接优化开发和国家重点开发区域产业转移，就近承接附近限制开发区域迁出产业和人口，集聚发展农林产品深加工、大健康、资源深加工等产业。

（四）推动绿色低碳发展

一是落实产业准入与淘汰制度，提高产业"含绿量"。控制高污染、高能耗、高排放企业进入，加大工业三废治理力度，实施主要污染物排放总量控制，加大对违法排污企业处罚力度。推进园区循环化和生态化改造。二是大力发展绿色低碳技术，切实推动绿色发展、循环发展、低碳发展。

（五）完善配套政策

一是参照重点生态功能区，落实精准产业政策，制定重点开发区域产业准入负面清单，按照各县市区主体功能定位明确鼓励、限制、禁止类产业，推动重点开发区域产业和人口集聚。二是强化要素保障，实施差别化土地管理政策，创新投资金融政策等，实现要素保障能力与主体功能定位相适应。

审稿：蒋旭东

执笔：张贝尔　孙京禄　陆贝贝

着力增强合肥综合性国家科学中心
建设的金融支撑能力

　　科技创新离不开金融创新的支撑，金融创新可以为科技创新赋能。纵观历史，每一次重大科技革命和产业变革背后，都伴随着金融资本和金融创新的强力支撑。国际"创新型国家"的成功经验表明，科技创新和金融创新的结合为产业创新提供动力，是区域经济增长的动力源。因此，加快合肥综合性国家科学中心建设，必须着力增强合肥现代金融的推动力，努力形成合肥综合性国家科学中心建设的金融支撑。

一、合肥综合性国家科学中心建设的金融支撑现状及比较

　　合肥综合性国家科学中心是国家正式批准建设的第二个"综合性国家科学中心"。与上海张江综合性国家科学中心、北京怀柔综合性国家科学中心相比，合肥综合性国家科学中心建设既有自身优势，也存在突出短板，除人才、科技成果转化等方面的不足外，最突出的短板就是金融支撑保障能力较弱。这主要表现为：

　　第一，信贷规模偏小。截至2018年底，合肥存款余额为15677.3亿元，是上海、北京的1/10左右；贷款余额14196.5亿元，是上海、北京的1/5左右。从人均水平看，当年，合肥人均存款余额为19.4万元，仅为上海人均存款余额的38.8%，北京的26.6%；人均贷款余额为17.6万元，为上海人均贷款余额的58%，北京的53.7%。

　　第二，股权融资薄弱。2018年，合肥股权融资35.7亿元，仅为当年全市直接融资的1%。境内上市公司45家，新三板挂牌企业93家。与上海、北京相比，合肥境内上市企业数分别是上海的1/5、北京的1/7；新三板挂牌企业数分别是上海的10%、北京的6%。2017年安徽科技企业孵化器获得风险投资5.8亿元，仅为上海的8.2%。

　　第三，科技投入水平偏低。2017年，合肥R&D经费226.9亿元，是上海、北京的1/6左右。R&D经费占GDP的比重为3.24%，低于上海的3.93%、北京的

5.64%。尽管合肥地方财政科技支出占比达 7.2%，略高于上海、北京 2 个百分点左右，但合肥地方财政科技投入仅为 69.6 亿元，而上海、北京接近 400 亿元。

第四，利用外资总量偏小。2018 年，合肥实际利用外商直接投资 32.3 亿美元，而上海、北京均超过 170 亿美元。合肥科技成果产业化、中小型科技企业成长面临的外商投融资约束较多，外资对合肥科技创新的作用有限。

第五，保险服务功能不强。2018 年，合肥保险深度为 3.9%，低于上海 0.4 个百分点、低于北京 2 个百分点；保险密度 4016.7 元/人，是上海的 70%、北京的 50%，科技保险服务保障能力较弱，开发险种较少。

二、增强合肥综合性国家科学中心建设金融支撑的建议

第一，积极打造合肥科技金融中心。充分发挥合肥创新资源集聚优势，以合肥综合性国家科学中心国家实验室为基石，依托世界一流重大科技基础设施集群和一批前沿交叉创新平台及技术转移服务平台，打造合肥区域性科技金融中心，推进高层次、多功能、现代化的金融科技产业基地建设。鼓励徽商银行、国元证券、华安证券、徽商期货、安粮期货、华安期货、国元农保等省属法人金融机构，建立产品多样化、服务多元化的地方科技金融联合体。着力增强合肥科技金融综合服务能力，谋划建设合肥金融资产交易平台，大力发展财务顾问、资产评估等科技金融服务机构，打造合肥科技金融服务高地，建设长三角西翼区域性科技金融中心。通过发展合肥现代金融助力科技创新，打通科技向产业转化通道，提升科技金融在科学中心建设发展中的关键作用，促进合肥区域性科技金融中心和合肥综合性国家科学中心互动发展。

第二，大力发展科技金融。一是大力发展股权投资。围绕合肥综合性国家科学中心产业发展重点，支持合肥加快集聚省内外各类产业基金，扩大省、市政府科技投资引导基金规模，发挥政府股权投资在合肥综合性国家科学中心建设中的引领和带动作用。完善天使、风险基金机制，鼓励设立科技成果转化引导基金，大力发展市场化创投企业。二是充分利用多层次资本市场。支持合肥高新技术企业和科创型企业利用上海证券交易所"科创板"上市融资，充分利用"新三板""科创板"等资本市场平台，培育更多瞪羚企业、独角兽企业。支持合肥高成长性创新企业到省股权托管交易中心专精特新板、科技创新专板挂牌，鼓励科技型中小企业抱团发行科技企业集合债券。三是大力发展科技保险、担保等服务。积极发挥保险、担保、

信托、融资租赁、典当等融资渠道在科技金融支撑体系中的辅助性作用，推动形成多种形式的联合融资。支持省科技担保公司加强合肥科技担保服务。

第三，充分发挥财政资金和国有资本的杠杆作用。加强省级财政科技投入预算安排，建立专项资金，落实增长机制，创新投入方式，更大力度支持合肥综合性国家科学中心和滨湖科学城建设。借鉴广东粤科金融集团成功经验，整合各类国有创新金融资本，省市共建成立合肥科技金融集团公司。构建"天使投+孵化器"、创业投资、风险投资、科技资产评估等系统化业务，为科技型中小企业提供全链条、全过程、多层次的综合金融服务。按照创投行业特点和发展规律，完善国有创业投资企业激励约束机制和股权转让方式，进一步降低市场化产业投资基金的社会配资杠杆比例。完善政府投资引导资金补充增长机制。

第四，推进长三角科技金融一体化。充分利用长三角科技创新共同体和G60科创走廊建设机遇，推进建立沪苏浙皖财政协同投入机制，加大对长三角区域内科技成果转移转化的支持，实现成果转化项目资金共同投入、技术共同转化和利益共同分享。积极推进合肥与上海、南京、杭州等地科技金融的交流与合作，不断开拓科技金融的新领域和新模式。面向长三角广泛开展多种形式的金融招商活动，提高合肥金融市场的对外开放程度，加快合肥科技金融资源集聚。推进设立长三角三省一市联合股权投资基金。推动省中小微企业综合金融服务平台与沪苏浙金融综合服务平台的互联互通，积极开展金融创新合作。推动建立统一的抵押质押制度等。

第五，营造良好的科技金融生态环境。全面梳理省市已出台的科技金融政策，构建科技金融产品和服务创新、渠道创新、模式创新政策体系。加快社会信用体系"一网三库一平台"建设，提升科技金融信用基础，重点加强科技型中小微企业信息收集和披露，实现科技金融信用记录全覆盖。聚焦创业投资、科技保险、企业IPO、资产评估、资信评级等，吸引更多高层次金融人才来肥发展，引进培育一批科技金融复合型人才。加强金融科技研发与应用，支持传统金融机构、互联网金融机构基于大数据、区块链、人工智能等开发符合科技企业融资需求的产品和服务。加快建立完善科技信贷风险分担、代偿机制，研究设立科技型企业信贷风险代偿基金、公益性转贷基金等。

指导：樊明怀

执笔：夏兴萍　王业春

吕朝凤　王　斌

新形势下促进我省现代煤化工产业发展对策建议

现代煤化工是指以煤为原料通过技术和加工手段生产替代石化产品和清洁燃料的产业。当前，国际贸易摩擦不确定性增大，国际原油和大宗原料价格震荡波动，国内资源环境约束日趋增强。在新形势下，我省应加强煤化工产业规划引领，深度参与长三角发展分工合作，优化产业布局，有序承接产业转移，稳妥推进现代煤化工项目建设，鼓励传统煤化工产业转型升级，实现现代煤化工产业高质量发展。

一、现代煤化工产业发展环境

（一）从战略需求看，发展现代煤化工产业是可靠选择

近期，考虑到中美贸易摩擦长期性和曲折性，美国以能源价格为武器的可能性增加。我国能源结构以煤为主体，是全球最大的原油和天然气进口国，油气保障能力低，能源安全存在较大风险。发展现代煤化工产业能够制取清洁燃料和石化产品，部分替代石油和天然气的消费量，降低油气对外依存度，为国家能源安全提供战略支撑。我省可以拓宽煤炭资源洁净高效利用的渠道，实现煤炭产业转型升级。

（二）从国际油价看，现代煤化工项目已初具经济性

受全球贸易和地缘政治紧张局势加剧、全球经济增长存在下行风险以及美联储货币政策或将转向等多重因素影响，2019 年上半年国际油价呈现出大起大落的态势。具体而言，年初国际油价呈现反弹势头，并在 4 月底达每桶近 75 美元的年内高位，但随后油价大幅走低。6 月以来，由于地缘政治风险上升、市场对美联储降息预期增强，国际油价又反弹至 60 美元/桶以上。据国外机构预测，全年布伦特原油将在 60～70 美元/桶间波动。

我国煤炭市场相对独立，煤炭价格受原油价格影响程度较低，而现代煤化工产品价格受油价低位运行影响较大。由于生产工艺及投资成本构成的差异，

油价对现代煤化工的影响大于对石油化工的影响。从项目经济性的角度看，当油价低于 50 美元/桶时，现代煤化工项目的经济竞争力都不理想；当油价达到 60 美元/桶时，煤制烯烃、煤制油、煤制乙二醇项目初步具有了经济竞争力，对应的煤价分别为 240 元/吨、250 元/吨、270 元/吨，煤制乙二醇可承受的煤价最高，其经济性最好；煤制芳烃暂无大规模工业化装置，其经济性略差于其他项目；当油价高于 70 美元/桶时，现代煤化工产业的经济竞争力将进一步提升。受油价反弹影响，2019 年前 4 个月全国现代煤化工产能利用率高于去年，其中煤制烯烃为 95.5%、煤制天然气为 90.1%、煤制油为 84.7%、煤（合成气）制乙二醇为 71.2%。

（三）从市场需求看，发展现代煤化工产业市场空间巨大

未来，我国对油气及石化基础原料仍有巨大的刚性需求。2018 年我国原油、天然气自给率仅为 29%、58%，仍需大量进口，发展煤制油、煤制天然气可作为其有效补充。此外，我国部分基础石化产品对外依存度较高，以当量消费量计算的乙烯和丙烯自给率仅为 40% 和 72%；乙二醇自给率为 41%；芳烃中对二甲苯自给率仅为 37%。基础石化产品下游化工新材料和专用化学品自给率较低，其中高端工程塑料自给率不足 40%；高端电子化学品自给率仅为 10%。

（四）从产业政策看，科学有序发展要求日益突出

为促进煤化工产业健康有序发展，国家近年来出台了一系列产业政策。第一阶段（2004—2006 年），主要倡导现代煤化工产业发展，产业规模迅速扩大。第二阶段（2007—2011 年），严控煤化工产业发展，明确限制煤化工项目建设的类型和规模，提出现代煤化工项目要综合考虑煤炭、水资源、生态环境等多种因素，在重点产煤省区适度布局，其余省区严格限制发展。第三阶段（2012—2015 年），国家对发展煤化工继续持谨慎态度，重申禁建规模，不宜过热发展。在推进示范工程的同时更加强调环保标准和水资源保障。第四阶段（2016 年至今），明确将煤炭深加工定位为国家能源战略技术储备和产能储备示范工程，指出我国煤化工产业整体仍处于升级示范阶段，要合理控制发展节奏，强化技术创新和市场风险评估，严格落实环保准入条件，有序发展。

（五）从国内外发展趋势看，市场竞争日益激烈

从国际能源变化趋势对现代煤化工的潜在影响来看，页岩油气、中东地区天然气和油田伴生气成为影响国际石油天然气市场供需平衡的重要因素，低价页岩油气、天然气及以其为原料生产的低成本化工产品会对我国煤制化学品生产形成一定冲击。国内经济进入新常态，大宗能源化工产品需求增速放缓。随着现代煤化工技术日趋成熟和原料的多元化，中国烯烃及乙二醇产能释放将步入新的高峰期。据统计，到 2023 年，煤制烯烃产能将达 2700 万吨，煤（合成气）制乙二醇产能将达 1350 万吨。随着项目产能的逐步释放，市场竞争将日益激烈，现代煤化工产业发展的不确定性增大。

二、我省煤化工产业发展现状与存在问题

（一）发展条件

要素保障较好。总体来看，我国水资源和煤炭资源呈逆向分布，西部富煤地区煤炭开采量占全国的三分之二以上，水资源只占全国的三分之一，且植被覆盖率低，生态脆弱，环境承载力差，缺乏纳污水体。山西、陕西、内蒙古、宁夏、新疆、甘肃等地区的水资源总量仅占全国的 10% 左右；宁夏、陕西、内蒙古等地区的煤化工项目用水主要依赖黄河，黄河总水量有限且每年呈减少之势。我省位于长江流域下游及淮河流域中游，拥有长江、淮河、新安江三大流域，环境承载力优于西部地区。2017 年，全省水资源总量为 784.9 亿立方米，其中可用水资源量较西部富煤地区丰富。同时，我省煤炭储量丰富，居华东第一，两淮煤田 1200 米以浅煤炭储量分别为 153 亿吨和 149 亿吨。总体来看，我省发展现代煤化工产业综合要素保障较好。

区位条件较好。我国煤化工产品消费市场高度集中于东南沿海经济发达省份，且产品多属于危险化学品，长距离、大批量运输安全隐患较高。我省位于长三角区域，是东部沿海地区产业向中西部地区转移和辐射最接近的地区，发展现代煤化工产业有其独特的区位竞争优势。

（二）发展现状

产业初具规模。我省煤化工产业经过多年发展，已成为化学工业重要的经济增长点。2018 年行业总产值达 430 亿元，同比增长 14.65%，约占化工产业产值的 10%。全省规模以上煤化工企业共 12 家，主要分布在长江和淮河流域，如图 1 所示。

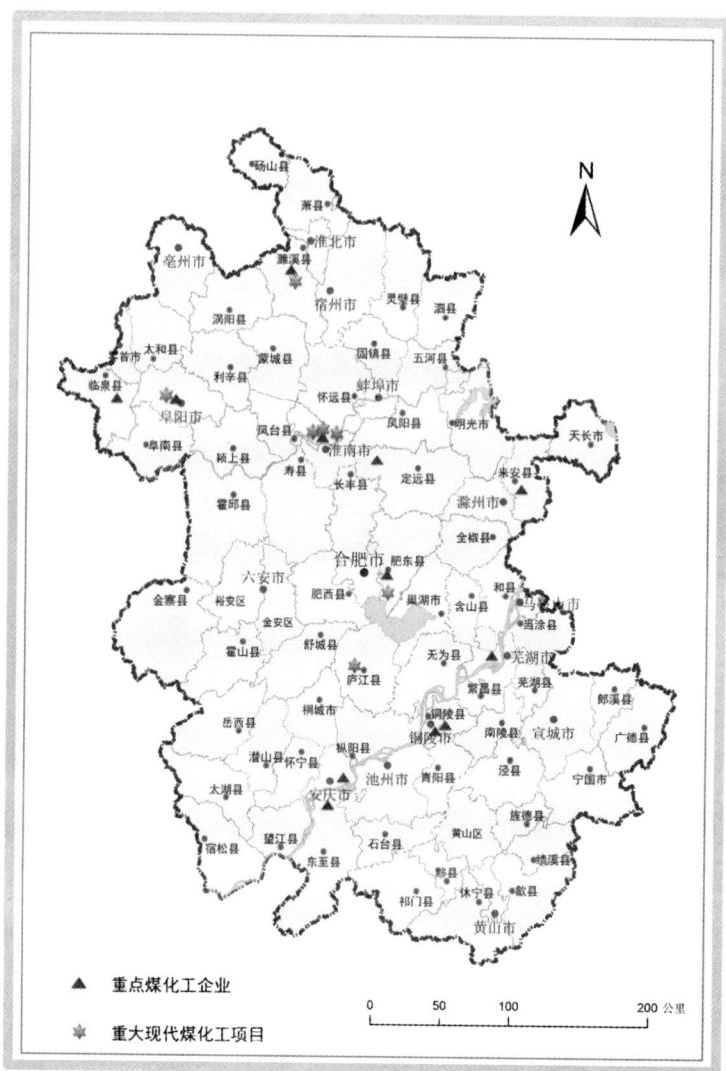

图1 安徽省重点煤化工企业及重大现代煤化工项目分布图

产业结构以传统煤化工为主。我省煤化工产业主要涵盖传统煤化工和现代煤化工领域，以传统煤化工为主。传统煤化工主要涉及煤焦化产业链、合成氨化肥产业链等。其中，浓硝酸、磷肥、合成氨、焦炭、氮肥等产品在全国占有重要地位，见表1所列。新型煤化工主要涉及煤制烯烃、煤（合成气）制乙二醇产业链，仅有部分项目建成，如图2所示。

表1 2018年我省主要煤化工产品产量及省际排名

	焦炭	合成氨	氮肥 （折 N 100%）	磷肥 （折 P₂O₅ 100%）	浓硝酸 （折 N 100%）	精甲醇
产量（万吨）	1109	226.5	114.7	101.9	43.2	75.3
省际排名（位）	11	8	11	5	2	14

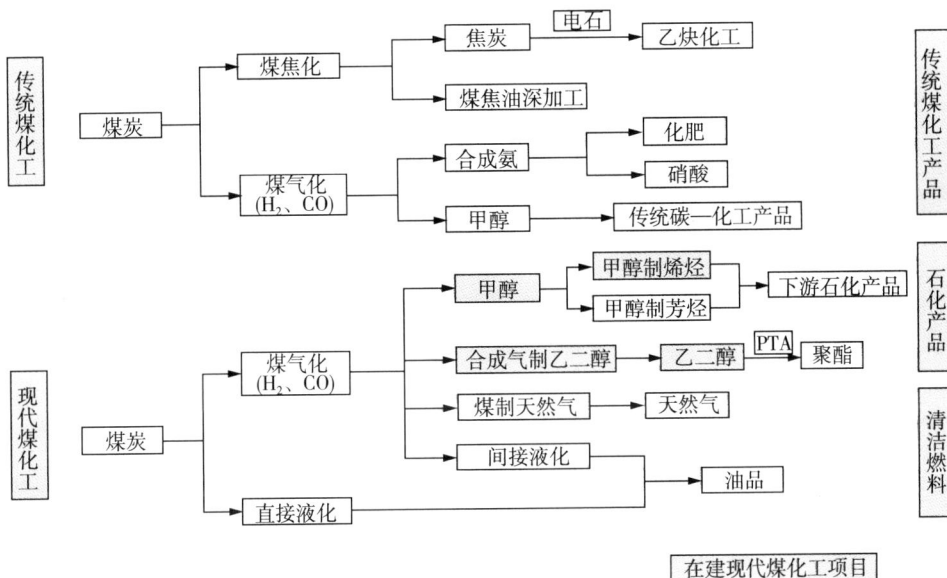

图2 煤化工产业链图示

技术基础较好。经过几十年的发展积累，我省煤化工行业整体技术水平居全国前列。在煤炭清洁高效转化技术方面，我省目前已掌握德士古、四喷嘴、航天炉、壳牌、东方炉等一批世界先进煤气化技术。在现代煤化工产业化方面，我省成功实现了航天炉粉煤加压气化技术、万吨级流化床甲醇制丙烯技术、千吨级合成气制乙二醇技术产业化。在节能降耗方面，合成氨、甲醇、纯碱等大宗产品单位综合能耗处于全国领先水平，低于国家标准20%以上。昊源化工、晋煤中能、中盐红四方等企业多次获评行业能效"领跑者"标杆企业称号。

重大项目持续推进。煤制烯烃、煤制乙二醇和煤制天然气等一批重大现代煤化工项目正在稳步推进中，项目总投资超过800亿元，见表2所列。其中，中安煤化一体化项目计划2019年建成投产，中盐红四方合成气制乙二醇项目已建成投产，昊源化工甲醇制烯烃项目部分建成投产，淮北碳基新材料项目部分建成投产，其他项目正在开展前期工作。

表 2　我省重大现代煤化工项目进展表

序号	项目名称	投资主体	产品方案	建设地点	投资（亿元）	项目进展
1	中安煤化一体化项目	中石化、皖北煤电	70 万吨/年聚烯烃，配套建设 400 万吨/年煤矿	安徽（淮南）现代煤化工产业园	182.45	计划 2019 年 9 月建成投产
2	中安煤化煤制乙二醇项目	中石化、皖北煤电	90 万吨/年乙二醇	安徽（淮南）现代煤化工产业园	90	可研报告初稿编制完成
3	煤制天然气项目	安徽省能源集团、中煤新集能源股份有限公司	40 亿立方米/年煤制天然气，一期建设 22 亿立方米/年煤制天然气，配套建设 500 万吨/年煤矿	安徽（淮南）现代煤化工产业园	300	2014 年经国家发展改革委同意开展项目前期工作，目前正在推进中
4	合成气制乙二醇项目	浙江桐昆集团、上海宝钢气体	120 万吨/年乙二醇	庐江龙桥工业园区	110	项目立项、环评、能评、安全条件评价完成
5	合成气制乙二醇项目	中盐安徽红四方	30 万吨/年乙二醇、5 万吨/年碳酸二甲酯	合肥循环经济示范园	43	已建成投产
6	甲醇制烯烃项目	安徽昊源化工集团	60 万吨/年烯烃、26 万吨/年苯乙烯、6 万吨/年环氧乙烷	阜阳煤基新材料产业园	37.8	苯乙烯、环氧乙烷项目已建成投产；甲醇制烯烃项目推进中

（续表）

序号	项目名称	投资主体	产品方案	建设地点	投资（亿元）	项目进展
7	碳基新材料项目	临涣焦化股份有限公司	焦炉气综合利用、甲醇制烯烃、煤焦油深加工等项目	安徽（淮北）新型煤化工合成材料基地	70	卓泰一期建成，中试基地二期基本建成
合计					833.25	

（三）存在问题

产业布局亟待优化。由于缺乏上位规划指引，全省煤化工产业的发展未能得到统筹规划布局。我省 12 家主要煤化工企业分散在全省 9 个市，进入专业化工园区的比例不足 50%。部分企业位于城市建成区，人口密集，安全风险隐患较大；部分企业紧邻长江、淮河干流及主要支流，存在水体污染隐患。此外，由于布局分散，企业发展各自为政，未能形成发展合力。

产业结构不尽合理。我省煤化工产业以传统煤化工为主，主要产品为合成氨、氮肥、磷肥、硝酸、甲醇等传统产品，产品同质化现象严重，产品附加值低，产业链条短，未形成一体化发展，抵抗风险能力较弱。此外，新型煤化工产业规模较小，产值占全省煤化工比例不足 5%。

能源资源消耗较大。与石油化工相比，现代煤化工原料路线长，能源资源消耗大，能效仅为石油路线的 50% 左右。如煤制烯烃的单位产品能耗是石油路线的 2 倍，能源转化率为石油路线的 50%，单位产品新鲜水耗和碳排放量是石油路线的 3 倍以上，单位产品 SO_2/NO_x 排放量是石油路线的 2 倍以上。"十三五"期间，国家及我省对水资源"三条红线"实行全面管控，对能源消耗实行总量和强度双控。煤化工项目的用煤、用水、用能、环境容量指标获取难度越来越大。

原料煤本地化难度大。我省煤炭资源丰富、品质优良，是优质的炼焦和动力煤，但也存在灰熔点高、灰分高、黏度大等问题，气化难度较大。2018 年我省煤化工原料煤年消耗量约为 730 万吨（不含焦化用煤），基本无本地煤，主要来源于西部产煤地区，需长距离运输。此外，我省煤炭普遍为井工开采，开采成本和安全风险相对较高。

三、对策建议

（一）加强规划引领，促进产业优质发展

研究出台促进我省煤化工产业发展的"政策包"，解决近年来我省煤化工产业缺乏专项规划引领的问题。编制产业发展"十四五"规划，明确新形势下产业发展定位、发展思路和重点任务，提出未来5~10年的发展目标。在全省范围内统筹考虑，进一步优化产业布局，尽快调整沿江沿淮煤化工项目的发展布局，有序推进城区煤化工企业"退城入园"。制定指导我省煤化工产业转型升级的实施方案，促进产业高质量发展。

（二）严格项目准入，有序承接产业转移

坚持绿色发展的承接方向，严格把握生态环保标准，依据区域生态保护红线、环境质量底线、资源利用上线和生态环境准入清单，制定化工园区入园项目评估制度，严禁不符合产业政策、工艺技术落后、污染环境的项目入园，对现有企业实行产业升级与退出机制。深入参与长三角发展分工合作，聚焦皖江城市带承接产业转移示范区和皖北承接产业转移集聚区建设，深化区域合作，充分发挥土地、技术、产业配套等比较优势，以四大省级化工基地为平台，抢抓上海疏解特大城市非核心功能、苏浙制造业和化工等产业转移转型机遇，有序承接资本密集型绿色现代煤化工产业。同时，探索研究沿江大型煤化工项目向皖北承接产业转移集聚区转移。

（三）保障能源安全，加快煤炭精深利用

立足我省实际，加快煤炭精深利用。煤制清洁燃料领域以国家能源安全为导向，依托两淮地区丰富煤炭资源、淮河水资源，积极稳妥推进淮南煤制天然气示范项目建设，开展煤制油项目前期研究，为石油安全提供应急保障。煤制化学品领域以产业结构优化升级为导向，控制传统煤化工新增产能，有序推动以煤制烯烃、煤制乙二醇、煤制芳烃为主的现代煤化工与化纤、石油化工等产业融合发展，拓展化工基础原料来源，向下游延伸发展化工新材料、高端专用化学品及医药精细化工品等高附加值深加工产品，实现产业一体化、集聚化、高端化、差异化发展，提高综合竞争力。

（四）分类精准施策，指导产业科学发展

坚持"共抓大保护、不搞大开发"，以"水清岸绿产业优"为总导向，立足

我省客观实际，对空间管控范围内的化工园区和煤化工企业科学评估，制定分类指导政策；优化园区产业布局，将搬迁改造与产业升级相结合，引导"一公里"范围内煤化工企业搬迁进入专业园区。此外，用煤行业应承担"共同但有区别的责任"，按照污染程度进行差别控制，在完成煤炭消费减量替代任务时，充分考虑煤化工行业中"原料煤"和"燃料煤"的本质差别，在满足区域环境改善及能源消耗总量和强度"双控"的前提下，将用煤指标优先配置给节能减排投入高、工艺先进的现代煤化工项目。

（五）搭建创新平台，突破核心共性技术

积极整合我省创新资源，依托 G60 科创走廊创新资源，以企业为主体，联合科研院所，共建安徽省现代煤化工产业技术创新战略联盟和科技创新平台。以我省现代煤化工高端化核心共性技术突破为导向，重点开发适应安徽煤种的大型煤气化技术；在完善煤制烯烃、煤制乙二醇项目的基础上，积极发展煤制芳烃大型工业化示范，探索煤制芳烃、煤制乙二醇联合发展煤制聚酯一体化项目；研发适用于煤化工"三废"特点的先进治理和资源化技术，积极探索二氧化碳利用途径。

（六）创新机制模式，实现绿色低碳发展

充分运用节能减排市场化机制，探索煤化工企业排污权和碳排放权交易途径及策略，通过市场化途径提高企业节能减排的积极性。转变传统发展模式，以一体化多联产发展模式，将煤制油、煤制天然气、煤制烯烃、煤制乙二醇等大型煤化工装置与发电系统有机集成，实现煤化工与电力（热力）联产和负荷的双向调节，提高煤炭资源综合利用效率和能源转化效率，实现绿色低碳发展。

指　导：樊明怀　蒋旭东

调　研：省经济研究院、省发改委综合处联合调研组

执　笔：王　涛　王淑文　邵　超

　　　　宁秀军　王　燕　潘　淼

参与讨论：胡　明　刘　兵

关于乡村振兴专项推进情况的报告

——基于宣城市农业农村发展的专题调研

为深入了解我省乡村振兴战略实施情况，由点及面掌握农业农村发展中存在的问题和困难，提出针对性的解决方案，并为下一步更好地开展"三农"工作提供样本、启发思路，近日，省发展改革委选择宣城市具有相对典型意义的几个地点，分别从农村人居环境整治、国有龙头企业带动乡村产业发展、林业发展提升乡村生态效益、水利建设支撑乡村振兴等方面开展实地调研，形成如下调研报告。

一、基本情况

（一）农村人居环境整治重塑乡村美丽家园

广德县东亭乡土地面积为 98 平方千米，辖 5 个村共 2.1 万人，经过多年建设和发展，全乡林木绿化率达 72%，荣获"中国竹制品名镇""安徽省产业集群专业镇"等称号，农村人居环境整治取得显著成效，高峰村更是其中的佼佼者。高峰村始终坚守绿色底线，在青山、绿水、竹海等自然景观基础上，因地制宜地推进村庄规划布局，加强河道治理及村内道路、绿化、亮化等工程建设，农村人居环境实现了优化升级，村容村貌有了较大提升，成为"看得见山、望得见水，记得住乡愁"的经典之作，也成了远近闻名的美丽乡村，省内外参观取经的团队络绎不绝，尤其是周末及节假日，沪苏浙的游客纷至沓来，人头攒动。

（二）国有龙头企业改革进取助力乡村产业发展

宣州区敬亭山茶场位于"相看两不厌"的敬亭山脚下，隶属省农垦集团旗下的皖垦茶业，茶场现有土地面积近 7.5 万亩，其中茶园面积 1.7 万亩。近年来，敬亭山茶场通过调整经营模式、优化产品结构，全力打造"敬亭绿雪"品牌，实现了产量逐年提高、品牌知名度不断提升的目标。2018 年，"敬亭绿雪"系列茶产量达到 10 万千克。为实现可持续发展，敬亭山茶场立足长远，围绕市场改革创新，与科研院所联合创立茶树种植资源库，培育种植白茶、黄金芽等新品种，经济、生态效益不断提升，改善了茶场职工生产生活条件，带动了周边农民发展茶园、提高收入。

（三）林业发展有效提升乡村生态效益

宁国市方塘乡位于青龙湾水库上游，森林资源丰富、生态优良，林地面积31.5万亩，森林覆盖率高达82%，是林业可持续发展的典范。实行林长制以来，方塘乡积极开展"护绿""增绿""管绿""用绿""活绿"各项工作，设立乡级总林长3名、乡级林长6名、村级林长（副林长）12名，森林质量及生态效益不断提升。同时，通过发展生态旅游、森林康养等新业态，方塘乡有效践行了"绿水青山就是金山银山"的理念，促进了集体经济发展，带动了农民增收致富。

（四）水利工程建设强化乡村振兴发展保障

港口湾水库灌区位于水阳江上中游，涉及宁国市、宣州区、郎溪县的19个乡（镇），主要建设内容包括新建或续建12条干渠、3条分干渠、26条支渠及其渠系建筑物，总投资31亿元。2002年，港口湾水库建成使用，新增灌区30多万亩，改善了20多万亩农田的灌溉条件，且经过多年建设、保护和涵养，水库周边及上下游流域的生态环境持续改善，成为绿水蓝天的风景区。水库周边"白云生处有人家"的村庄早已走出"穷山恶水"的阴影，成为人人向往的梦里故乡。

二、存在的问题

（一）农村人居环境整治不平衡现象仍较突出

经过多年整治和建设，我省很多村庄像高峰村一样，人居环境明显改善，村民吃上了放心的粮食，喝上了干净的水，呼吸到了新鲜的空气，乡村成为当地农民和投资者安居乐业的美丽家园。但是全省仍有半数以上的村庄，长期积存的垃圾未得到有效清除，田间地头、村庄边界、河塘沟渠等地方还存在卫生死角，乡镇污水集中处理设施建设不足，厕所改造标准不高且与农村污水处理设施建设衔接不够，农民和社会主体积极性不高、参与度不够，资金投入不足等问题没有得到有效解决，建后长效管护机制尚未建立健全。

（二）农垦集团经营管理体制机制改革仍需深入推进

安徽省农垦集团是我省规模最大的国有现代农业企业，现拥有20个农（茶、果）场，土地面积达 96.64 万亩，建有小麦、水稻、茶叶、水果等省级以上现代农业示范区 22 个。近年来，省农垦集团不断改革创新，抢抓实施乡村振兴战略的重大机遇，通过企业化改制，致力于现代农业的发展壮大，朝着打造百亿元现代农业企业航母的目标奋进。但受长期行政管理体制的影响，集团市场化经营能力不强，现代企业制度尚未完全建立，劳动、人事、分配三项制度改革力度未满足市场化竞争的需要，集团与子公司的功能定位和运营模式不明晰。此外，作为集团主业的农业，未能以市场需求为导向对生产及产品结构进行调整和优化，缺少有代表性、有实力、上规模的农业企业和有竞争力、叫得响的知名品牌，未能在乡村振兴中发挥龙头企业以大带小、以点带面的骨干引领作用。

（三）林业发展在乡村生态振兴中的作用未能充分发挥

近年来，我省坚持生态优先的林业发展战略，进一步落实五级林长制，"五绿"工作水平持续提升，"以林富农"在乡村振兴中的优势日益凸显。但由于历史原因及林业的生态特征，我省林业发展中优质产品供给不足、要素保障与政策支撑不强等问题长期得不到有效解决，部分一般林地被纳入国家级和省级生态公益林进行管理，在划定生态红线范围内，林业相关项目建设受到很大的制约。同时，现行涉林项目资金补助标准不高，用于林间作业道路、小型水利设施建设的投入严重不足，林业新产业新业态缺乏项目资金扶持，成长缓慢。以上因素限制了林业经济发展，使林业在乡村振兴中的作用难以有效发挥。

（四）水利工程建设受到生态红线的瓶颈制约

我省自实施河（湖）长制以来，水灾害防治、水资源管理保护、水生态修复、水环境改善等各项工作取得了明显成效。但根据最新的生态保护红线政策，我省部分水利设施用地被划作耕地或永久基本农田，所涉及的相关水利项目在生态红线的划定、办理及调整等方面均存在不确定因素，国家至今未出台具体办法或规定，致使部分水利工程在用地预审、环评等环节出现问题，严重影响了工程推进和建设进度，使得水利设施在防洪保安、保障农业生产以及为乡村振兴提供基础支撑的作用未能及时、充分发挥。

三、政策建议

（一）多措并举，坚决打好农村人居环境整治这一乡村振兴的第一场硬仗

全省各地应结合当地实际情况，学习借鉴浙江"千村示范、万村整治"工程经验，探索适合本地农村人居环境整治的方法路径，逐步形成具有安徽特色、可复制可推广的经验和做法。

一是推进村庄建设多规合一。建立健全县、乡（镇）两级村庄建设管理机制，鼓励符合条件的村庄单独编制村庄规划，按照集聚提升类、城郊融合类、特色保护类、拆迁撤并类等村庄分类，统筹谋划村庄发展方向、主导产业、用地布局、人居环境整治、生态保护、建设项目等，充分发挥规划在引领发展、指导建设、配置资源等方面的作用，做到不规划不建设、不规划不投入。

二是加大资金多元投入。充分发挥公共财政资金的引导和撬动作用，鼓励社会资本和金融资本投入，调动农民参与建设的积极性，形成多元化、多渠道的资金投入机制。同时，将农村人居环境整治与发展乡村产业、乡村文化和促进乡村治理有机结合，培养和引进农业产业化龙头企业等新型经营主体，以项目建设带动资金投入。

三是完善可持续管护机制。完善村庄常态保洁制度，推行县为责任主体、乡镇为管理主体、村为落实主体、农户为受益主体、第三方为服务主体"五位一体"的农村人居环境整治模式，建立有制度、有标准、有队伍、有经费、有管理的长效机制，保障相关设施设备发挥长期效用。

（二）深化改革，充分发挥农垦集团在乡村产业振兴中的引领作用

农垦集团等国有农业企业，应进一步改革创新，以建立健全市场化运行机制为关键，坚持走质量兴农、绿色兴农、科技兴农、品牌强农的高质量发展道路，全力打造现代农业企业航母。

一是建立健全现代企业制度。按照去行政化、强集团化、推企业化的改革方向，完善现代企业制度，健全公司法人治理结构，突出市场经营主体地位，提高内部管理水平和市场竞争力。要推进各类农场公司化改造，强化农场企业定位，使其成为主业突出、效益明显、富有活力和竞争力的市场经营主体。

二是构建现代农业生产经营体系。优化现有生产经营体制，加快推进生产结构调整，提高农业集约化、专业化、标准化、品牌化经营水平。各生产性农场要探索"农场公司+新型农业生产主体"的生产模式，推进土地流转，发展适度规模经营，着力培育、整合、宣传、保护农垦品牌，全面提升农产品市场竞争力。

三是强化人才队伍建设。通过竞争上岗、人才培养、能力培训等多种手段，加强领导班子以及管理人才、科技人才、营销人才队伍建设，改革创新绩效管理

体系，真正做到能者上、平者让、庸者下、劣者汰，合理拉开不同部门和不同人员的绩效收入分配差距，激发各级人才奋斗的动力。

（三）加强保护，增强林业助推乡村振兴的生态功能

生态振兴是乡村振兴的关键，林业又是生态振兴的主要抓手，承担着生态保护和林产品供给的重要任务，应持之以恒常抓不懈。

一是坚持保护与建设并重。根据开发利用负面清单，合理划分生态保护与利用的政策界限，完善生态护林员制度，引导广大林农参与森林、湿地、河湖等自然生态资源的管护。梳理林业用地，适时调整造林绿化规划，推进公益林、矿山废弃地造林等重大生态工程建设，实现宜林则林、应绿尽绿。

二是发展特色林业产业。充分利用森林景观和森林生态环境，发展森林旅游、休闲、度假、康养等绿色新兴产业。培育发展以木竹、特色经济林果、林下生态种植养殖为主的标准化、规范化林产品产地加工厂和产业基地，提高就地加工转化率。创建林特产品优势区和林业产业示范园区，延伸产业链、提升价值链，推进林业产业融合发展，带动林农增收。

三是创新林业金融服务。鼓励和引导金融机构开发符合林业特点的林权抵质押贷款金融产品，推广规模经营主体间开展林权收储担保业务，加快建立森林资源资产评估制度、担保贷款体系、林权交易流转平台，完善森林保险制度，增强林业企业抵御自然和市场风险能力。

（四）加大建设力度，进一步提升水利在乡村振兴中的支撑作用

进一步重视农村水利设施建设、农村饮水安全、乡村水生态文明建设等工作，深刻认识水利在防洪保安、水安全保障、山水林田湖草生态连通等方面的重要作用，在现有政策框架下，围绕国家重大战略、重大规划，谋划实施重大水利工程，助力乡村振兴。

一是完善防洪保安基础设施网络。重点围绕淮河、长江、新安江和巢湖，加强水利骨干工程建设。在淮河流域，重点推进淮河行蓄洪区安全建设工程；在长江流域，重点加强崩塌河段整治和蓄滞洪区建设；在新安江流域，重点推进综合治理；在巢湖流域，重点推进水生态治理与修复。

二是完善供水基础设施网络。构建"三纵三横""干支连通""点面结合"的水资源开发利用和配置格局。"三纵"即引江济淮、驷马山引江补源和淮水北调3项跨流域调水工程,从根本上解决皖北、江淮分水岭地区水资源短缺问题;"三横"即长江、淮河和新安江干流,通过合理利用过境水量,实现水资源优化配置。

三是完善江河湖库水系连通网络。围绕推进生态文明和生态强省建设,在淮北平原区、皖西大别山区、长江流域与新安江流域支流水系等重点区域,推进江河湖库水系连通,实施水生态修复与保护,打破城乡界限,按照自然法则连通水系水网。

调研组成员: 陈 磊 刘文峰 彭 亮

王 俭 王 飞 时婧婧

王永程

上半年全省经济形势分析及对策建议

2019 年，面对错综复杂的国内外经济环境，我省经济延续总体平稳、稳中有进的发展态势，但与中部地区及长三角其他省市相比，增速优势有所弱化。我省需准确把握当前经济运行的新变化，主动应变，顺势而为，推动经济向高质量发展迈进。

一、2019 年宏观调控政策和区域经济发展情况

（一）经济下行压力增大，逆周期宏观调控持续发力

受全球经济减速下行、中美经贸摩擦加剧、实体经济困难增多等因素叠加影响，我国经济增长持续放缓，2019 年上半年 GDP、规模以上工业增加值、固定资产投资、社会消费品零售总额及财政收入等主要指标均处近 10 年来低点。

为应对经济下行风险，中央坚持以"六稳"为牵引，着力加大逆周期调节力度，兼顾稳当前与利长远，以减税降费激发市场活力，以改革开放破解发展难题，以改善民生为导向培育新增长点。财政政策上，推动普惠性减税与结构性减税并举，降低涉企收费与民生费用并行，大幅增加地方专项债券规模，加大重点领域支出强度。货币政策上，坚持疏堵并举，在加强金融风险防控的前提下，综合运用定向降准、再贷款、再贴现等政策工具，实现流动性的精准滴灌，加大对民营和小微企业支持力度，增强金融服务实体能力。产业政策上，推动先进制造业和现代服务业深度融合，促进产业向中高端迈进；聚焦关键领域促进有效投资，增加医疗、养老、托幼、家政等领域优质供给；引导大企业带动配套小企业共同发展。改革开放上，对标先进打造市场化法治化国际化营商环境，实施准入前国民待遇加负面清单管理等制度，复制推广自贸试验区改革经验，提升开放的广度和深度。

（二）中部地区稳增长作用凸显，新区域战略积蓄转型动能

在当前经济整体下行、板块内部分化的背景下，中部 6 省增长的协调性和稳

定性进一步增强，呈现"下得慢、稳得住"的态势。近年来，随着全国高铁网络形成，依托承东启西的区位交通优势，中部地区实现了制造业与服务业"双驱动"，投资与消费"双支撑"。2019 年，中部地区经济增长领先全国的幅度和占全国比重"双提升"。上半年中部 GDP 增速高于全国 1.5 个百分点，较去年同期扩大 0.3 个百分点，经济总量占全国比重由 21.1% 提升至 21.4%，工业、投资、消费等指标继续引领全国，对区域经济稳定增长起到较好支撑作用。与此同时，在京津冀、长三角、粤港澳大湾区及海南自贸区四大战略引领下，东部加快调整，为高质量发展积蓄动能。浙江大力推动数字经济"一号工程"，上海建设国家人工智能创新发展试验区，上半年广东、北京、天津固定资产投资均实现了 2 位数增长。

（三）产业转移呈现"两转两留"，中西部地区仍具承接空间

近年来，随着国际产业分工和全球产业布局的深度调整，我国部分产业开始向国外特别是东南亚地区转移。2008—2017 年，我国制造业对外直接投资净额增长了 15.7 倍，但整体规模仍不足 300 亿美元。当前，随着中美贸易摩擦升级，产业外迁持续推进，呈现"两转两留"新趋势：面向全球市场的跨国公司和大型龙头企业倾向于向海外布局，而抗风险能力较弱的中小企业更倾向于向内陆转移；纺织服装、鞋类、箱包、家具等技术含量不高的劳动密集型产业向东南亚转移，但考虑产业工人、供应链配套等综合因素，机械、电子信息等具有更高壁垒的高技术制造业更多向中西部转移。在新旧动能转换的当口，承接产业转移示范区等载体平台相继获得国家政策支持，中西部积极探索产业合理布局、要素优化配置、资源节约集约利用的承接产业转移新模式，有望迎来新的机遇。

二、当前我省经济运行特征

2019 年，我省经济延续总体平稳、稳中有进的发展态势，主要指标增速快于全国平均水平，质量效益持续提高。上半年，全省 GDP 增长 8.0%，居全国第 6 位；居民人均可支配收入增长 10.3%，高于全国 1.5 个百分点，增速居全国第 4、中部第 1 位。前 5 个月，规模以上工业企业利润增长 11.5%，高于全国 13.8 个百分点，增速居全国第 5、中部第 1 位。

但值得关注的是，2019 年，我省在长三角与中部地区的速度优势正在弱化。从中部 6 省看，我省 GDP、工业、投资等指标由去年同期全面领先转为居中靠后；从长三角看，我省主要指标增速虽然靠前，但固定资产投资增速已被浙江赶超（见表1所列）。

表 1　我省与周边省份主要经济指标对比

	GDP		规上工业增加值		固定资产投资	
	2019 年	2018 年	2019 年	2018 年	2019 年	2018 年
上海	5.9%	6.9%	-2.5%	6.9%	6%	6%
江苏	6.5%	7.0%	6.0%	6.2%	4.1%	5.3%
浙江	7.1%	7.6%	6.2%	8.2%	9.7%	5.7%
安徽	8.0%	8.3%	8.3%	8.9%	8.5%	11.8%
湖北	8.0%	7.8%	8.9%	7.8%	10.8%	10.5%
湖南	7.2%	7.8%	8.3%	7.0%	10.0%	10.3%
江西	8.6%	9.0%	9.1%	9.1%	9.1%	11.7%
河南	7.7%	7.8%	8.3%	7.7%	8.2%	9.3%
山西	7.2%	6.8%	6.9%	5.5%	8.2%	-19.5%
安徽在长三角位次	1	1	1	1	2	1
安徽在中部地区位次	2 （与湖北并列）	2	3 （与湖南、河南并列）	2	4	1

　　我省作为长三角一体化与中部崛起两大战略的叠加区，当前经济运行的新变化有外部、周期性问题，更多的是内部、结构性问题。

　　一是产业结构变化与创新能力提升尚不同步。近年来，我省产业结构持续调整，但总体看，主导产业仍集中于汽车、家电、建材、化工、能源等传统领域，以及电子信息、机械等行业的生产制造环节。随着家电、汽车等产业需求阶段性饱和，相关影响由消费端向生产和投资端传导，并通过长尾效应影响相关上下游及新能源汽车、工业机器人等战略性新兴产业的发展。上半年我省汽车、冰箱、钢铁产量均出现同比负增长，新能源汽车产业仅增长3.2%。在发达省份通过智能技改、上云增效，着力推动数字产业化、产业数字化的背景下，我省制造业生产效率和竞争力面临弱化风险（见表2所列）。

表2　我省2019年上半年与2015年前五大行业对比

序号	2019年上半年		2015年	
	行业	占规上工业比重（%）	行业	占规上工业比重（%）
1	非金属矿物制品业	9.8	电气机械和器材制造业	11.3
2	电气机械和器材制造业	9.0	非金属矿物制品业	6.6
3	计算机、通信和其他电子设备制造业	7.0	化学原料和化学制品制造业	5.6
4	化学原料和化学制品制造业	6.4	通用设备制造业	5.5
5	电力、热力生产和供应业	5.5	汽车制造业	5.4

二是投资速度弱化与质量优化尚不同步。上半年，我省固定资产投资增长8.5%，较去年同期下降3.3个百分点。随着前期技术升级改造推动的投资增长效应逐步衰减，加之受国内外市场环境不佳、市场预期不稳等因素影响，2019年以来制造业投资意愿明显回落。6月末，千家企业调查问卷反映，预计投资增加的企业占比20.5%，较年初降低31.8个百分点。基础设施"稳投资"效果开始发挥，但代表未来转型升级方向的"新基建"仍然偏少，受制于项目资本金、生态红线等因素制约，传统基建难有显著改善。在全国各地特别是发达省市纷纷抢抓重大项目、有效投资的情况下，我省不少地方反映优质项目招引难度增大，往往签约多、落地少。

三是硬约束强化与绿色发展能力提升尚不同步。今年以来，各地深入贯彻中央和省市决策部署，加大环境整治力度，但也表现出绿色发展准备不充分、应对压力较大的问题。调研中，沿江城市普遍反映，水环境保护线、生态红线以及风景名胜区保护线制约严重，招商项目落地困难。在大棚房整治过程中，一些作为脱贫致富重要举措的田园综合体及农家乐设施因违法违规建设被关停拆除，令相关主体感到困惑。在环保、土地等硬约束不断强化的大背景下，如何既守得住红线、底线，又呼应产业发展和民众需求，是各地面临的一道考验。

三、对策建议

一是积极推动差异化产业承接。以长三角一体化发展国家战略为契机，引导各地发挥比较优势、弥补比较劣势，合理确定产业承接的着力点和主攻点，形成错位发展、竞合发展新格局。主动对接 G60 科创走廊建设，积极参与产业联盟、园区联盟、科创园区合作建设，建设一批规模大、集中度高、竞争力强的承接产业特色园区。制定发布承接产业转移目录，突出建链、补链、强链。以皖北承接产业转移集聚区建设为抓手，统筹谋划新兴产业的布局和承接，探索承接产业转移与返乡创业就业有效结合的路径。

二是加快产业的创新赋能。探索开展传统产业集群分行业智能化改造试点，破解中小企业微智能改造难题。积极研究创新驱动现代农业发展的特色路径，推进建设农业高新技术产业示范区。加快 5G 网络布局，争取尽快开展智能制造、智慧农业、智慧交通等 5G 应用试点示范。支持各地围绕特色优势，落实相关扶持政策，积极培育和引进行业"独角兽企业""瞪羚企业"。

三是提升合肥都市圈辐射带动力。统筹考虑圈内城市产业基础、资源配置条件、交通环境等因素，着力推动圈内各地产业互动协作、园区共建。突出优势产业，开展联合招商、联合推广等。设立都市圈产业发展基金，用于扶持圈内城市建立产业园区、推进产业转移、构建产业链、培育产业基地等。推动都市圈空间扩容，推进合滁宁、合巢芜发展带建设，加快合肥与芜湖、马鞍山、滁州同城化联系，加快圈内城际轨道交通建设，促进交通加密联网，打造 1 小时通勤圈。

四是着力打造公平竞争的制度环境。进一步扩大民营经济投资渠道，加强对民营企业和企业家合法财产的保护，建立健全因政府规划调整、政策变化造成企业合法权益受损的依法依规补偿机制，健全企业参与重大涉企政策制定机制。进一步深化"互联网+放管服"改革，借鉴浙江经验，探索"24 小时自助政务服务""互联网+智慧出入境"等新模式，推行行政审批和政务服务申请材料递减制度。

审　稿：樊明怀
指　导：胡功杰
执　笔：窦瑾　陈香　江鑫
参与讨论：余茂军

关于巢湖、庐江、枞阳、和县经济形势的调研报告

近期，省经济研究院赴巢湖、庐江、枞阳、和县等地开展县域经济发展专题调研。笔者通过调研发现，今年以来我省县域经济发展总体平稳，动能转换扎实推进，但也存在一些困难和问题，尤其是县域经济高质量发展难度较大，有必要切实加大改革创新力度，不断增强发展新动能，进一步巩固稳中向好发展势头。

一、县域经济运行总体平稳

2019年，面对复杂多变的内外部环境，各地认真贯彻落实省市决策部署，坚持稳中求进工作总基调，着力推动县域经济高质量发展，呈现系列新亮点。

1. 加快产业转型步伐

2019年，各地坚持以供给侧结构性改革为牵引，扎实推进产业转型升级，取得积极成效。一是大力培育新兴产业。巢湖积极推进聚乙烯醇膜材料、轻合金精密压铸件等重大新兴产业项目，前5个月高新技术产业增加值增长29.7%。庐江推进大地熊、国轩新能源等与北方稀土、江汽股份等龙头企业开展战略合作，前5个月实现战略性新兴产业产值增长28.8%。二是推进农业融合创新。庐江成功创建首批国家级农村产业融合发展示范园，2018年农产品加工产值突破100亿元、增长13.4%；创建各类农业研发平台13个，设立由1个科研专家组、1个县内专家组和多个服务对象组成的产业联盟。三是加快发展电子商务。上半年，庐江新增电子商务经营主体76家，农村电子商务交易额达13.2亿元；和县、巢湖电商销售额较2018年分别增长54.9%和40%。

2. 积极培育平台经济

各地大力发展平台经济，完善配套功能，促进产业、人口集聚。一是推进县域特色产业集群（基地）建设。2019年，省里首批遴选确定了27个县域特色产业集群（基地）。从调研情况看，各集群（基地）发展情况良好。巢湖市槐林渔网产业集群积极开拓远洋捕捞市场，大力承接宁波、威海等地产业转移，引进渔

具生产企业，2018年实现产值40.7亿元，出口2.7亿美元，2019年延续快速增长势头。庐江高新区新材料产业基地加强创新能力建设，强化产业综合配套能力，拥有国家级高新技术企业9家，2018年实现产值48亿元，龙头企业国轩电池今年销售收入增速有望突破50%。二是打造产城融合新平台。巢湖积极打造合巢产业新城、巢湖半岛生态科学城、居巢经开区"双城一区"发展平台，加快黄麓建筑科创小镇、旗山中科精密智造小镇建设。和县加快江北乌江新区建设，成功签约军民融合产业园、南艺江北教育园区，全面推进与南京产业分工协作。三是加快建设"双创"平台。庐江探索建立"1+1+N"（一个返乡创业就业服务平台、一系列配套政策体系、服务N个主体）发展模式。和县组建3家院士工作站，设立蔬菜、泵阀、化工等三大产业技术研究院，建成省级企业工程技术研究中心4家、科技孵化器2家，市级企业工程技术研究中心37家、重点实验室4家、众创空间1家。

3. 着力强化要素保障

各地紧紧围绕产业发展需求，加大工作创新力度，促进高端要素集聚。一是加强人才引育。庐江实施"人才兴庐"工程、789干部培育工程等，推进70后干部比例达50%，80后干部比例达20%，每个乡镇班子配备1名90后干部。枞阳推进"天下枞阳人"人才库建设，开发App软件方便增进互动交流，目前已经入库高层次人才1200余人。二是强化资金支持。枞阳建立全省第一支市场化运作县域直投产业基金。庐江设立续贷过桥资金和土地经营权抵押贷款专项风险基金，推广"政保贷"信贷产品。三是盘活存量土地资源。巢湖梳理存量土地资源20.3万平方米，积极开展总部经济、租赁型工业项目招商引资。和县自2018年以来共清理各类园区僵尸企业20多家，腾退闲置厂房土地500余亩。

4. 大力扶持实体经济

各地紧紧围绕促进实体经济发展，一手抓招商引资，促进外部产业、资本导入，一手抓政策落实，改善企业生产经营环境。一是创新招商引资方式。庐江积极开展基金招商，依托国轩高科和兴泰控股共同设立产业发展基金，引进新能源产业链关键项目。枞阳锁定吴江盛泽纺织服装产业，大力吸引枞阳籍企业家、技术人员返乡创业，2019年以来已有10余家纺织服装企业集群化迁入。和县优化提升与华夏幸福的合作模式，理顺合作机制、聚集主体区域、推动产业集聚、规范项目运行，争取重大项目落户。二是加大政策落实力度。巢湖扎实推进减税降费工作，前 4 个月共办理退税退费 1163 万元，减免税收 1.35 亿元。枞阳对诚信度较高的用电企业实行每旬末一次性结清电费，不再提前预缴电费；将工业企业用气实价从 3.6 元/立方米降至 3 元/立方米左右。

5. 创新优化营商环境

各地深入贯彻落实省委、省政府"放管服"、创优"四最"营商环境决策部署，持续推进商事制度改革和市场监管改革，营商环境得以持续优化，市场活力得到有效激发。巢湖建成全省首个社会治理指挥调度中心，实现为民服务"一号通"，企业开办时间压缩至 2 天。枞阳强力推进"互联网+政务服务"，基本建成县乡村三级政务服务体系，实现"最多跑一次"事项占比 99%，不见面审批事项占比 80%。

二、县域经济发展面临的困难挑战

笔者通过调研发现，在宏观形势严峻的大背景下，部分地区经济指标快速下滑，面临较大稳增长压力，特别是立足高质量发展新要求，县域经济发展面临诸多难题。

1. 县域产业层次不高、综合效益不佳

传统产业占比较大，新兴产业发展不足。巢湖五大传统产业占工业总产值的 80% 以上，水泥建材等资源型产业占 27%；和县资源能源加工类企业占 60%，两县（市）规上工业企业中战略性新兴企业比例仅为 10% 左右。受中心城市虹吸、县域消费能力等影响，县域服务业发展迟缓。巢湖反映：万达广场在当地开业运营后，县内其他商超零售出现过剩倒闭现象。

2. 人口外流矛盾突出、低效率高成本情况并存

随着城镇化加速推进，人口向中心城市、大城市集中趋势明显，县域吸引力减弱。不少企业反映，年轻人、高学历人口大多选择外出就业，本地职工专业技能、学历水平、职业精神等与发达地区存在较大差距，劳动生产率明显偏低。同时，各地招工难形势依然严峻，用工成本年年攀升。庐江反映：2019 年用工成本整体上升 8% 左右。

3. 生态环保约束趋紧、转型准备不充分

随着资源环境约束不断强化，各地在加快绿色发展、推进搬迁补偿等方面压力越来越大。巢湖反映：城区 1/3 的人口居住在环湖 1 公里保护区范围内，不少

已规划布局的项目亟需调整和整改。枞阳经开区反映：该区沿江 1000 米岸线范围内尚有 8 家企业亟待搬迁，补偿费用 5 亿元左右，财政压力巨大。

4. 信息基础设施薄弱、开放共享程度不高

笔者通过调研发现，与发达地区相比，县域信息化基础薄弱，特别是电子商务与生产、生活融合水平亟待提高。"数据壁垒"较为严重，开放共享程度不足。各地普遍反映，阿里、京东等掌握大数据资源的大型电商平台不对县级政府开放数据查询业务。

三、对策建议

针对当前县域经济发展中存在的问题，对照高质量发展的新要求，有必要加强政策创新，引导各地加快结构调整和经济转型，走出一条适合自身特色的现代化发展之路。

1. 加大特色产业培育力度

立足县域资源禀赋和产业基础，抓好特色产业研究和谋划工作，融入周边中心城市的产业链布局和创新体系。抓住长三角一体化机遇，围绕培育打造省级县域特色产业集群（基地），大力实施精准招商、基金招商，积极引进大企业大集团，吸引上下游产业链企业加速集聚。支持中小企业实施差异化竞争策略，在细分类别产品市场做精做专，赢得市场竞争力。

2. 努力挖掘消费增长潜力

推进传统商贸百货转型升级，适应消费升级新需求，不断丰富产业业态，打造集零售、体验、科技、文艺、美食、健康等功能于一体的一站式消费空间。细分县域大众消费理念与消费习惯，找准市场定位，推进差异化发展，培育一批个性化、主题式、定制型的商贸企业。推进线上线下融合发展，发展网订店取、网订店送、线下体验、线上下单等融合发展模式。打造一批电子商务产业园，规范和扶持小型电子商务企业发展。

3. 提高高端要素保障水平

紧扣县域产业培育方向，立足中小企业发展需求，通过民建公助等形式，加快县域创新载体和公共服务平台建设。建立县域科技项目产学研合作库，探索推进"一县一院校（科研院所）"结对。把握人口回流大趋势，做好高质量教育供给、高水平医疗保障等工作，鼓励建设人才公寓，吸引更多人才返乡创业就业。

建立企事业单位、高校和科研院所对县域的定点帮扶机制，加大选派科技、金融、管理等专业人才到县域挂职任职力度。

4. 推动政策举措落地见效

进一步细化、实化生态环保等战略举措的配套政策措施，依据省情和各地实际，合理安排转型发展的节奏和力度。在政策制定过程中，进一步吸纳企业家、基层干部等相关群体参与，提高政策针对性、可操作性。积极实施助力绿色产业发展的价格、财税、投资等政策，落实有利于资源节约生态环境保护的价格政策和相关税收优惠政策。加大省相关环保专项引导基金对县域支持力度。

审　稿：樊明怀

执　笔：胡功杰　陈　香　窦　瑾
　　　　江　鑫

安徽淮河流域实现水清岸绿的难点与对策

淮河生态经济带建设已经上升为国家战略，打造流域生态文明建设示范带是四个战略定位之一。加强生态保护和环境治理，促进生态环境质量根本好转，实现水清岸绿是生态文明建设的首要任务，但面对不太乐观的环境现状，淮河流域实现水清岸绿还有很长的路要走。

一、淮河流域实现水清岸绿面临的突出困难

1. 水污染程度深，原因复杂

2017年淮河总体水质状况为轻度污染，监测的63条河流共114个断面中，Ⅰ~Ⅲ类水质断面占56.1%，比上一年度占比上升，但比全省总体水质低17.5%；重度污染的劣Ⅴ类水质断面占7.9%，占比下降，比全省仍高2.9%。造成污染的原因除了工农业污水和生活废水排放等之外，还有：一是上游来水质量差，多年来阜阳王家坝入境断面水质均为Ⅳ类，入境支流中一半以上为中重度污染；二是过度开发利用水资源，利用率达43.6%，超过水资源开发生态警戒线（40%），由此导致挤占生态流量，水环境自净能力锐减；三是湿地面积萎缩、功能退化，降解污染物能力降低，生态服务功能弱化。

2. 生态缺乏统筹保护，提升难度大

森林资源总量不足，流域8市森林覆盖率仅六安市高于全省平均水平。平原地区成片完整的森林较少，质量不高，多数以人工生态为主，季节性差异大，稳定性低。第九次森林资源清查结果显示，淮北平原区林地面积减少5.08万公顷，有林地面积减少7.8万公顷，降幅分别达到10.0%和16.7%，林地流失严重。同时，立地条件较好的宜林地基本已完成造林，剩余的宜林地、可造林地大多立地条件差、土层瘠薄、适生树种少，继续造林难度增大。

3. 人口密集，环保基础设施建设跟不上城镇化发展需要

淮河流域以全省51.2%的土地，承载了62.4%的人口。随着人口向城镇快速集聚，城镇生活污染物排放量占比不断提高，排放的COD和氨氮约占工业与

生活排放总量的 70% 和 80% 以上。总体来看，淮河流域城镇污水处理能力依然不足，局部区域生活污水处理率较低，城镇污水配套管网建设滞后，生活污水收集率不高，脱氮除磷水平低，污泥无害化处理处置不到位，部分污水处理厂存在未建设消毒设备、不稳定达标排放等现象。生活垃圾在填埋过程中产生的垃圾渗滤液、有机物和氨氮的含量很高，威胁周围水源和公众健康。农村生活污水、生活垃圾和农业废弃物直接入河现象普遍。

4. 产业层次和生态化水平低，结构性污染对生态环境影响大

淮河流域是粮食主产区，农作物播种面积占全省的 70% 以上。农业生产过程中，投入品过量使用和农业资源利用率低，污染防治设施建设滞后，造成农业污染排放量过大且处理率低。粮食增产的需求进一步加剧了流域水资源的开发力度，给水环境保护带来挑战。工业结构偏重，造纸、化工、酿造等高耗水高污染行业仍占突出地位，由此产生的环境压力及风险仍处于持续增大期。淮河汇水区范围内分布的"散乱污"工业企业，违法违规排放、超标排放废水、废气、废渣，对生态环境也产生较大影响。

5. 污染跨区域特征明显，联防联控联保机制尚未有效建立

由于淮河支流水系基本呈羽状分布，河流跨县、跨市、跨省比较普遍，虽然流域内各市县已经在生态环境保护方面做了大量的工作，但以行政区域为界限的"碎片化"保护模式割裂了生态系统的整体性，没有形成系统性保护的合力，而现有的流域管理机构跨区域协调能力有限，实现水清岸绿存在一定的制度性缺陷。

二、对策建议

按照流域生态系统整体性、系统性及其内在规律，从污染治理、生态扩容、体制机制等方面着手，实施综合治理、整体保护、系统修复，推动淮河流域尽快实现水清岸绿。

1. 立足水质底线，实施差异化、精细化治理

以淮河水环境质量改善为核心，严守"只能更好、不能变坏"的底线，实施差异化、精细化治理。细化干流及支流水环境现状评价，建立流域—控制单元—控制断面的治理体系。通过分析控制单元典型污染特征和生态类型，设置改善水质和恢复水生生态的目标，制定针对性的治理措施，并将治污任务逐一落实到

汇水范围内的排污单位，明确防治措施和达标时限，以保障断面水质达标，以断面水质达标确保流域控制目标完成，并定期向社会公布。深化河长制，实行按月监测通报、按年度考核，严格按照断面水质结果实施水环境区域补偿和奖励，同时将考核结果作为区域限批、责任追究重要依据。

2. 立足生态多样性，构建功能完善的生态网络体系

加大水生态保护力度，通过合理配置水资源、建设生态用水保护工程、调整现有水利工程调度方式等，加强河湖生态用水保障。在水质改善、不会造成水污染转移的情况下，通过河道清淤、疏通等措施实施水系连通，促进水体交换、流动和净化，建设生态水网。开展湿地封育保护、退耕还湿、湿地补水、生物栖息地恢复与重建，形成生态缓冲带，阻止污水直接进入水体。结合水源涵养林、河岸带植被保护与修复、森林长廊、城市绿带建设，构建生态林网。因地制宜采用污染治理与资源利用相结合、工程措施与生态措施相结合、集中与分散相结合的建设模式和处理工艺，提高农村生活污水治理率。结合村庄清洁行动，清垃圾、清塘沟、清畜禽养殖等农业生产废弃物，改变影响农村人居环境的不良习惯，改善农村人居环境，打造一批形态"小而美"的生态宜居美丽乡村。

3. 立足承载力，降低城镇化的环境影响

水资源是维系城市生态环境可持续发展的首要条件。强化流域污水处理，建设与用水规模相匹配的污水管网和处理设施，补齐城镇污水处理相关设施短板，实现城镇污水全收集、全处理、全达标。实施排污管网、污水处理厂的提标改造，泥水并重，建设污泥处理设施，提升污水厂污泥处置能力。完善雨污水收集系统，配合采用管道养护修复等技术手段，实现污水处理系统扩能。对原有的城镇水系实施保护，采取控源截污、垃圾清理、生态修复等措施，消除黑臭水体。针对流域整体缺水的现状，加大开源节流力度，大力推动再生水利用，加快再生水利用设施建设和既有设施的修复改造，扩大城镇生态环境、市政市容、工业生产等领域的再生水利用量；积极开发沿淮塌陷地，调节淮河干流来水，在减轻淮河防洪压力的同时，有效利用洪水资源。

4. 立足生态脆弱性，推进产业生态化发展

加快构建科技含量高、资源消耗低、环境污染少的产业体系。对工业项目，要严格环境准入，根据控制单元水质目标和主体功能区划要求，差别化制定环境准入条件，推动产业搬迁升级，严格控制高耗水、高耗能和重污染的建设项目。

对现有产业，要强化新技术应用，促进信息技术、互联网技术与智能制造、新能源产业的结合，建设绿色产业体系。同时，要加快布局分散的企业向工业园区集中，完善园区的环境基础设施，实行污染集中治理和资源循环利用，创建生态园区。农业方面，要加快推行生态农业模式，推广水肥一体化等绿色生产技术，实现农业废弃物无害化处理和资源化利用，加快淮河流域农业面源污染综合治理试点探索，总结、推广成功范例和模式，建设生态农业带，在保护环境的同时，推进农业质量效益的提升。

5. 立足生态系统性，共建跨部门、跨区域的协作机制

改变淮河流域跨界断面水质不容乐观的状况，需要树立科学、系统化的全流域生态治水理念。应进一步完善协作机制，促进流域不同行政管理河段及相邻区域加强协调会商，强化考核联动，开展联合督查，建立应急协作，实现信息共享和资源共享。以压实责任为导向，完善联防联控联治责任制度、考核评价标准及问责、奖罚制度，明确不同等级的行政单元对各自流域水环境质量负责的法律义务，对政府间进行合作治理的法律违约责任等做出明确规定。

审　稿：樊明怀

指　导：徐振宇

执　笔：周燕林

新时期我省承接产业布局和转移的几点认识

当前，全球科技创新突破、新兴产业兴起、贸易摩擦加剧，国内外产业链、供应链、创新链加速重构，新一轮产业布局加快推进。国内进入高质量发展阶段，环保、能耗等约束趋紧，"承接产业转移"向"承接产业布局和转移"迈进。新时期，我省有必要顺应承接产业布局和转移新要求，突出重点、兼顾主次，在打造平台、优化环境、健全机制等方面深入谋划、扎实推进，奋力开创产业高质量发展新局面，全力服务现代化五大发展美好安徽建设。

一、认识我省承接产业布局和转移"新时期"

（一）承接产业转移已难以满足高质量发展需要

2010年1月，国务院批复成立皖江城市带承接产业转移示范区，我省进入承接产业转移快速发展时期，较好地促进了地方经济发展。但近年来随着我省转入高质量发展阶段，外部转移产业在"量"和"质"两方面已经难以满足高质量发展要求。一方面，环保、能耗等要求逐步提升，能够顺利落地的转移产业明显减少，"量"上的支撑显著减弱；另一方面，中兴事件、华为禁令等事件充分反映，通过引进消化吸收再创新的阻力越来越大，经济增长更加依赖自主创新驱动。

（二）承接产业布局已初步形成良好发展态势

2018年，我省GDP总量超3万亿元，研发经费占比达2.16%，实现了从"创新追赶"到"创新引领"的转变，在产业实力、创新环境等多方面已经具备承接新兴产业布局的良好条件。从现实发展看，我省在人工智能、电子信息、机器人等领域已经形成良好发展势头。以人工智能为例，近年来承接布局的合肥长鑫、力晶科技等企业，推动我省在填补行业空白、引领产业创新发展方面取得显著突破。

（三）加快承接产业布局和转移正当其时

承接产业转移多为已有产业空间的迁移，表现为"人有我有、从有到多"，解决"从无到有、从少到多"问题；承接产业布局更多为填补国内外产业链、创新链等空白，表现为"人无我有、人有我优"，解决"创新发展、引领发展"问题。当前，承接产业布局是高质量发展的必然要求，承接产业转移也是推动我省经济稳定增长的重要保障，推动二者共同发展是现阶段我省发展的客观需要。长三角一体化明确支持皖北承接产业转移集聚区建设，加快承接产业布局和转移是我省落实长三角一体化、中部崛起两大国家战略的重要内容。

二、把握我省承接产业布局和转移"新形势"

（一）承接规模持续壮大，但增速有所放缓，承接产业布局和转移高速增长承压，高质量发展支撑亟须加强

总量来看，承接产业布局和转移的规模连年上升，多年延续快速增长势头。2017年，我省利用省外资金首次突破万亿关口，实际到位资金达到10955亿元，2018年续升至11942亿元。增速来看，承接产业布局和转移的增速显著回落，从2015年的12.9%，持续回落至2019年上半年的6.1%。在国内外经济形势复杂严峻、东南亚等国家激烈竞争背景下，我省承接产业布局和转移快速增长的压力高于以往，在承接规模和承接质量上仍不能满足当前高质量发展的支撑需要。

（二）大项目支撑显著，但二产回落明显，推动制造业高质量发展后劲不足，新兴产业布局有待加快

项目支撑上，大项目成为承接产业布局和转移稳定增长的重要保障。2018年，全省10亿元以上在建省外投资项目实际到位资金5102亿元，占利用省外资金总额的42.7%，2019年上半年占比达46.9%。从项目类型看，战略性新兴产业占比较大，但增速显著回落。2018年，全省在建亿元以上省外投资战略性新兴产业项目实际到位资金4166亿元，占利用省外资金总额的38.9%；2019年上半年，二产项目增速从2018年的11.4%回落至-2.5%，比重下降2.9个百分点。二产项目快速回落，对我省制造业转型升级、高质量发展的影响将在后期逐步显现，在当前稳增长背景下，亟须加快新兴产业项目布局。

（三）多来自沪苏浙、徽商回归，承接地分化，不平衡、不充分问题突出，区域协调发展任重道远

转移地方面，集中于沪苏浙及徽商回归项目。2018年，资金来源地中苏浙沪分别排在第一、第二、第五位，新增10亿元以上大项目实际到位资金中徽商回归项目占全部的 45.6%；2019 年上半年，苏浙沪分别排在第一、第二、第四位，全省 5000 万元以上在建徽商项目实际到位资金增长 16.1%，比一季度加快 7.7 个百分点。承接地方面，区域分化较大，主要集中于皖江、皖南地区。2019 年上半年，各地区增长情况为皖江 12.9%（占比 66.3%）、皖南 11.2%（占比 38.5%）、皖北 -5.4%（占比 29.8%）、皖西 22.8%（占比 11.7%），皖江、皖南极化明显，区域分化加深。

（四）承接境内为主，境外承接压力加大，全球性产业链、供应链布局不足，开拓国际市场有待加力

承接产业布局和转移以省外资金为主、境外资金相对较少。2018 年，利用境外资金 170 亿美元，仅为利用省外资金的 9.4%。随着国内要素成本上升、人员工资上涨、贸易摩擦扩大，以及东南亚等地区基础设施、产业基础、政策支持等不断优化，国际产业布局和转移更加多元化，东南亚、印度等地区也成为国际产业转移的重要去处。我省承接国际产业布局和转移面临国际国内双重竞争，承接形势较以往更为严峻。当前，亟须进一步巩固内在优势、提升开放程度，抢抓新一轮产业布局的潜在机遇，加快全球性产业链、供给链、创新链的布局。

三、明确我省承接产业布局和转移"新要求"

（一）重点处理好布局与转移的关系，合力提升产业综合竞争力

承接产业转移是优化生产力空间布局的有效途径，布局培育优势产业是实现区域经济发展的内在必然要求，二者相辅相成。当前，我省仍然具有较好的承接产业转移竞争力，但产业转移是企业追求利润最大化的自发空间迁移，在中美贸易摩擦加剧背景下，做好承接产业转移的同时，更要立足产业基础做好产业布局，为企业创新、产业集聚创造条件，提升企业创新发展水平，实现布局和转移共同发力。

（二）合理处理好整体与重点的关系，形成重点突出、合理有序的承接格局

在兼顾整体推进的前提下，要更加关注重点突破，发挥好皖江城市带承接产业转移示范区、皖北承接产业转移集聚区、国家级高新区等重点开放平台作用。当前，江南、江北集中区基础条件基本完善，待开发土地面积仍然较大，未来仍将是承接产业布局和转移的优选地。皖北地区人力资源丰富、市场潜力巨大，承接产业布局和转移空间广阔。要进一步发挥好皖江城市带承接产业转移示范区、皖北承接产业转移集聚区作用，打造优势互补的空间承载新格局。

（三）加快处理好国内和国际的关系，充分挖掘国内、国际两个市场

东部沿海是国内重点承接区域，特别是长三角地区，在中美贸易摩擦持续深化背景下，产业链、供给链、创新链安全上升到国家层面，引导东部沿海产业在国内转移尤为重要。同时，虽然面临东南亚国家低成本竞争压力，但我省良好的工业基础、完整的产业链条、稳定的发展环境等优势明显，仍然是国际产业转移的重要选择地，有必要深度参与国际竞争、充分挖掘国际市场。

（四）辩证处理好新兴与传统的关系，全方位推动产业高质量发展

承接新兴产业的布局和转移是我省抢抓新一轮产业发展机遇的必然要求，也是推动经济高质量发展的必然选择，但传统不完全等同于落后、低效，在承接产业转移过程中不能完全摒弃传统产业，要坚持传统与新兴并重，有重点承接传统优势产业，高标准做好规划和配套，推动向产业链、创新链、价值链高端迈进，实现传统产业优势再造。

四、奋力开创承接产业布局和转移"新局面"

（一）加强人才组织保障

深化承接产业布局和转移的组织领导，根据实际需要适时成立推进承接产业布局和转移工作领导小组，研究解决我省在承接产业布局和转移过程中的重大问题，推动影响全省产业发展的重大项目落地，谋划未来重点产业方向并提出相关建议。组建省级承接产业布局和转移专家库，根据我省重点承接产业实际需要，从相关领域聘请国内外高层次专业人才，为布局和转移的重大产业项目提供咨询服务；打通前端项目筛选，后端促进项目落地脉络，帮助解决在项目落地与后期营运中可能出现的问题。

（二）推进重点承接平台建设

高质量推进皖江城市带承接产业转移示范区建设，加快推进江南、江北集中区发展，理顺集中区管理体制，有效发挥省市共建中省级层面作用，优化集中区社会环境、政务环境和投资环境；推进集中区与沪苏浙等地区开展全方位的合作，吸引长三角产业园与集中区合作开发。大力推动皖北承接产业转移集聚区建设，加强省级层面与国家相关部委的对接，积极争取国家对集聚区承接长三角转移产业的支持。此外，加快推进国家自贸区、国家级新区等重点开放平台创建，提升产业承接的能级。

（三）加快新兴产业布局发展

立足市场前景、技术储备和产业基础，聚焦聚力突破，重点深化布局人工智能、电子信息、高端装备和新材料、生物和大健康等新兴产业，推动发展成为具有国际竞争力的新兴产业。充分发挥出24个战略性新兴产业集聚发展基地示范带动效应，依托龙头企业，加快新兴产业项目布局，推动产业链做大做强。用好"三重一创"政策，坚持创新驱动，突破一批引领支撑产业发展的前沿和关键共性技术。大力推进科技成果转化，加快科技孵化器、孵化园等重点科技成果转化平台建设，推动我省科技创新技术优势转化为不可撼动的产业发展技术优势。

（四）开展重大承接品牌活动

加强承接产业布局和转移的重大品牌活动谋划布局，形成一批国内外知名对接平台。充分利用举办世界制造业大会的时机，动员省内各方力量，争取国内外具有较强竞争力的企业在安徽布局发展。利用进博会、中博会等重点会议活动，加大对安徽承接产业布局和转移的政策宣传和解读，深度推进技术合作、产品交易、资本对接和人才交流，让外界进一步了解安徽、认识安徽，并分享安徽发展过程中给各地企业带来的机遇。

（五）全面优化产业承接环境

在政策支持、要素保障、营商环境等方面，加快提升我省承接产业布局和转移的环境。政策支持方面，制定全省承接产业布局和转移的支持政策，在"三重一创"等产业支持政策基础上，进一步加大对新布局和转移产业的支持；推动出台承接产业布局和转移政策的指导目录，带动一批重点产业项目落地。要素保障方面，建立承接产业布局和转移要素保障机制，对我省重点承接的产业在要素保障上进行政策倾斜，保障重大项目落地。营商环境方面，对标沪苏浙，提升行政效率、简化审批流程，创优"四最"营商环境，激发创新活力，掀起创新热潮。

指　导：樊明怀

执　笔：余茂军　窦　瑾

安徽省开发区 2019 年 1—2 季度经济运行状况①

　　开发区是我省新型工业化城镇化发展的主平台，对促进我省经济高质量发展具有重要作用。2019 年 1—2 季度，我省开发区经济运行总体平稳，区域分化趋势明显；产业和投资稳中有升；进出口下滑较严重；创新成果呈增长态势，但转化亟须发力；重大项目建设有待提速。

一、开发区经济运行总体情况

　　全省目前共有省级以上开发区 130 家②，其中国家级经济技术开发区 12 家、国家级高新技术产业开发区 6 家、海关特殊监管区 4 家、省级经济开发区 94 家、省级高新技术产业开发区 14 家。目前已完成 1—2 季度 121 家开发区数据采集分析工作。

　　经初步测算，上半年全省开发区共完成经营销售收入 21197 亿元以上，其中一季度 10158 亿元、二季度 11039 亿元，环比增长 8.67%。经济保持总体平稳的运行态势。分市来看，芜湖、六安、马鞍山、安庆、黄山、淮南、宿州等市开发区经营销售收入增速较快，环比增速超 10%，亳州、蚌埠、宣城、铜陵等市开发区环比增速为负。我省"一圈五区"各板块呈较明显分化特征，合肥都市圈、皖江、合芜蚌等板块开发区数量占全省的 20%～65%，经营销售收入占全省的 50%～85%，环比增速达 8.29%～12.42%，是全省开发区经济的重要支撑；皖北地区开发区经营销售收入环比增速低于全省平均水平。分类型来看，国家级高新区和省级经开区增速较快，环比增速分别为 17.24% 和 13.54%，国家级经开区和省级高新区增速相对较慢（见表 1 所列）。

---

　　① 为准确研判开发区经济运行情况和发展形势，建立了安徽省开发区信息报送机制。本报告数据来源为各省级以上开发区自主填报，非经省统计局核实的官方数据。

　　② 海关特殊监管区暂不列入数据分析，列入数据分析的开发区为 126 家。

表1 上半年各市开发区经营销售收入情况

		一季度（亿元）	二季度（亿元）	上半年（亿元）	二季度环比
分市	合肥市	3441.78	3731.3	7173.08	8.41%
	淮北市	218.61	237.34	455.95	8.57%
	亳州市	369.61	365.25	734.86	−1.18%
	宿州市①	240.87	266.86	507.73	10.79%
	蚌埠市	584.65	574.14	1158.79	−1.80%
	阜阳市	969.63	1009.85	1979.48	4.15%
	淮南市	114.09	156.11	270.2	36.83%
	滁州市	830.42	840.4	1670.82	1.20%
	六安市	346.22	399.38	745.6	15.35%
	马鞍山市	482.17	568	1050.17	17.80%
	芜湖市②	734.46	1033.24	1767.7	40.68%
	宣城市③	396.89	369.33	766.22	−6.94%
	铜陵市	457.56	409.09	866.65	−10.59%
	池州市	224.53	226.8	451.33	1.01%
	安庆市	590.81	676.42	1267.23	14.49%
	黄山市	156.19	175.27	331.46	12.22%
"一圈五区"板块	合肥都市圈④	5592.47	6286.93	11879.4	12.42%
	合芜蚌	4760.89	5338.68	10099.57	12.14%
	皖江	8822.9	9554.3	18377.2	8.29%
	皖南	3042.61	3458.15	6500.76	13.66%
	皖西	971.99	1139.38	2111.37	17.22%
	皖北	2618.31	2736.88	5355.19	4.53%

① 缺宿州高新区数据，下同。
② 缺芜湖经开区、繁昌经开区数据，下同。
③ 缺郎溪经开区、泾县经开区数据，下同。
④ 未包括蚌埠市，下同。

（续表）

		一季度（亿元）	二季度（亿元）	上半年（亿元）	二季度环比
分类型	国家级经开区	2679.12	2661.45	5340.57	-0.66%
	国家级高新区	1359.97	1594.49	2954.46	17.24%
	省级经开区	5103.09	5793.86	10896.95	13.54%
	省级高新区	1016.31	988.98	2005.29	-2.69%
全省总计		10158.49	11038.78	21197	8.67%

二、开发区经济运行特征

（一）产业发展情况

1. 总体特征

2019 年上半年开发区产业发展呈现如下特征：一是主要指标稳中有升。截至二季度末，开发区共有规模以上工业企业 46000 余家，比一季度末增加 2400 家。上半年开发区规上工业增加值达 3475 亿元，二季度环比增长 13.66%。二是发展动能加快转化。上半年开发区战略性新兴产业企业增至 4200 家以上，实现经营销售性收入 5500 亿元，二季度环比增长 14.15%，占规上工业企业经营销售性收入比例增至 45%，高于全省平均水平。三是质量效益继续改善。上半年开发区工业利润为 1260 亿元，实现税收 865 亿元，二季度分别环比增长 17.65% 和 9.35%。

2. 分区分类特征

分区域来看，上半年全省开发区具有如下特征：一是工业增加值增速分化。淮南、安庆、马鞍山、宣城、亳州、池州、宿州等市开发区工业增加值环比增速超 10%，芜湖、六安、滁州、蚌埠、淮北、铜陵等地工业增加值环比增速为负。二是 G60 科创走廊新兴产业增长显著。合肥、芜湖、宣城等 G60 科创走廊沿线城市开发区战新产业销售收入占全省的 50%，二季度环比增速均超过 50%。三是质量效益分化显著。皖江、皖西、皖南等地区的开发区二季度利润实现 10% 以上环比增长，质量效益改善显著，合芜蚌、皖北两个区域二季度利润环比增速为负。

分开发区类型看，国家级经开区发展情况较好，省级高新区发展相对滞后。国家级经开区二季度工业收入、战新产业收入环比增速分别为18.2%和79.5%，均远高于全省开发区平均水平。省高新区二季度工业收入和战新产业收入环比增速仅为10.32%和8.75%，低于全省平均水平，利润环比下滑严重。

（二）投资情况

1. 总体特征

2019年上半年开发区投资呈现如下特征：一是固定资产投资增速较快。上半年全省开发区完成固定资产投资超3700亿元，二季度环比增长52.7%。二是工业投资增长显著。上半年固定资产投资中，工业投资占比提升至54.6%，二季度环比增速达53.98%。三是实际利用外资总量偏小但增长较快。上半年实际利用外资60亿美元，二季度环比增速达40.13%。四是招商引资压力较大，上半年实际利用省外境内资金4650亿元以上，二季度环比增速为-12.85%，下滑严重。

2. 分区分类特征

分区域来看，上半年全省开发区投资具有如下特征：一是投资集中于合肥都市圈和皖江区域，上述区域开发区固定资产投资占全省开发区固定资产投资的39.9%和49.2%，合肥市各开发区固定资产投资占全省的25%左右，宣城市固定资产投资、工业投资、实际利用外资、实际利用省外境内资金二季度环比增速均超100%。二是皖北投资发力。皖北地区开发区固定资产投资增速达67%以上，超全省开发区平均水平15个百分点，亳州、阜阳、宿州等皖北城市二季度实际利用外资环比增速均高达200%以上。三是黄山、滁州、合肥、宿州等部分城市实际利用省外境内资金下滑严重，上述城市二季度环比下滑30%~90%。

分开发区类型来看，省级经开区是投资的重要稳定器，全省开发区固定资产投资中，60%集中在省级经开区。二季度省级经开区固定资产投资、工业投资环比增速均超过60%，实际利用外资、实际利用省外境内资金环比增速分别达57.9%和26.0%，均大幅高于全省开发区平均水平。二季度国家级高新区和省级高新区实际利用省外境内资金下滑明显，环比分别下滑65.97%和96.83%。

（三）外贸进出口情况

1. 总体特征

上半年受中美贸易摩擦等不确定因素影响，我省开发区外贸进出口形势严峻，主要指标下滑严重。上半年全省开发区实现进出口总额为172.5万美元，其中进口、出口分别为80万美元和92.6万美元。二季度40%以上的开发区进出口总额出现负增长，全省开发区出口总额、进口总额、进出口总额二季度环比分别下降50.56%、4.93%、27.88%。

2. 分区分类特征

分区域来看，上半年全省开发区进出口具有如下特征：一是经济外向型较高的区域，进出口指标下滑严重，合肥市进口、出口和进出口总额二季度环比下滑132.55%、27.59%和91%。二是受大型进口设备采购等因素影响，铜陵等市进口环比增速呈波动式增长，并直接拉高皖南区域进出口指标。三是部分地区出口商品单一，受贸易摩擦影响大，其中阜阳开发区二季度出口环比下滑达67.68%。

分开发区类型来看，省级经开区进出口增长情况较好，进口总额、出口总额和进出口总额二季度环比增速分别为50.44%、4.04%和18.08%，国家级高新区出口逆势增长，二季度环比增速达200%以上。国家级经开区进出口下滑严重，进口总额、出口总额和进出口总额二季度环比下降均达68%以上。

（四）创新发展情况

1. 总体特征

2019年上半年开发区投资呈现如下特征：一是创新载体进一步增加，截至二季度末，全省开发区高新技术企业数突破4300家，1—2季度增加了3.34%，占全部规上工业企业的9.3%。二是创新成果不断涌现，上半年全省开发区专利授权23766件，其中发明专利授权5503件；专利申请36555件，其中发明专利14103件。三是创新成果数量和成果转化速度均有所下滑，二季度全省开发区申请、授权专利数量环比下降24.62%和5.13%，规上高新技术企业共实现经营销售收入5600亿元，二季度环比增长5.93%，比全省开发区规上工业经营销售收入环比增速低近10个百分点，创新动能接续问题应引起高度重视。

2. 分区分类特征

分区域来看，上半年全省开发区创新具有如下特征：一是芜湖、马鞍山等市创新载体大幅增加，1—2季度两市开发区高新技术企业分别增加20%和30%，相应的二季度规上高新技术企业经营销售收入也实现40%左右环比增长。二是皖北、皖西等地开发区创新动能相对较弱，二季度高新技术企业经营销售收入环比负增长。三是合肥、芜湖等创新能力较强的区域，专利申请授权量环比增速下滑明显，该趋势有可能影响未来全省创新动力接续。

分开发区类型来看，国家级经开区创新载体建设情况较好，1—2季度高新技术企业数增加11.82%，国家级和省级高新区创新成果转化成效显著，二季度高新技术企业经营销售收入分别增长28.95%和19.04%。

（五）重大项目建设情况

1. 总体特征

2019年上半年开发区重大项目建设主要呈现以下特征：一是开工和投资进度放缓。上半年开发区共新开工重大项目1932项，其中亿元以上项目1307项。开工在建项目投资8775亿元。二季度新开工项目数、开工在建项目投资分别环比下降13%、50%。二是项目竣工情况较好，上半年共竣工项目854项，其中竣工亿元以上项目525项。

2. 分区分类特征

分区域来看，上半年全省开发区项目建设具有如下特征：一是以合肥为代表的合肥都市圈和合芜蚌等区域项目建设情况较好。上半年合肥各开发区新开工项目、开工在建项目投资分别为275项、2025.31亿元，分别占全省开发区的14.23%、24.08%，二季度环比增速分别达152.56%、240.28%。二是皖西、皖北地区项目建设相对滞后。二季度新开工项目环比下降42.61%、23.81%，开工在建项目投资环比下降113.64%、59.52%。

分开发区类型来看，国家级开发区项目建设保障相对有力，二季度国家级高新区新开工项目环比增加148.78%，国家级经开区开工在建项目投资环比增速75.67%。省级经开区特别是县域经开区项目建设和项目投资滞后，新开工建设项目数环比下滑30.65%，开工在建项目投资环比下滑78.79%。

调研组：省发改委地区经济处　省经济研究院

成　员：徐和生　蒋旭东　张贝尔

　　　　陆贝贝　孙京禄　田皓洁

执　笔：张贝尔　陆贝贝　孙京禄

　　　　田皓洁

"2020 年中国行业发展报告会" 观点综述

2019 年 10 月 26 至 27 日，国家信息中心组织的 "2020 年中国行业发展报告会" 在北京举行。会议邀请国家有关部委领导围绕经济走势和宏观政策、区域发展与产业战略，分析国内外形势，展望经济发展前景，研判重大政策取向，形成了一些具有指导和借鉴意义的观点。

一、准确把握国内外形势，坚持底线思维，推动经济平稳健康发展

党的十八大以来，我国国民经济运行总体平稳，经济结构持续优化，民生事业不断发展，重点改革任务扎实推进。习近平总书记统筹全局，谋划部署了京津冀协同发展、长江经济带发展、粤港澳大湾区发展建设、海南全面深化改革、长三角区域一体化发展等重大战略，推动形成优势互补高质量发展的区域经济布局。外贸快速发展，贸易大国地位不断巩固，贸易结构不断优化，对经济社会发展的贡献不断提高。

当前，国内外环境日益严峻复杂，经济运行稳中趋缓，下行压力持续加大，部分地区内生动力和活力不足，东西差距依然很大，市场活力南强北弱。要坚持底线思维，坚持高质量发展，增强忧患意识，有效应对外部冲击，稳定经济增长。一是加强逆周期调节。确保财政、货币、就业政策落地见效，积极扩大有效投资；打好三大攻坚战，发挥双创示范基地带动作用，激发创业、创新、创造活力；加快改革开放步伐，深入推进 "放管服" 改革，释放微观经济的潜能；深化国企、国资、财税、金融、价格等改革，大力发展民营经济；稳定市场价格，保障人民群众基本生活。二是推进区域协调发展。尊重客观规律，根据区域自然条件、资源禀赋等比较优势，宜工则工、宜商则商、宜农则农、宜粮则粮，探索特色发展路径。三是全面发力稳外贸。以供给侧结构性改革为主线，加快推动由商品和要素流动性开放向规则和制度性开放转变，以共建 "一带一路" 为重点，扩大与各国经贸、投资交流。优化贸易结构，落实落细稳外贸的政策措施，培育

贸易新业态，积极扩大进口，大力发展服务贸易，优化国际市场布局，营造良好外部环境。

二、把握新一轮科技革命，加速培育新动能，推动实体经济高质量发展

新一轮科技革命正从导入期转向拓展期，呈现五大新特征：信息网络技术智能化，促进产业链代际跃升；智能制造进入加速拓展期，重塑制造业竞争优势；信息数据成为核心生产要素，信息数据要素投入导致的边际效率改善将成为度量产业现代化的重要依据；产业形态向网络化、扁平化、平台化、小型化转型，由垂直分工转变为横向互联，基于平台的经济模式获取巨大发展空间；劳动力结构发生深刻转型，智能设备、机器人功能日益强大，机器替人现象将愈发明显。

"十四五"期间，推进产业链提升和实体经济高质量发展将由结构标准转向效率标准，全要素生产率将成为度量标准之一；由技术升级转向系统升级，产业链系统升级成为主流；由产业思维转向体系思维，产业边界逐渐模糊；集中力量提升产业链基础能力。一是推动以5G为核心的数字经济信息化。5G作为数字经济发展的重要驱动力量，将开启万物泛在物联、人机深度交互、智能引领变革的新阶段，有利于拉动投资、扩大消费，促进新兴产业发展。应加快建设覆盖全国、全球领先的5G网络，协同推进5G与垂直行业融合应用，超前布局6G基础研究，确保领先优势。二是推动制造业智能化、绿色化、服务化发展。协同推进制造业智能化、绿色化、服务化，注重用先进技术改造提升传统产业，积极培育发展新产业新业态新模式，激发制造业高质量发展的内生动力。运用互联网、物联网、大数据、人工智能等新技术加快改造提升传统产业，振兴实体经济发展。三是提升产业基础能力和产业链水平。打好产业基础再造工程攻坚战，加快"工业四基"① 和"工业母机"发展，增强产业基础能力；加快核心技术攻关和突破"卡脖子"问题，提升产业链水平。四是强化要素保障，完善和优化制造业发展环境。强化要素保障，深入推进供给侧结构性改革，着力优化制造业发展制度环境，加快构建开放型经济新体制，创造更具吸引力的投资环境。发挥企业作用，弘扬企业家和工匠精神，营造良好创新环境，释放和激发制造业高质量发展新动力。

---

① 工业四基：核心基础零部件、关键基础材料、先进基础工艺、产业技术基础。

三、聚焦补短板、扩内需，实施投资消费双向发力

为保持宏观经济处于合理区间，投资和消费显得至关重要。一是补短板、稳投资。以供给侧结构性改革为主线，体现高质量发展要求，处理好政府与市场、稳健投资与防风险的关系，聚焦脱贫攻坚、铁路、公路水运、机场、水利、能源、农业农村、生态环保、社会民生、新型基础设施建设，加大补短板力度，加快发行地方政府专项债券，加强项目储备，推动项目开工建设。二是通过积极的财政政策促进经济内需发展。实施大规模降费措施，积极稳健应对中美经贸摩擦，出台一系列稳预期措施，降低经济运行成本，稳定企业预期，从而促进投资，扩大内需，稳定经济增长。三是全面实施负面清单制度。优化清单动态调整联动机制，破除市场准入隐形壁垒，持续放宽市场准入，推动清单措施与网上行政审批事项无缝衔接。四是强化社会领域投资。教育、健康、文化、旅游、体育、家政服务、养老服务、育幼等领域发展前景广阔，关键在于激发潜力，提高质量扩大容量，丰富高质量的产品供给。

四、推动基础设施高质量发展，促进能源供给绿色低碳转型，形成对内需的有力支撑

"十四五"时期，应重视现代化情境下的基础设施发展新需求、资源环境资金制约下的新内涵、中美经贸斗争带来的新挑战、技术自主创新背景下的新机遇、全球新一轮基础设施发展的新动向，处理好传统与新型基础设施、存量与增量基础设施、建设与服务、成本与效益等之间的关系。优化升级基础设施网络，加快重点通道连通工程和延伸工程、关键枢纽、清洁能源、重大水利、新一代信息通信和智能化设施、民生领域重要设施建设；推进协同融合，完善各类基础设施功能结构，优化各层级设施配置，提升质量效益和服务品质；深化重点领域和关键环节改革，打破行业和区域壁垒，创新完善投融资机制。

"十四五"时期是我国能源消费增量的结构转换期，预计消费总量持续增长，增速放缓，单位 GDP 能耗下降幅度收窄，煤炭、石油消费、碳排放、煤电装机等峰值将出现或临近出现。"十四五"时期将重点做好：着力补强能源安全短板。保障油气供应，建设天然气产供销体系，加快天然气生产基地建设，把对外依存度控制在合理水平；加强抽水蓄能电站、天然气储备等储备能力建设；解

决"卡脖子"技术安全问题。着力推进清洁低碳转型。建设智能化、数字化、信息化绿色煤矿，促进煤炭高效清洁利用，壮大风能、水能、太阳能等清洁能源产业。着力构建智能高效的能源系统。推进"三型两网"①战略，以源、网、荷、储全产业链智能化为基础，以电网、热力网、天然气网、油气管网、煤炭物流等网络系统为平台，将生产、储运、消费网络、物流和信息流打造成枢纽平台，满足工业企业、厂矿、楼宇及个人家庭用户个性化服务需求，激发生产、消费模式转型创新。着力推动能源创新开放发展。围绕前面的任务和目标，推进科技创新、体制改革、国际合作。着力提升民生服务水平。增强能源普遍服务能力，满足电、气、热等多样化需求，特别要聚焦乡村振兴战略和脱贫攻坚战，提升农村能源基础设施建设和消费服务水平。

五、坚持"房住不炒"，促进房地产结构优化发展，积极拓展新型城镇化

未来十年，房地产市场将从趋势性机会转变为结构性人口红利和改善性需求等结构性机会，结构性人口红利体现在人口净流入的城市群和大都市圈、本地城镇化的潜力地区；尤其是常住人口基数极大，但城镇化率不高的地区，未来城镇化发展将为当地带来很大的住房需求。改善性需求体现在住房发展必然从"住有所居"向"住有宜居"转变，社会服务和公共配套较好的地方将成为房地产市场需求的主要聚集地。

坚持"房住不炒"的长期定位，保持房地产市场平稳健康发展。一是坚持稳地价、稳房价、稳预期。因城施策、分类指导，夯实城市主体责任。加强市场监测和评价考核，切实把稳地价、稳房价、稳预期责任落到实处。继续保持调控政策的连续性、稳定性，加强供需双向调节，改善供应结构，支持合理自住需求，坚决遏制投机炒房，强化舆论引导和预期管理，确保市场稳定。加大市场监管力度，继续深入开展打击侵害群众利益的违法违规行为，治理房地产乱象专项行动。二是建立稳定的住房保障体系与市场体系。加强公租房、共有产权房供给，保持商品房价格稳定；通过集体建设用地集中建设租赁房，提高工业园区商品房用地比例，将老城区低效利用的商办用地、商办物业转为长租公寓，通过

---

① 三型两网："三型"是指枢纽型、平台型、共享型，"两网"指坚强智能电网和泛在电力物联网。

"竞自持"等方式多渠道扩大市场租赁房供给。三是改善结构性需求，发力新型城镇化。"深度城镇化"阶段要着眼于"人"的问题，重视外来人口教育、住房问题，着眼于打造高素质的产业工人队伍，加大教育投入，优化教育资源配置，加强住房和基础设施供给。发展特色小镇，缓解房地产压力。把握好特色小镇内涵、定位、商业模式、金融模式和建设运营方式，严控房地产化倾向。

整　理：檀竹姣　徐　鑫　杨　庆

我省煤化工产业参与长三角
石化产业一体化发展对策建议

《长江三角洲区域一体化发展规划纲要》提出加强产业分工协作，形成若干世界级制造业集群。长三角区域集聚了我国三大世界级石化产业基地，石化产业基础较好。我省煤炭资源禀赋较好，应扬皖所长，加快煤炭资源清洁高效利用，围绕"煤基清洁能源与新材料"与长三角"石油基清洁能源与新材料"协同互补，大力发展现代煤化工产业，深入参与长三角石化产业一体化高质量发展，参与长三角世界级石化产业集群建设。

一、面临的机遇

（一）长三角区域是我国石化产业一体化发展的先导区

长三角区域是我国石化产品生产中心，集聚了我国三大世界级石化产业基地，形成了以上海、宁波为核心，北望连云港、西连南京以东长江沿岸区域，外延我省部分区域的发展格局。2018年区域内石化产业主营收入达3.3万亿元以上，约占全国石化产业总量的1/4。沪苏浙石化产业居全国领先水平。区域内化工园区达102家，占全国总数的15%以上；在全国化工园区前30强中占13席，占比超过40%。2018年区域内原油加工量达9863.9万吨，成品油、烯烃、芳烃、合成树脂及聚合物、合成纤维、农药原药产量分别占全国产量的14.49%、21.65%、26.80%、25.62%、79.58%、54.71%。长三角区域经济活力强劲、产业基础较好，石化产业一体化发展潜力巨大。

（二）我国及长三角区域化工产品市场空间巨大

从全国范围来看，我国对油气及石化基础原料仍有巨大的刚性需求。2018年我国原油、天然气自给率仅为29%、58%，仍需大量进口；部分石化基础原料对外依存度较高，以当量消费量计算的乙烯和丙烯自给率仅为40%和72%；

乙二醇、对二甲苯自给率仅为41%和37%。下游化工新材料和专用化学品自给率更低，例如高端工程塑料自给率不足40%、高端电子化学品自给率仅为10%。从区域需求分布来看，长三角区域是我国石化产品的消费中心，原油加工和石油制品进口量占全国的47.37%、烯烃进口量占全国的76.65%、芳烃进口量占全国的58.62%、聚烯烃进口量占全国的45.73%。我省发展现代煤化工产业生产替代油气及石化产品市场空间大。

（三）我省煤化工产业面临难得的产业转移机遇

沪苏浙地区石化产业上下游相关产业发达，产业链较完善。但是，随着发展进入高质量阶段，安全环保要求日益提高，沪苏浙地区未来一段时间，化工产业转移外迁速度将加速。2019年江苏省共排查出列入整治范围的化工生产企业4022家，占比近四成。其中，2019年计划关闭退出579家，计划关闭和取消化工定位的化工园区（集中区）9个。上海和浙江地区的化工企业转移外迁趋势同样严峻。从中长期看，随着沪苏浙地区化工行业整治提升提速，区域石化产品的供给侧和需求侧平衡将被打破，化工产业将不得不转移外迁。同时，化工行业的周期属性将被弱化，行业的景气周期将延长，化工行业将具有长期投资价值。我省区位优势明显，资源禀赋较好，环境承载能力较强，承接产业布局和转移空间较大，面临难得的发展机遇。

（四）我省煤化工产业是长三角区域石化产业的有益补充

长三角区域除安徽省外，其他地区发展石化产业的资源禀赋并不丰富。上海、江苏、浙江均是资源能源输入型地区，98%的原油和几乎全部的天然气依靠外部输入满足，煤炭产量仅占长三角区域的15%。我省发展煤化工产业的综合条件较好，与沪苏浙石化产业协同互补，发展现代煤化工产业向沪苏浙地区供应清洁能源和煤化工产品，能优化长三角区域能源供应结构，促进石化产业原料多元化，可作为长三角区域石化产业的有益补充。

二、现状与问题

（一）发展现状

产业初具规模。2018年我省煤化工产业总产值达430亿元，同比增长14.65%，约占化工产业产值的10%。全省规模以上煤化工企业共12家（见

表1所列），淮河流域规模以上煤化工企业6家，长江流域规模以上煤化工企业6家。

表1　主要煤化工企业情况表

序号	企业名称	主要产品
1	安徽昊源化工集团有限公司	合成氨、甲醇、尿素、异丙胺、二甲醚
2	安徽晋煤中能化工股份有限公司	合成氨、甲醇、尿素
3	中盐红四方股份有限公司	合成氨、尿素、烧碱、纯碱、保险粉
4	临涣焦化股份有限公司	焦炭、甲醇、煤焦油、精苯、硫铵
5	安徽华谊化工有限公司	冰乙酸、精甲醇、乙酸乙酯
6	安徽六国化工股份有限公司	合成氨、氨水、磷酸二铵、磷酸一铵、尿素、复合肥
7	铜陵泰富特种材料有限公司	焦炭、焦油、粗苯、硫铵、硫氰酸钠
8	安徽华尔泰化工股份有限公司	合成氨、硝酸、三聚氰胺、过氧化氢、碳酸氢铵
9	安徽泉盛化工有限公司	液氨、氨水、甲醇、尿素、过氧化氢
10	安庆曙光化工股份有限公司	甲醇、固体氰化钾、固体氰化钠
11	安徽德邦化工有限公司	纯碱、氯化铵
12	安徽金禾实业股份有限公司	合成氨、甲醇、碳酸氢铵、季戊四醇、甲醛、三聚氰胺

技术基础较好。我省煤化工行业整体技术水平居全国前列。在煤炭清洁高效转化技术方面，我省目前已掌握德士古、四喷嘴、航天炉、壳牌、东方炉等一批世界先进煤气化技术。在现代煤化工产业化方面，我省成功实现了航天炉粉煤加压气化技术、万吨级流化床甲醇制丙烯技术、千吨级合成气制乙二醇技术产业化。

重点项目分布。我省拟在建煤化工项目总投资800亿元以上（见表2所列），主要分布在皖北地区，区域内的项目投资额占全省八成以上。随着煤化工项目稳步推进，建成后将实现千亿级煤化工产业集群。

表2　重点煤化工项目表

序号	项目名称	投资主体	产品方案	建设地点	投资（亿元）	项目进展
皖北地区						
1	中安煤化一体化项目	中石化、皖北煤电	70万吨/年聚烯烃，配套建设400万吨/年煤矿	安徽（淮南）现代煤化工产业园	182.45	计划2019年9月建成投产
2	中安煤化煤制乙二醇项目	中石化、皖北煤电	90万吨/年乙二醇		90	可研报告初稿编制完成
3	煤制天然气项目	安徽省能源集团、中煤新集能源股份有限公司	40亿立方米/年煤制天然气，一期建设22亿立方米/年煤制天然气，配套建设500万吨/年煤矿		300	2014年经国家发展改革委同意开展项目前期工作
4	甲醇制烯烃项目	安徽昊源化工集团	60万吨/年烯烃、26万吨/年苯乙烯、6万吨/年环氧乙烷	阜阳煤基新材料产业园	37.8	苯乙烯、环氧乙烷项目已建成投产；甲醇制烯烃项目推进中
5	碳基新材料项目	临涣焦化股份有限公司	焦炉气综合利用、甲醇制烯烃、煤焦油深加工等项目	安徽（淮北）新型煤化工合成材料基地	70	卓泰一期建成，中试基地二期基本建成
其他地区						
1	合成气制乙二醇项目	浙江桐昆集团、上海宝钢气体	120万吨/年乙二醇	庐江龙桥工业园区	110	项目立项、环评、能评、安全条件评价完成
2	合成气制乙二醇项目	中盐安徽红四方	30万吨/年乙二醇、5万吨/年碳酸二甲酯	合肥循环经济示范园	43	已建成投产
合计					833.25	

（二）存在问题

煤炭清洁利用率低。我省煤炭的利用途径主要是：发电用煤、建材行业燃料用煤及冶金行业焦化用煤，合计占比达到85%以上；煤炭外销占比达到10.03%。由于我省煤炭气化难度较大，煤化工原料煤基本全部来自西部产煤地区。我省煤炭清洁高效利用比例偏低，污染物排放水平较高[①]。此外，我省平均每年为沪苏浙地区供应煤炭2200万吨，"皖电东送"累计输送电量近5000亿千瓦·时，为沪苏浙地区经济社会发展提供了坚强的能源保障，但是煤炭消费量和污染物排放量却留在了我省。

产业布局亟待优化。我省煤化工企业分散在全省9个市，进入专业化工园区的比例不足50%。部分企业位于城市建成区，人口密集，安全风险隐患较大。沿江沿淮一些煤化工园区及大型煤化工项目处于"严禁严控严管"范围内，未来可利用空间与产业发展矛盾日益凸显。

产业结构不尽合理。目前，我省煤化工产业以传统煤化工为主，新型煤化工产业规模较小，产值占全省煤化工比例不足5%。主要产品为合成氨、氮肥、磷肥、硝酸、甲醇等传统产品，产品同质化现象严重，产品附加值低，产业链条短，抵抗风险能力较弱。

指标约束日益增强。清洁生产、危化品企业搬迁、治污降霾等工作对煤化工行业要求提高。煤化工项目的用煤[②]、用水、用能、环境容量指标获取难度越来越大。煤化工产业项目体量大，消耗的煤炭资源多，煤化工用煤指标受限，直接影响新项目建设。此外，煤化工产业碳排放量较大，面临着较大的碳减排压力。

三、对策建议

（一）加强规划引领，推动长三角石化产业协同发展

聚焦"煤基清洁能源与新材料绿色制造和高端制造"，制定指导我省煤化工产业参与长三角石化产业一体化发展的实施方案，从原料与资源互补共享、产品

---

① 在污染物排放方面，现代煤化工产业较燃煤发电优势明显。例如，煤直接液化项目工艺过程单位耗煤量的大气污染物排放（SO_2、NO_X）约为超低排放电厂的一半，仅为传统火电厂（采用燃煤锅炉）的10%~20%。

② 我省对国家鼓励的现代煤化工项目（原料用煤）新增耗煤，实施煤炭消费等量替代；同时规定，上一年度全省空气质量排序较差的5个市新增用煤项目，实施煤炭消费量2.0倍减量替代。

链上下游的互供、产品结构差异化等方面与沪苏浙地区石化产业做好统筹协调；探索煤化工产业与长三角地区高端制造业间的协同发展路径。在全省范围内统筹考虑，进一步优化产业布局，尽快调整沿江沿淮煤化工项目的发展布局，有序推进城区煤化工企业"退城入园"，实现煤化工产业集聚发展。

（二）深入长三角石化产业合作分工，有序承接产业转移

深入参与长三角石化产业发展分工合作，推动我省重点化工园区加入长三角化工园区一体化发展联盟。聚焦皖江城市带承接产业转移示范区和皖北承接产业转移集聚区建设，充分发挥土地、技术、产业配套等比较优势，以四大省级化工基地为平台，抢抓沪苏浙地区化工产业转移转型机遇，有序承接资本密集型绿色现代煤化工产业，推动长三角石化产业一体化高质量发展。

（三）打造"长三角煤基清洁能源与新材料先进制造创新中心"，引领创新链和产业链融合发展

立足我省创新资源，充分利用G60科创走廊创新资源，以合肥综合性国家科学中心为依托，联动张江综合性国家科学中心，建设"长三角煤基清洁能源与新材料先进制造创新中心"。瞄准产业科技前沿，强化科技创新前瞻布局，充分发挥创新资源集聚优势，协同推进化工产业原始创新、技术创新和产业创新，促进创新链与产业链深度融合，打造长三角石化产业一体化创新协同发展新高地。集中力量突破产业核心共性技术，重点开发适应安徽煤种的大型煤气化技术；积极探索大型煤化工项目一体化多联产发展路径；开发合成气直接制取高附加值化学品，延伸产业链。

（四）推进煤基清洁能源项目，增强长三角能源互济互保能力

以"加强互济互保能力，建设安全高效长三角"为导向，依托两淮地区丰富煤炭资源、水资源，大力推进淮南煤制天然气示范项目建设，积极推动项目列入国家天然气储备项目，并作为长三角区域天然气气源点。基于煤化工项目布局，利用制氢基础和优势，统筹发展以煤化工副产氢为重点的氢能源产业链，参与长三角氢能基础设施一体化建设，推动长三角成为氢能产业一体化发展示范区。积极开展煤制油项目前期研究，增强极端情况下长三角区域能源应急保障能力。

（五）探索一体化多联产发展模式，参与长三角世界级石化产业集群建设

以长三角石化产业的有益补充为定位，生产石化替代产品，引导煤化工产业结构优化升级，控制传统煤化工新增产能，重点发展以煤制烯烃、煤制乙二醇、煤制芳烃等为主的现代煤化工产业。转变传统发展模式，纵向上，将大型现代煤化工装置与发电系统有机集成，提高煤炭资源综合利用效率和能源转化效率；横向上，现代煤化工产业与化纤、石油化工等产业融合发展，拓展化工基础原料来源，向下游延伸发展化工新材料、高端专用化学品等高附加值产品，实现产业一体化多联产、高端化发展，实现与长三角石化产业协同互补发展，推动长三角世界级石化产业集群建设。

（六）加强区域生态建设联治共保，引领长三角石化产业绿色协同发展

创新跨区域联合监管模式，推动石化产业环境监管措施协调统一。探索建立长三角区域石化产业"三废"公共监测与信息共享平台，实现"三废"的监测、预警以及信息与治理技术的共享。探索建立污染物转移联合处置、环境突发事件信息通报和应急联动机制。加强跨界水体、大气、危废污染协作治理，协同打好污染防治攻坚战，促进生态环境质量持续改善。探索建立长三角区域石化产业责任关怀联盟。

指　导：蒋旭东

执　笔：王　涛　邵　超　王淑文

　　　　王　燕　宁秀军　刘　兵

　　　　潘　淼

开展我省用能权有偿使用和交易的若干建议

建立用能权有偿使用和交易制度，是党中央、国务院的重大决策部署。当前，全国试点工作总体处于起步阶段。为促进能源消耗总量和强度"双控"目标完成，加快推进生态文明建设，我省应积极开展用能权有偿使用和交易，夯实基础研究工作，聚焦用能权交易体系建设，完善保障机制，适时开展用能权交易试点。

一、我国开展用能权有偿使用和交易的背景与进展

（一）背景

用能权指在能源消费总量目标约束下，用能单位经核定或交易取得的、允许其使用和投入生产的年度综合能源消费量指标，包括直接或间接使用电力、煤炭、焦炭、蒸汽、天然气等各类能源的总量限额。用能权交易指政府向各用能单位分配初始用能权配额后，允许各用能单位间或政府和用能单位间开展指标交易以满足其用能需求的行为。

面对资源约束趋紧、环境污染严重、生态系统退化的严峻挑战，党的十八届五中全会强调，建立健全用能权、用水权、排污权交易、碳排放权初始分配制度。中共中央、国务院印发的《生态文明体制改革总体方案》明确提出，推进用能权交易制度，建立用能权交易、测量与核准体系。《中华人民共和国国民经济和社会发展第十三个五年规划纲要》明确提出，建立健全用能权初始分配制度，创新有偿使用、预算管理、投融资机制，培育和发展交易市场。

在此背景下，国家发展和改革委员会于2016年发布了《用能权有偿使用和交易制度试点方案》，要求浙江、福建、河南和四川开展用能权有偿使用和交易试点，并就初始用能权分配、交易体系、交易系统、履约机制等核心问题做了总体部署。

（二）进展

当前各试点工作进度不一，总体处于起步阶段。浙江、福建、四川省用能权

交易市场已正式启动。截至 2018 年底，福建省成交 36 万吨用能权指标配额，交易金额为 725 万元。截至 2019 年 6 月，浙江省已有 26 个县市区实施交易，累计交易项目 642 个，涉及资金 1.64 亿元。

从试点情况看，一是突出顶层制度设计。各省均成立工作领导小组，出台了管理办法、实施方案、配套细则等。二是加强基础性工作。各省均开展用能权指标分配研究，建设能耗在线报送平台、注册登记系统、交易系统、清算系统，进行企业能耗核算、报送和核查。三是聚焦重点耗能行业。纳入交易行业一般是发电、水泥、炼钢、原油加工、合成氨、玻璃、铁合金、电解铝、铜冶炼等年综合能源消费总量达一定标准煤及以上的用能单位。四是做到因地制宜。浙江省按照"统一标准、统一监管、就近交易"原则，以市（县）为基础，率先实施增量交易，后实施存量交易，并预计于 2020 年启动租赁交易；福建省将用能权指标分为既有产能指标和政府预留指标，覆盖的行业范围相对较广；四川省交易产品种类较多，包括用能权指标、经备案的基于项目的核证节能量以及经核发的水电、分布式光伏发电绿色证书等，同时建立大数据平台，强化"智慧能源"管理；河南省选择郑州、平顶山、鹤壁、济源等市开展试点，并鼓励通过利用可再生能源、实施节能技术改造项目实现的自愿节能量参与用能权交易。

二、我省开展用能权有偿使用和交易的意义

（一）是加快生态文明建设的重大举措

党的十九大报告指出，加快生态文明体制改革，建设美丽中国。生态文明建设是中国特色社会主义事业的重要内容，对我国全面建成小康社会和建设美丽中国具有重要的战略意义。建立用能权有偿使用和交易制度，是党中央、国务院的重大决策部署，是推进生态文明体制改革的重大举措。当前，我省正着力打造生态文明建设的安徽样板，以用能权有偿使用和交易为抓手，可有效提高能源利用效率，加快淘汰落后产能，推动经济发展方式绿色转变，同时有效控制温室气体排放，以较低成本实现经济与环境的双赢发展，为我省大力推进生态文明建设增添动力。

（二）是实现能耗总量和强度"双控"的现实需要

当前，我省正处于工业化、城镇化加速发展阶段，能源消费总量在未来一段

时间仍将保持刚性增长态势，能耗强度进一步下降难度较大，煤炭消费减量替代工作进展较慢。仅仅依靠行政手段实现能耗"双控"难度较大，我省亟须运用市场化手段突破工作瓶颈。实施用能权有偿使用和交易制度，可以充分发挥市场在资源配置中的决定性作用，形成较强激励机制，促使企业通过各种手段有效控制自身能耗，有效调整能源生产消费结构，以市场化手段推动能耗"双控"及煤炭消费减量替代。

（三）是创新能源管理体系的重要途径

"十四五"时期是我省能源低碳转型的关键期，新的节能减排目标对政府、行业、企业等主体的能源管理方式提出了更高要求。同时，随着长三角地区一体化发展，我省需对标沪苏浙等地区，以更高要求补齐短板，构建全面、高效、绿色的能源管理体系，为推动长三角能源一体化建设打下基础。用能权有偿使用和交易制度充分体现了绿色发展及创新发展的理念，可以积极发挥政府、行业、企业等多主体合力作用，为能源管理提供广阔空间和有力平台，作为能源管理新方式推动我省能源管理体系建设。

三、推进我省用能权有偿使用和交易的建议

我省为更好地完成能源消耗总量和强度"双控"目标，加快推动生态文明建设，应注重发挥市场机制，利用现有工作基础，推进用能权有偿使用和交易工作。

（一）加快用能权交易体系建设

一是研究制定用能权交易体系总体框架。开展交易范围、用能权分配、企业能源监测、报告与核查制度、交易市场监管制度等重大问题研究，确保在用能权交易中有统一的标准和依据。二是科学合理地制定用能指标。用能指标是开展用能权交易的前提，需统筹考虑不同行业、企业的实际情况，设计客观公正、有利于各主体发展的用能指标。三是加快平台建设。借鉴四川等省的经验做法，发挥我省人工智能产业和"数字江淮"建设优势，搭建全省"智慧能源"大数据平台，建立企业能耗在线监测、能源消费报送、注册登记、在线交易等系统，为科学准确把握全省用能及相关决策提供支撑。四是加强与碳排放权交易等现有制度的协调与衔接，注重政策间的协调性，避免因规制领域、规制对象相同造成重复管理。

（二）加强用能权交易基础工作

一是加强人才队伍建设。重视能源经济、低碳循环、绿色发展领域科研人才培养以及企业和第三方核查机构能力建设，尽快形成一支用能权交易支撑队伍。二是开展重点用能单位能源消费报告的核算、报送和核查。尽快摸清能耗"家底"，为制度设计和交易实施提供数据支撑。三是加大用能权交易宣传力度。充分利用多种渠道加强舆论引导，积极宣传用能权交易相关政策，加快在用能企业中树立能源有偿使用的理念，提高用能单位参与交易的积极性。

（三）建立用能权交易保障机制

一是加大资金扶持力度。设立用能权有偿使用和交易专项资金，建设多元化资金投入机制，保障能源消费量审核、市场支撑平台、能源消费数据在线监测等用能权交易体系建设以及相关基础研究和能力建设。二是强化技术支撑。鼓励高校、科研院所开展节能技术研发，加速技术成果转化，依托专业节能技术服务机构，加强面向重点用能单位的节能技术服务供给，促进企业节能改造升级，加快淘汰落后产能。强化第三方机构的核查技术水平，提升能耗数据质量。三是逐步建立激励约束机制。研究利用财政、金融等手段，支持符合条件的项目申请省节能专项补助资金，鼓励企业发行绿色债券。构建用能目标考核刚性约束机制，提高企业违规成本，倒逼企业为完成节能改造加大投入或自愿进行用能权交易。

（四）适时开展用能权交易试点

目前，我省较好地开展了能耗"双控"、碳交易研究等相关工作，可以为用能权交易提供必要的数据信息和工作支撑。全省为加快建设完善的用能权交易体系，可适时开展用能权交易试点，将我省水泥、化工等高耗能行业年综合能耗5000吨标准煤以上的用能企业纳入试点范围，或选择节能技术和能源管理基础较好的区域以及能耗双控压力较大的地区进行试点交易。待试点交易成熟后，相关部门及时总结经验做法，逐步在全省范围内推广实施。

指　导：蒋旭东

执　笔：徐　鑫　杨　庆

图书在版编目（CIP）数据

安徽经济发展研究. 2019 年/安徽省经济研究院著. —合肥：合肥工业大学出版社,2020.5

ISBN 978－7－5650－4884－5

Ⅰ.①安…　Ⅱ.①安…　Ⅲ.①区域经济发展—研究报告—安徽—2019

Ⅳ.①F127.54

中国版本图书馆 CIP 数据核字（2020）第 079410 号

安徽经济发展研究（2019 年）

安徽省经济研究院　著		责任编辑　王钱超	
出　版	合肥工业大学出版社	版　次	2020 年 5 月第 1 版
地　址	合肥市屯溪路 193 号	印　次	2020 年 8 月第 1 次印刷
邮　编	230009	开　本	710 毫米×1010 毫米　1/16
电　话	人文编辑部：0551－62903205	印　张	18.25
	市场营销部：0551－62903198	字　数	303 千字
网　址	www. hfutpress. com. cn	印　刷	合肥现代印务有限公司
E-mail	hfutpress@163. com	发　行	全国新华书店

ISBN 978－7－5650－4884－5　　　　　　　　定价：68.00 元

如果有影响阅读的印装质量问题，请与出版社市场营销部联系调换。